Tolerancia
AVENIDA DE LA FAMILIA
PASEO DE LA PAZ
AVENIDA DE LA RESPONSABILIDAD
37
40
23
34
28
20
PASEO DEL DIÁLOGO
Calle de la Lealtad
54
Calle de la Fidelidad
60
PLAZA
DE LA
CIUDADANÍA
Calle de la Convivencia
72
73
Calle de la Democracia
Calle de la Felicidad
10
20
Calle de la Ética
32
82
77
PASEO DE LA CONSTITUCIÓN

Educación para la ciudadanía

José Antonio Marina

ecundaria

Así es este libro

UNIDAD 1
¿Qué es la ciudadanía?

PRESENTACIÓN

Las unidades se abren con una DOBLE PÁGINA DE INTRODUCCIÓN que expone el tema con una gran imagen, un texto de entrada y otras propuestas sugerentes que introducen el tema.

DESARROLLO DE CONTENIDOS

Los contenidos se organizan en dobles páginas, complementados con ACTIVIDADES, DOCUMENTOS de trabajo, TEXTOS literarios, etc.

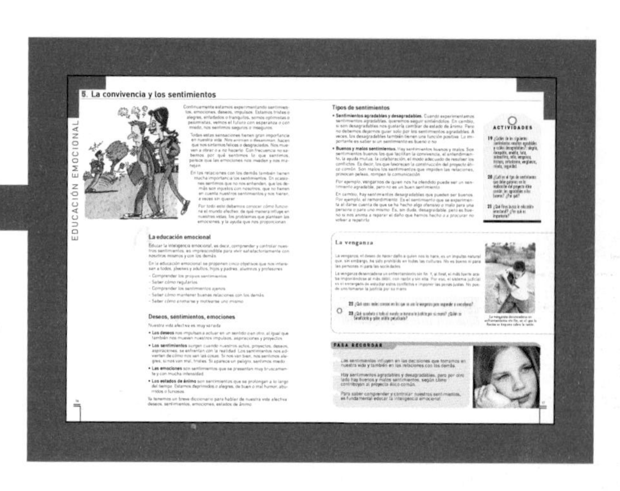
5. La convivencia y los sentimientos

EDUCACIÓN EMOCIONAL

Cada unidad contiene una doble página en la que se exponen y analizan sentimientos relacionados con los VALORES ÉTICOS que se tratan en la unidad (el respeto, la compasión, la gratitud, la motivación, etc.).

RAZONAMIENTO PRÁCTICO

En una doble página se presenta una propuesta de trabajo sobre una TÉCNICA DE RAZONAMIENTO que ayuda a desarrollar hábitos lógicos y críticos (la toma de decisiones, el debate, el pensamiento crítico, etc.).

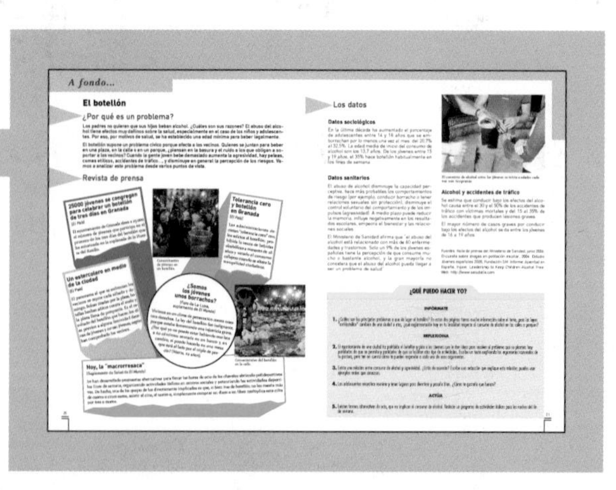
A fondo...
El botellón
¿Por qué es un problema?
Revista de prensa
Los datos
¿QUÉ PUEDO HACER YO?

A FONDO

Una doble página monográfica sobre un problema o una cuestión de actualidad para APLICAR y DESARROLLAR los conceptos y técnicas aprendidas en la unidad (el "botellón", la violencia en la escuela, el consumismo, etc.).

ESPACIO WEB: propuesta de actividades para realizar a partir de la página web www.librosvivos.net.

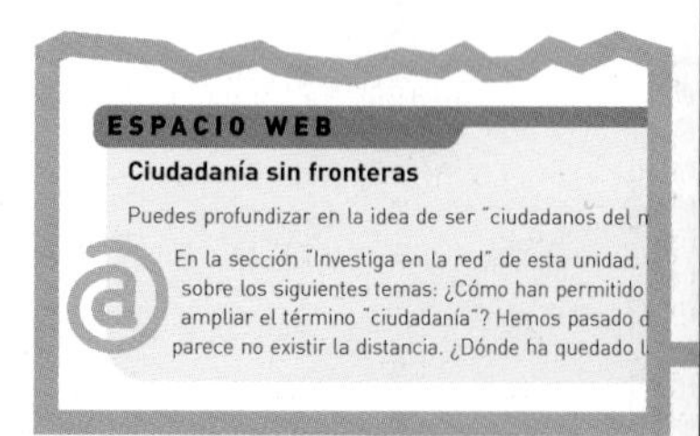
ESPACIO WEB
Ciudadanía sin fronteras
Puedes profundizar en la idea de ser "ciudadanos del r
En la sección "Investiga en la red" de esta unidad,
sobre los siguientes temas: ¿Cómo han permitido
ampliar el término "ciudadanía"? Hemos pasado d
parece no existir la distancia. ¿Dónde ha quedado l

SÍNTESIS Y ACTIVIDADES FINALES

Las unidades se cierran con una página de SÍNTESIS y otra de ACTIVIDADES FINALES.

Definición de los principales TÉRMINOS, CONCEPTOS e IDEAS.

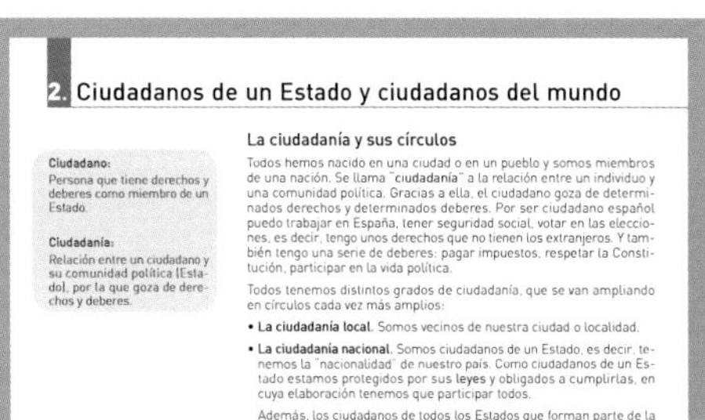
2. Ciudadanos de un Estado y ciudadanos del mundo

Ciudadano: Persona que tiene derechos y deberes como miembro de un Estado.

Ciudadanía: Relación entre un ciudadano y su comunidad política (Estado), por la que goza de derechos y deberes.

La ciudadanía y sus círculos

Todos hemos nacido en una ciudad o en un pueblo y somos miembros de una nación. Se llama "**ciudadanía**" a la relación entre un individuo y una comunidad política. Gracias a ella, el ciudadano goza de determinados derechos y determinados deberes. Por ser ciudadano español puedo trabajar en España, tener seguridad social, votar en las elecciones, es decir, tengo unos derechos que no tienen los extranjeros. Y también tengo una serie de deberes: pagar impuestos, respetar la Constitución, participar en la vida política.

Todos tenemos distintos grados de ciudadanía, que se van ampliando en círculos cada vez más amplios:

- **La ciudadanía local.** Somos vecinos de nuestra ciudad o localidad.
- **La ciudadanía nacional.** Somos ciudadanos de un Estado, es decir, tenemos la "nacionalidad" de nuestro país. Como ciudadanos de un Estado estamos protegidos por sus **leyes** y obligados a cumplirlas, en cuya elaboración tenemos que participar todos.

Además, los ciudadanos de todos los Estados que forman parte de la Unión Europea tenemos la **ciudadanía europea**.

TEXTO conciso y organizado, en el que se destacan los principales conceptos.

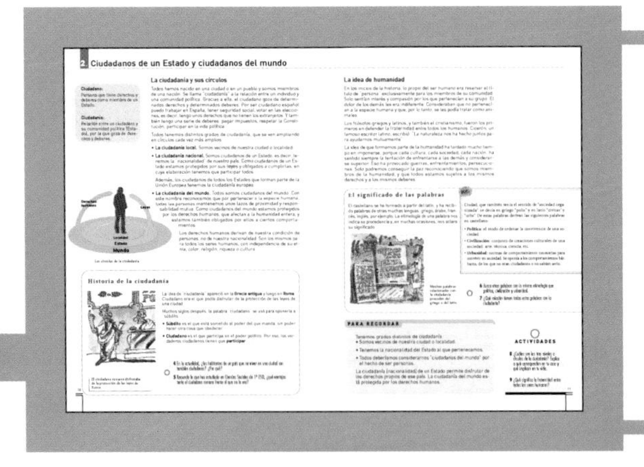

PROPUESTAS DE TRABAJO sobre temas específicos, con DOCUMENTOS, datos, mapas, fotografías y actividades.

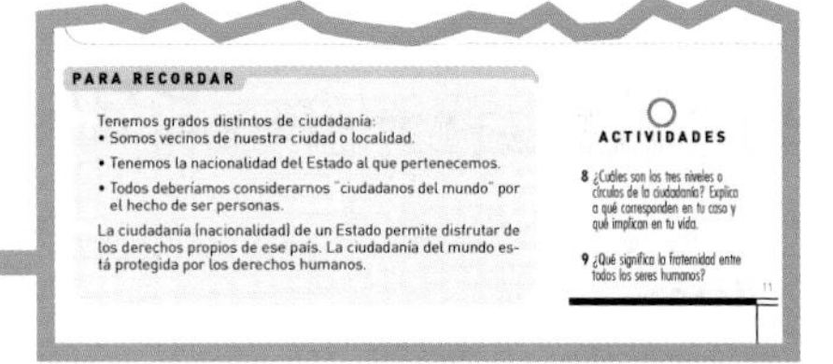
PARA RECORDAR

Tenemos grados distintos de ciudadanía:
- Somos vecinos de nuestra ciudad o localidad.
- Tenemos la nacionalidad del Estado al que pertenecemos.
- Todos deberíamos considerarnos "ciudadanos del mundo" por el hecho de ser personas.

La ciudadanía (nacionalidad) de un Estado permite disfrutar de los derechos propios de ese país. La ciudadanía del mundo está protegida por los derechos humanos.

ACTIVIDADES

8 ¿Cuáles son los tres niveles o círculos de la ciudadanía? Explica a qué corresponden en tu caso y qué implican en tu vida.

9 ¿Qué significa la fraternidad entre todos los seres humanos?

ACTIVIDADES para REFORZAR el aprendizaje, aplicarlo a casos reales y comprobar lo aprendido.

A. Tipos de debates y organización

Los debates son frecuentes, aunque no todos son iguales. Pueden organizarse debates entre dos personas con posturas enfrentadas, o entre grupos de personas en los que cada grupo defiende una idea, o incluso entre varias personas que simplemente quieren aclarar sus ideas.

Vamos a plantear un debate entre **varios grupos pequeños** (de tres o cuatro personas cada uno) con ideas diferentes sobre un tema.

En cada grupo hay un **secretario** que se encargará de tomar nota de las conclusiones e ideas principales que se expongan.

B. Elección y [...]

Para debatir sob[...] informados, con[...] Para ello, hay qu[...]

1. Buscar inf[...]
2. Selecciona[...]
3. Buscar los [...] compararlo[...]

Decir "porque me [...] lo han dicho" n[...] **explicar** los hec[...] para decir algo. [...] ser comprobad[...] criticarlos.

EXPLICACIÓN, paso a paso, de la técnica de razonamiento concreta.

RAZONAMIENTO PRÁCTICO

Pensar juntos: el debate

PROPUESTA DE TRABAJO

Organizamos un debate en clase sobre el problema del botellón.

1 Se forman **cuatro grupos** de tres o cuatro estudiantes cada uno y se nombra un moderador ajeno a los dos grupos. Cada grupo representa una de las siguientes posturas:

a) Grupo formado por estudiantes que creen que "las leyes anti-botellón limitan nuestro derecho a divertirnos".

b) Grupo que representa a los vecinos que defienden que "el derecho de los vecinos a la tranquilidad en sus hogares está por encima del derecho a divertirse".

c) Grupo que representa a los padres, preocupados por la salud de sus hijos que consumen alcohol.

d) Grupo que representa al Ayuntamiento de la localidad, que al final tiene que decidir a quién le da la razón, y explicar por qué.

2 Se preparan los argumentos a favor y en contra. El moderador explica con claridad, antes de empezar, las normas que deben seguir los participantes.

3 Se realiza un debate con tiempo limitado, siguiendo las normas expuestas. Mientras, el secretario de cada grupo toma nota de las ideas fundamentales que se exponen y al terminar el tiempo de debate, las presenta como resumen.

4 Turno de **preguntas** por parte del público, dirigidas a una persona concreta, a uno de los grupos o a todos.

5 El grupo que representa al Ayuntamiento decide quién tiene razón y explica su decisión.

Los demás grupos deben aceptar la decisión que se ha tomado, aunque pueden expresar su opinión y pedir propuestas adicionales que mejoren la solución adoptada.

PROPUESTA DE TRABAJO para aplicar la técnica aprendida a un caso similar.

SÍNTESIS: esquema-resumen de las ideas clave de la unidad.

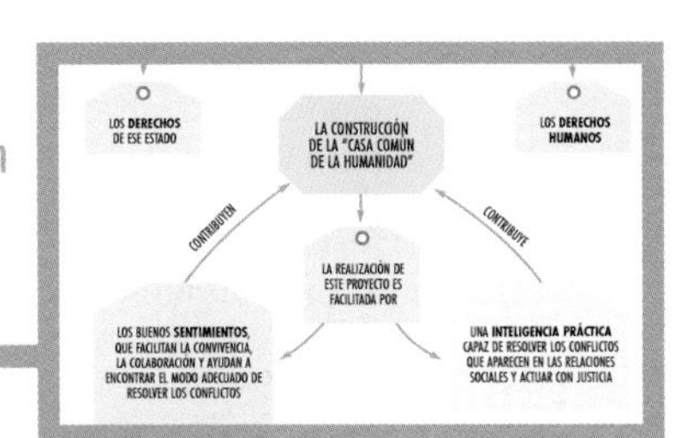

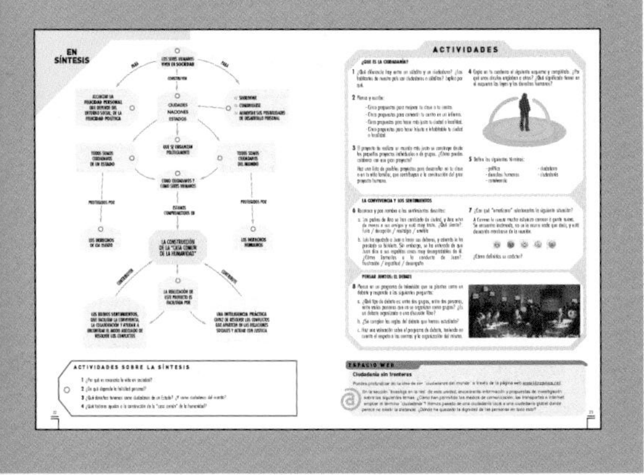

ESTE PROYECTO **además** CUENTA CON:

- Una extensión de este libro en INTERNET: www.librosvivos.net

Introduce el código de tu libro

ÍNDICE

LOS FUNDAMENTOS DE LA CIUDADANÍA

En esta unidad...

Se presenta la ciudadanía organizada en círculos concéntricos: somos vecinos de una localidad, ciudadanos de un Estado y ciudadanos del mundo. El objetivo de esta unidad es comprender que vivimos en una sociedad en la que tenemos que interactuar y de la que no podemos prescindir. Además, se estudian casos concretos de problemas de convivencia, como el "botellón".

En esta unidad...

Se analizan las grandes soluciones que ha encontrado la humanidad para resolver los conflictos: la Ética y el Derecho.
Además, se estudia el problema de la violencia en la escuela y la necesidad de la empatía y la compasión para evitar los conflictos.

En esta unidad...

Se destacan tres historias en la búsqueda de la justicia y la felicidad: la lucha por la abolición de la esclavitud, por la democracia y por la igualdad de la mujer.
El punto de llegada son los valores éticos de libertad, igualdad, seguridad y paz, y su reflejo en los derechos humanos.

En esta unidad...

Se construye la idea de que el respeto de la dignidad de todas las personas es el cimiento para la construcción de un mundo justo: de la dignidad derivan los derechos humanos.
Se estudian también los deberes, que son imprescindibles para el proyecto de construir una sociedad justa, así como el papel del respeto y la autoridad en este proyecto.

En esta unidad...

Se presentan los tres principios que deben guiar la actuación de un buen ciudadano: tiene que ser responsable, justo y solidario.
La solidaridad va más allá de la justicia, pues implica un sentimiento de ayuda, de unión con los demás y de reconocimiento de responsabilidades comunes.

LA CONVIVENCIA

En esta unidad...

Se recuerda que en la adolescencia se toman importantes decisiones sobre uno mismo, y que es necesario aprender a afirmar la propia personalidad, a decir que no, a reclamar derechos y a asumir obligaciones. El proyecto de vida personal debe ser compatible y cooperador con el de los demás.

En esta unidad...

Se plantea que en las relaciones con los amigos, con la familia o con la pareja hay que guiarse por los criterios de responsabilidad, justicia y solidaridad.
Además, se analizan a fondo las relaciones dentro de la familia, así como la necesidad de aprender a convivir y a resolver los conflictos, ya que la familia es la base de nuestra felicidad personal.

En esta unidad...

Se parte de las relaciones de vecindad para llegar al estudio de las relaciones en el trabajo y en la escuela.
Se estudia además la convivencia con personas de otras culturas, que también debe regirse por los mismos principios de responsabilidad, justicia y solidaridad.

En esta unidad...

Se aborda la democracia como una de las buenas soluciones que hemos encontrado para la convivencia.
Además, se estudian los principios democráticos en la Constitución española y en el Estado de las Autonomías y se cierra con la importancia de la participación ciudadana para hacer real la democracia.

LA ISLA... un relato para comenzar

Hace muchos años, un avión en el que viajaban los alumnos de un instituto cayó al mar en un lugar remoto del Pacífico. Solo se salvaron unos cuarenta chicos y chicas –los mayores, de trece y catorce años–, que consiguieron llegar a una playa. La historia cuenta los problemas que tuvieron que resolver para sobrevivir, muy parecidos a los que la humanidad ha tenido que solucionar a lo largo de la Historia.

Los personajes principales son cinco: Iván era un chico alto, amable, muy popular en clase. No era el mejor estudiante, pero se llevaba bien con todo el mundo. Elías era muy fuerte y le gustaba alardear de mayor y gastar bromas pesadas a los demás. Iba siempre acompañado de tres o cuatro amigos, y no tenía muchas simpatías entre el resto. María era la primera de la clase, seria y un poco retraída. Su familia tenía muy poco dinero y ella tenía que trabajar para ayudar a su madre. Nunca llevaba a sus amigos a casa porque le daba un poco de vergüenza. Lina era la más guapa y le gustaba coquetear con todos. Tenía tres o cuatro amigas que la seguían a todas partes, y a las que tiranizaba. Estos cuatro eran los más populares. El quinto era Omar, un emigrante mexicano. Sus padres eran campesinos de Chiapas, una región muy pobre. A la muerte de su padre, se vieron obligados a emigrar. Omar iba muy retrasado en sus estudios, porque en su tierra había tenido que cuidar de los animales, pero era muy hábil para las cosas prácticas. Elías y sus amigos la tenían tomada con él.

1

Es fácil comprender lo que sentían estos muchachos en la isla. Estaban solos, tenían miedo, no sabían si alguna vez los encontrarían. La primera noche la pasaron apretados unos junto a otros, los mayores consolando a los más pequeños, que lloraban. La llegada del sol los animó un poco y, además, debían ocuparse de cosas urgentes. No podían seguir lamentándose. Tenían hambre y sed, y no sabían si habría alguien más en la isla. El modo de vivir a que estaban acostumbrados había desaparecido. Descubrieron lo duro de su situación, pero también la cantidad de recursos de que disponían para sobrevivir. Tenían que inventarlo todo. Un pequeño grupo decidió ir a explorar, y todos fueron detrás. Nadie quería quedarse solo. La isla era pequeña y estaba deshabitada. Encontraron mucha fruta para comer y agua en abundancia. El mar había arrastrado hasta la playa algunas maletas, en las que encontraron ropa, un par de cuchillos, un encendedor muy lujoso, y algunas cosas más.

Vieron con claridad que necesitaban organizarse si querían sobrevivir. Tenían que permanecer juntos para ayudarse. Tenían que fundar una pequeña tribu, una ciudad en miniatura. Pero ¿por dónde empezar? Todos tuvieron clara una cosa: debían mantenerse unidos y colaborar.

2

Nuestros amigos se enfrentaron a innumerables problemas. El primero era sobrevivir. Pero, por si eso no fuera suficientemente complicado, pronto surgieron conflictos entre ellos, porque era difícil ponerse de acuerdo sobre lo que había que hacer. Elías comenzó a dar órdenes, y sus amigos y alguno de los más pequeños lo siguieron. Pero los demás comenzaron a protestar.

–Aquí se hace lo que yo digo, y quien no esté de acuerdo que me lo diga a la cara si se atreve.

Hubo un silencio. Iván, entonces, exclamó:

–¡No seas bruto! ¿Cómo vamos a empezar a pelearnos estando como estamos?

–Debemos hacer una asamblea como en el instituto –propuso María–, y elegir a un delegado.

Todos estuvieron de acuerdo, y votaron. Iván fue el elegido.

–Ahora tenemos que decidir lo que hay que hacer –dijo Omar–. Creo que lo primero es encender una hoguera que esté siempre ardiendo, para que si pasa un barco nos vea. Después, construir algún refugio para protegernos. Y luego, buscar agua y comida.

–Yo me voy a cazar –dijo Elías, que había cogido uno de los cuchillos–. Quien quiera, que me siga.

Y se marchó de la asamblea.

3

Elías y sus amigos solo querían cazar y jugar. No querían trabajar. Coger leña, vigilar el fuego, construir chozas, limpiar el campamento..., les parecían tareas aburridas. Obligaron a los más pequeños, y sobre todo a las chicas, a que trabajaran para ellos. A María le preocupaba cómo se estaban poniendo las cosas. Si Elías convencía a los demás, muchos acabarían siendo esclavos. Le irritaba, además, el comportamiento de Lina. Se había puesto descaradamente de parte de Elías. Presumía de ser "su chica".

A nuestros amigos no les iban bien las cosas. Iván, el jefe elegido, se daba cuenta de que era difícil mandar. Convocó una asamblea para poner orden, e hizo un extenso relato de las cosas que se habían decidido y que no se habían cumplido: no se habían construido los refugios, nadie traía agua fresca al campamento, no se respetaba la zona de los retretes...

Elías y su grupo no querían someterse a la asamblea.

–¡Las normas! –gritó Iván–. ¡Estás rompiendo las normas!.

–¿Y a mí qué? –respondió Elías.

Iván apeló a la razón:

–¡Las normas son lo único que tenemos!

–¡Al infierno con las normas! –le respondió Elías a gritos–: ¡Somos fuertes...!, ¡cazamos! ¡Si hay una bestia, saldremos en su busca!

Todos se fueron a cazar. Iván se quedó con Omar, María y algunos pocos más. Pensó en dimitir. Omar le pidió que no lo hiciese. Elías se metía mucho con él en el instituto y sabía que si se convertía en el jefe, se comportaría de forma muy cruel con él. ¿Cómo convencer a Elías de que tenía que aceptar lo que la asamblea decidiera? María y Omar hablaban con Iván, pero este, por más que pensaba, no sabía encontrar ninguna solución.

4

La convivencia en la isla comenzaba a ser difícil. Había un enfrentamiento continuo entre Elías e Iván. Lo malo era que Elías estaba consiguiendo cada vez más partidarios. Unos se unían a su grupo porque compartían su violencia, otros porque la temían.

La dureza de la situación había endurecido también los corazones. Elías convocó otra asamblea para votar un nuevo jefe. Ganó. Se opusieron Iván, María, Omar y otros diez compañeros. Elías gritó:

–Ahora mando yo. Y quien no esté conmigo, está contra mí. Así que ya sabéis lo que os jugáis.

–Eso no es justo –dijo María–. No se puede amenazar así.

–Yo digo lo que es justo o no lo es –gritó Elías.

–No. Lo que es justo es justo, aunque tú no lo digas –respondió Omar.

–Tú te callas. Tú no tienes ni voz ni voto. Vuélvete a tu país si no estás de acuerdo –dijo Elías riéndose.

–Mira, Elías. Todos somos iguales, todos tenemos los mismos derechos. No te pases.

–Ni hablar. Eso sucedía allí. Ahora vivimos en otro mundo. ¿Cómo vamos a ser iguales todos? ¿Quién caza? Nosotros. ¿Quién puede enfrentarse con un animal? Nosotros. Eso es lo único que cuenta.

5

El grupo de Elías comenzó a usar el nombre de "los salvajes". Sabían cómo querían ser: fuertes, violentos, tiránicos, dispuestos a imponerse a los demás. Habían conseguido dividir el grupo en dos clases: los que estaban con ellos, los que pertenecían a su partido y obedecían ciegamente a Elías, y los demás, que poco a poco iban convirtiéndose en un estorbo. Ellos eran los libres; los demás solo merecían ser esclavos, estar sometidos a ellos.

El grupo de Iván, que empezó a llamarse "los samuráis", creía que había que ser de otra manera. Fuertes, sí, pero no para ser violentos, sino para ser justos. El nombre lo había puesto María, porque había visto una película japonesa en que una mujer samurái luchaba por librar a su pueblo de la injusticia.

6

Nuestros amigos tenían problemas muy graves planteados por su situación: cómo sobrevivir, cómo organizar formas pacíficas de vida; pero, además, tenían sus problemas personales. Eran adolescentes, estaban experimentando muchos cambios. A Omar le gustaba hablar con María. A los dos les preocupaban las mismas cosas.

–Es que no sé cómo soy –dijo María–. A veces soy muy alegre y otras, de repente, me pongo muy triste y me gustaría no ver a nadie.

–A mí me han preocupado siempre muchas cosas. Yo he pasado toda mi niñez en Chiapas, en un lugar muy pobre, viviendo en una choza. Vivíamos muy mal, pero yo no tenía miedo. Mi padre murió y yo tenía que traer dinero a casa. Sabía todo lo que tenía que saber. Sé hacer fuego, cuidar un campo, ordeñar una vaca, pescar. Fue al entrar en la escuela cuando empecé a sentir miedo. No era mi mundo. Lo que se valoraba no era lo que yo sabía hacer. Yo había ayudado mucho a mi madre, pero las matemáticas se me dan muy mal.

–Tampoco me siento yo muy a gusto. Me gustaría tener mucho éxito, como Lina, pero al mismo tiempo me da un poco de rabia las tonterías que hace para atraer a los chicos. Pero no sé si en el fondo lo que siento es envidia.

Una mañana descubrieron a uno de los chicos arrodillado a la salida del sol.

–¿Qué haces? –le preguntó uno de los pequeños.

–Estoy rezando para que nos encuentren.

El pequeño se arrodilló a su lado.

7

–¿Y si tenemos que quedarnos siempre aquí? –preguntó una mañana María.

La idea entristeció a todos. Pensar que no volverían a casa hizo llorar a muchos. Aquellas cosas contra las que habían protestado tanto –los horarios de llegada, el orden en la habitación, las comidas que no les gustaban– ahora les parecían parte de un paraíso que habían perdido. Comenzaron a hablar de sus familias, de los problemas que habían tenido, de separaciones, de choques, y también de vidas felices y de padres que se quieren.

Elías y los suyos seguían imponiendo su voluntad, pero su poder era tan injusto que cada vez más chicos y chicas se iban acercando al grupo de Iván, María y Omar.

8

La situación cambió porque de repente comenzó a llover con verdadera furia. El fuego se apagó y no fueron capaces de encenderlo de nuevo. Las cabañas que habían construido con ramas y hojas se hundieron. Se refugiaron en unas cuevas cercanas. Elías, que continuaba siendo el jefe, no sabía qué hacer. La noche, sin fuego, se volvió amenazadora. Volvían a sentir miedo.

–Yo sé cómo encender fuego –dijo Omar–. Y sé cómo construir una casa sin que se la lleve el agua.

–Pues venga, imbécil, enciéndelo ya –gritó Elías.

–No pienso hacerlo hasta que no dejes de ser un bruto.

–Te voy a romper la cara.

Omar se volvió a sus compañeros.

–¿Os dais cuenta de que elegisteis un mal jefe? En vez de hacer que todos colaboremos, solo sabe amenazar. Pensadlo bien.

9

El fuego pareció iluminar la nueva asamblea. Decidieron fijar unas normas para la comunidad, que todos se comprometieron a respetar. La primera norma era que nadie podría abusar de los demás. Habían descubierto que la única salvación que tenían era el propio grupo, y que si el grupo actuaba mal, los peores se harían con el poder.

Se eligió a María como la nueva jefa. Lo primero que propuso fue construir una casa para todos, donde se encontraran protegidos. Después, dijo una cosa que extrañó a todos:

–Hay que organizar una escuela. Es muy importante que no olvidemos todo lo que aprendimos en nuestra antigua vida. Cada uno de nosotros tenemos que recordar lo que sabíamos, como ha hecho Omar, y contárselo a los demás. Todas esas cosas que nos parecían inútiles o aburridas son un verdadero tesoro que no podemos perder.

Una nueva comunidad había nacido.

UNIDAD 1 ¿Qué es la ciudadanía?

Importancia que tienen en la vida de los jóvenes una serie de aspectos

Conceptos	Porcentaje de jóvenes que lo consideran muy importante
Salud	82
Familia	80
Amigos y conocidos	63
El trabajo	60
Ganar dinero	55
Llevar una vida moral y digna	52
Tiempo libre / de ocio	49
Tener una vida sexual satisfactoria	49
Estudios y formación	44
Política	7
Religión	6

(Fuente: *Jóvenes españoles 2005*, Fundación Santa María)

- *¿Crees que los conceptos de la tabla son los más importantes para alcanzar la felicidad? ¿Añadirías alguno más?*
- *Piensa sobre la idea de felicidad. ¿Qué necesitas para ser feliz? ¿Cómo podría construirse una sociedad feliz?*

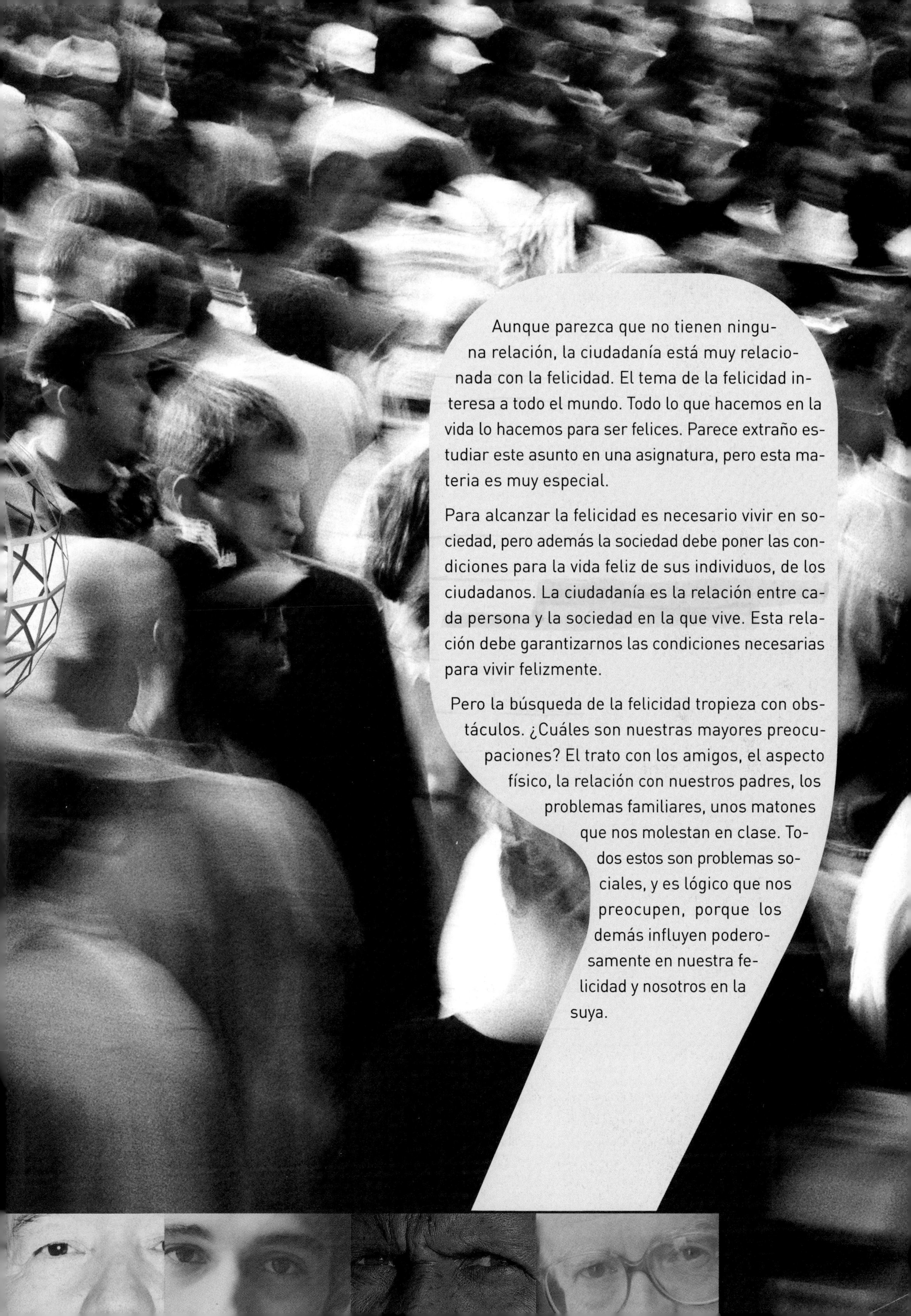

Aunque parezca que no tienen ninguna relación, la ciudadanía está muy relacionada con la felicidad. El tema de la felicidad interesa a todo el mundo. Todo lo que hacemos en la vida lo hacemos para ser felices. Parece extraño estudiar este asunto en una asignatura, pero esta materia es muy especial.

Para alcanzar la felicidad es necesario vivir en sociedad, pero además la sociedad debe poner las condiciones para la vida feliz de sus individuos, de los ciudadanos. La ciudadanía es la relación entre cada persona y la sociedad en la que vive. Esta relación debe garantizarnos las condiciones necesarias para vivir felizmente.

Pero la búsqueda de la felicidad tropieza con obstáculos. ¿Cuáles son nuestras mayores preocupaciones? El trato con los amigos, el aspecto físico, la relación con nuestros padres, los problemas familiares, unos matones que nos molestan en clase. Todos estos son problemas sociales, y es lógico que nos preocupen, porque los demás influyen poderosamente en nuestra felicidad y nosotros en la suya.

1. La necesidad de vivir en sociedad

DE PARTIDA **Los niños lobo**

Rudyard Kipling, un gran escritor inglés, escribió un libro de aventuras que se titula *El libro de las tierras vírgenes*. Cuenta la historia de Mowgli, un niño que vive con los animales en la selva y se comunica con ellos.

Es emocionante vivir en contacto con esos seres poderosos –la pantera, el tigre, el elefante–, aunque sea con la imaginación. Y es bueno disfrutar con esa idea de unión con la naturaleza.

Pero lo que hay en el origen de esa historia es un hecho dramático. En la India, se ha dado algún caso de animales que raptan a niños muy pequeños. Se los llevan a sus guaridas y allí los crían. A veces, esos niños han sido encontrados años después. Habían aprendido algunas conductas de los animales con los que habían convivido. Andaban casi a cuatro patas, bebían dando lametazos al agua, y no hablaban. No se había desarrollado en ellos la inteligencia humana, porque esto solo sucede cuando se vive en sociedad.

Vivir en sociedad

Los seres humanos somos seres sociales. Necesitamos vivir juntos. Nacemos absolutamente indefensos y el período de crianza es muy largo, lo que crea lazos familiares muy profundos.

Pero, además, las familias siempre se han unido en tribus, han construido poblados y ciudades cada vez más grandes, han formado reinos, naciones, Estados. ¿Por qué han sentido esa necesidad?

- **Para sobrevivir.** Vivir en grupo ayuda a la supervivencia. En el mundo animal hay especies cuyos miembros viven aislados, y otros que viven en grupo. Los seres humanos estamos genéticamente orientados a vivir formando sociedades.

  Recordemos la historia de Robinsón Crusoe: Es un náufrago que llega a una isla desierta. No tiene nada. Está solo. Todo su tiempo tiene que emplearlo en sobrevivir. Y si un día cae enfermo, no tiene quien le ayude.

- **Para comunicarse.** Necesitamos comunicarnos. Nuestro cerebro es también social. Los sentimientos nos impulsan a acercarnos a los demás. La capacidad de hablar nos distingue de los animales. Nuestra inteligencia solo se desarrolla en contacto con los demás, como demuestra el caso de los niños lobo.

- **Para ampliar nuestras posibilidades.** Vivir en sociedad nos permite hacer más cosas. Si viviéramos solos tendríamos que volver a inventarlo todo. La humanidad tardó miles de años en llegar a manejar el fuego o en aprender a cultivar la tierra.

  Mediante la **educación**, aprovechamos todos los descubrimientos de nuestros antepasados y de esta forma podemos progresar. Si viviésemos solos, como Robinsón Crusoe, tendríamos que ocupar todo nuestro tiempo en la supervivencia y en volver a inventar y fabricar todo lo que necesitamos.

Un poema

Poned atención:
Un corazón solitario
No es un corazón.

Antonio MACHADO

De la convivencia a la política

Vivimos gracias a todo lo que los demás hacen por nosotros. Pero estamos tan acostumbrados a recibir esa ayuda que muchas veces no nos damos cuenta ni la valoramos.

Nos lo recuerda la historia de un niño de Malawi –un país africano muy pobre– que vino a pasar unas vacaciones con una familia española. Conoció muchas cosas nuevas, pero lo que más le maravilló fue abrir un grifo y ver cómo salía un agua limpia e inagotable. Lo cerraba y abría continuamente. Para él, la facilidad para conseguir agua le parecía un milagro. Nosotros nos hemos acostumbrado y ya no lo apreciamos.

Pero ¿somos conscientes de la cantidad de personas que trabajan para que nosotros podamos disponer del agua con tanta facilidad? La vida en sociedad se basa en una red muy tupida de colaboraciones.

Necesitamos **convivir** para sobrevivir, para comunicarnos y para progresar, pero esa convivencia puede plantear problemas que es preciso resolver. Esta es la función de la política.

¿Qué es la política?

Se llama "**Política**" al arte y la ciencia de organizar la convivencia social. Pretende alcanzar **el bien común** mediante las leyes y las instituciones: el Parlamento, el sistema judicial, el sistema educativo, las fuerzas de seguridad, la sanidad pública, la seguridad social, etcétera. Cuando una sociedad tiene la capacidad de gobernarse a sí misma y de organizarse políticamente, se convierte en un Estado.

La convivencia en sociedad no es fácil. Puede haber personas que intenten aprovecharse de los demás, es decir, comportarse injustamente.

- El gorrón vive a costa de otros. Por ejemplo, si una persona disfruta de las ventajas de la seguridad social pero no paga sus impuestos, está viviendo a costa de los demás.
- El explotador utiliza una situación de poder para obtener unas ganancias abusivas. Por ejemplo, el empresario que se aprovecha de la situación insegura de algunos inmigrantes y les paga unos salarios miserables.

Para evitar estos comportamientos injustos, las leyes y las instituciones políticas ponen límites a los abusos que son contrarios al bien común.

PARA RECORDAR

Necesitamos vivir en sociedad:

- para sobrevivir,
- para comunicarnos y desarrollarnos como personas,
- para ampliar nuestras posibilidades vitales y progresar.

La **política** es el arte y la ciencia de organizar la convivencia social para lograr la justicia y el bien común. Con este fin, organiza la convivencia en sociedad mediante las leyes y las instituciones.

Las **leyes** y las **instituciones** ponen límites a los abusos y comportamientos injustos, y ayudan a alcanzar el bien común.

ACTIVIDADES

1. ¿Por qué necesitamos vivir en sociedad? ¿Por qué es casi imposible vivir solos?
2. ¿Crees que la política es realmente "el arte y la ciencia de organizar la convivencia social"? ¿Qué es el bien común que pretende alcanzar?
3. Todos los españoles hasta los 16 años tienen derecho a una plaza escolar gratuita. Por término medio, cada plaza cuesta al Estado 4 000 euros al año. ¿Quién la paga? ¿De dónde procede el dinero para pagarla? ¿Por qué se encarga el Estado de costear la educación?

2. Ciudadanos de un Estado y ciudadanos del mundo

Ciudadano:
Persona que tiene derechos y deberes como miembro de un Estado.

Ciudadanía:
Relación entre un ciudadano y su comunidad política (Estado), por la que goza de derechos y deberes.

La ciudadanía y sus círculos

Todos hemos nacido en una ciudad o en un pueblo y somos miembros de una nación. Se llama **"ciudadanía"** a la relación entre un individuo y una comunidad política. Gracias a ella, el ciudadano goza de determinados derechos y determinados deberes. Por ser ciudadano español puedo trabajar en España, tener seguridad social, votar en las elecciones, es decir, tengo unos derechos que no tienen los extranjeros. Y también tengo una serie de deberes: pagar impuestos, respetar la Constitución, participar en la vida política.

Todos tenemos distintos grados de ciudadanía, que se van ampliando en círculos cada vez más amplios:

- **La ciudadanía local.** Somos vecinos de nuestra ciudad o localidad.
- **La ciudadanía nacional.** Somos ciudadanos de un Estado, es decir, tenemos la "nacionalidad" de nuestro país. Como ciudadanos de un Estado estamos protegidos por sus **leyes** y obligados a cumplirlas. En su elaboración tenemos que participar todos.

  Además, los ciudadanos de todos los Estados que forman parte de la Unión Europea tenemos la **ciudadanía europea**.
- **La ciudadanía del mundo.** Todos somos ciudadanos del mundo. Con este nombre reconocemos que por pertenecer a la especie humana, todas las personas mantenemos unos lazos de proximidad y responsabilidad mutua. Como ciudadanos del mundo estamos protegidos por los **derechos humanos**, que afectan a la humanidad entera, y estamos también obligados por ellos a ciertos comportamientos.

Los derechos humanos derivan de nuestra condición de personas, no de nuestra nacionalidad. Son los mismos para todos los seres humanos, con independencia de su etnia, color, religión, riqueza o cultura.

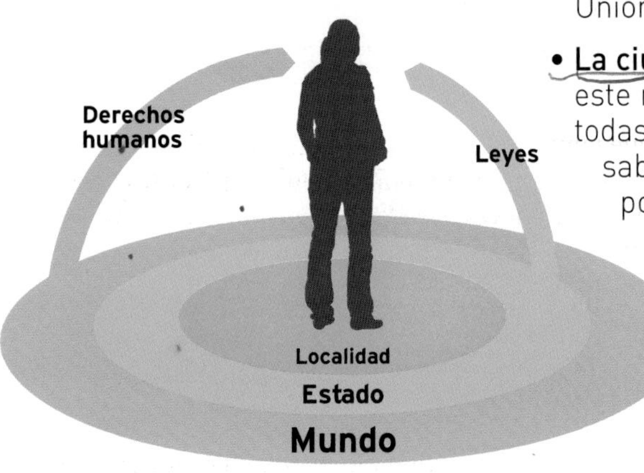

Los círculos de la ciudadanía.

Historia de la ciudadanía

El ciudadano romano disfrutaba de la protección de las leyes de Roma.

La idea de "ciudadanía" apareció en la **Grecia antigua** y luego en **Roma**. Ciudadano era el que podía disfrutar de la protección de las leyes de una ciudad.

Muchos siglos después, la palabra "ciudadano" se usó para oponerla a "súbdito".

- **Súbdito** es el que está sometido al poder del que manda, sin poder hacer otra cosa que obedecer.
- **Ciudadano** es el que participa en el poder político. Por eso, los verdaderos ciudadanos tienen que **participar**.

4 En la actualidad, ¿los habitantes de un país que no viven en una ciudad son también ciudadanos? ¿Por qué?

5 Recuerda lo que has estudiado en Ciencias Sociales de 1º ESO, ¿qué ventajas tenía el ciudadano romano frente al que no lo era?

La idea de humanidad

En los inicios de la historia, lo propio del ser humano era reservar el título de "persona" exclusivamente para los miembros de su **comunidad**. Solo sentían interés y compasión por los que pertenecían a su grupo. El dolor de los demás les era indiferente. Consideraban que no pertenecían a la especie humana y que, por lo tanto, se les podía tratar como animales.

Los filósofos griegos y latinos, y también el cristianismo, fueron los primeros en defender la **fraternidad** entre todos los humanos. Cicerón, un famoso escritor latino, escribió: "La naturaleza nos ha hecho juntos para ayudarnos mutuamente".

La idea de que formamos parte de la **humanidad** ha tardado mucho tiempo en imponerse, porque cada cultura, cada sociedad, cada nación, ha sentido siempre la tentación de enfrentarse a las demás y considerarse superior. Eso ha provocado guerras, enfrentamientos, persecuciones. Solo podremos conseguir la paz reconociendo que somos miembros de la humanidad, y que todos estamos sujetos a los mismos derechos y a los mismos deberes.

El significado de las palabras

El castellano se ha formado a partir del latín, y ha recibido palabras de otras muchas lenguas: griego, árabe, francés, inglés, por ejemplo. La etimología de una palabra nos indica su procedencia y, en muchas ocasiones, nos aclara su significado.

Muchas palabras relacionadas con la ciudadanía proceden del griego o del latín.

Ciudad, que también tenía el sentido de "sociedad organizada", se decía en griego "polis" y en latín "civitas" y "urbs". De estas palabras derivan las siguientes palabras en castellano:

- **Política:** el modo de ordenar la convivencia de una sociedad.
- **Civilización:** conjunto de creaciones culturales de una sociedad: arte, técnica, ciencia, etc.
- **Urbanidad:** normas de comportamiento necesarias para convivir en sociedad. Se oponía a los comportamientos bárbaros, de los que no eran ciudadanos o no sabían serlo.

6 Busca otras palabras con la misma etimología que política, civilización y urbanidad.

7 ¿Qué relación tienen todas estas palabras con la ciudadanía?

PARA RECORDAR

Tenemos grados distintos de ciudadanía:

- Somos vecinos de nuestra ciudad o localidad.
- Tenemos la nacionalidad del Estado al que pertenecemos.
- Todos deberíamos considerarnos "ciudadanos del mundo" por el hecho de ser personas.

La ciudadanía (nacionalidad) de un Estado permite disfrutar de los derechos propios de ese país. La ciudadanía del mundo está protegida por los derechos humanos.

ACTIVIDADES

8 ¿Cuáles son los tres niveles o círculos de la ciudadanía? Explica a qué corresponden en tu caso y qué implican en tu vida.

9 ¿Qué significa la fraternidad entre todos los seres humanos?

3. Una sociedad justa y feliz

Utopía

Es un plan o proyecto que parece irrealizable en el momento de ser concebido.

Muchos pensadores han imaginado sociedades perfectas, como la descrita por Tomás Moro en su obra *Utopía*:

"De las costumbres de un pueblo como este, se sigue necesariamente la abundancia de todos los bienes. Si a esto se añade que la riqueza está equitativamente distribuida, no es de extrañar que no haya ni un solo pobre ni un mendigo."

10 ¿Qué aspecto de la sociedad feliz se destaca en el texto? ¿Qué otros aspectos son también importantes?

Utopías para mejorar el mundo

Los seres humanos han imaginado siempre cómo sería una ciudad feliz. Una nación, un país, una sociedad donde todo el mundo viviera dichoso. Se llaman **utopías** a esas creaciones de la imaginación. Muchas veces eran disparatadas o injustas. Pero hay una "**utopía inteligente**" que consiste en afirmar que la realidad puede siempre mejorarse.

Los humanos hemos llegado a la Luna, hemos inventado los ordenadores, hemos curado enfermedades terribles, ¿cómo no vamos a ser capaces de hacer un mundo justo y decente? A todos nos corresponde hacerlo. Los científicos investigando, los empresarios creando empresas, los jueces siendo imparciales, los políticos gobernando bien.

Alcanzar la felicidad

Todo lo que hacemos, lo hacemos para ser felices. ¿Qué se entiende por "felicidad"? Es, sin duda, el estado de satisfacción personal y de plenitud que alcanzamos al lograr lo que nos produce bienestar y alegría, como tener buenos amigos, estar sanos...

En resumen, la **felicidad** es un estado de ánimo en que nos encontramos contentos, que quisiéramos que durara para siempre, y en el que podemos desarrollar nuestro proyecto de vida.

Para conseguir esa felicidad personal necesitamos vivir en un ambiente que no la impida y, a ser posible, que la facilite, es decir, vivir en una sociedad feliz. Quienes viven en un país muy pobre, o muy inseguro, van a tener más dificultades para ser felices.

En los años treinta del siglo XX llegó al poder en Alemania el partido nazi, que decidió exterminar a todos los judíos. Por el hecho de ser judíos, los internaban en campos de exterminio, donde murieron más de cinco millones. En esos campos, al recordar su vida antes de la llegada de los nazis, ¿no pensarían que entonces habían sido felices? Y sin embargo, en aquella época también habrían tenido sus problemas. Pero entonces se les había permitido luchar por su felicidad.

Una sociedad justa y feliz facilita que alcancemos nuestra felicidad personal.

El entorno social nos ayuda a alcanzar la felicidad personal.

Felicidad personal y felicidad política

Podemos distinguir dos tipos de felicidad:

- **La felicidad personal:** como ya hemos visto, es un estado de satisfacción personal y de plenitud en el que podemos desarrollar nuestro proyecto de vida.
- **La felicidad política:** es la felicidad de la polis, de la sociedad. Necesitamos que la sociedad sea feliz, que haya una felicidad compartida, una felicidad del entorno social. Una situación en la que desearíamos vivir siempre porque nos ayuda, nos protege, nos permite llevar a cabo nuestros propios proyectos.

Esta felicidad social o felicidad política es lo que llamamos justicia. Todos queremos vivir en un país justo porque es el que nos ayuda más a ser felices.

Política y felicidad

La relación entre política y felicidad tal vez suene rara. Sin embargo, la idea está presente en muchas constituciones:

1

La Constitución española de 1812, a la que llamaron La Pepa, decía:

"El objeto del gobierno es la felicidad de la Nación".

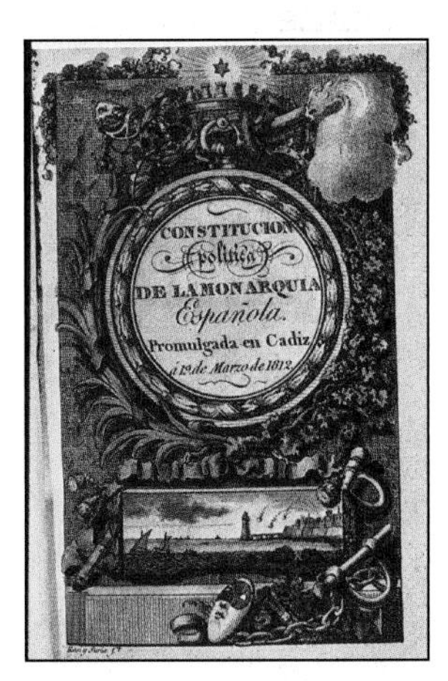

La Constitución española de 1812.

2

En una de las primeras Declaraciones de Derechos, la elaborada por el pueblo de Virginia en 1776, se lee un párrafo muy bello. El artículo 1 dice:

"Que todos los hombres son por naturaleza igualmente libres e independientes, y que tienen ciertos derechos inherentes de los que, cuando se organizan en sociedad, no pueden ellos ni su posteridad ser despojados ni privados, a saber: el goce de la vida y de la libertad, con los medios de adquirir la propiedad y perseguir y obtener la felicidad y la seguridad".

3

En constituciones más recientes, como la de Irán se lee:

"La república islámica de Irán tiene como ideal la felicidad en toda sociedad humana".

Y la de Corea del Sur afirma:

"A todos los ciudadanos se les garantiza la dignidad, y tendrán derecho a perseguir su felicidad".

11 ¿Qué relación hay entre política y felicidad? ¿Estás de acuerdo con esa relación?

12 ¿Crees que se cumple el deseo de felicidad que proclaman muchas constituciones?

PARA RECORDAR

La **felicidad** es el estado de satisfacción personal en el que podemos desarrollar nuestro proyecto de vida.

Una sociedad justa y feliz facilita que alcancemos la felicidad personal. La felicidad política o compartida solo está presente en las **sociedades justas**.

ACTIVIDADES

13 ¿Qué es la felicidad? ¿Qué condiciones se necesitan para alcanzarla?

14 ¿Qué opinas de las personas que se dedican a la política? ¿Te gustaría dedicarte a la política? ¿Por qué?

4. Un gran proyecto humano

Proyecto:
Propósito de hacer algo, con el esfuerzo y compromiso por llevarlo a cabo.

Realizar un proyecto

Un **proyecto** es una idea que intentamos realizar. Un entrenador de fútbol tiene un "proyecto de equipo" y para conseguirlo contrata a unos jugadores en vez de a otros, y dirige los entrenamientos de una forma determinada. El arquitecto hace un proyecto de la casa que va a construir. Dibuja los planos, calcula los materiales y el precio. Sin un proyecto previo no podría comenzar la obra.

También en nuestra vida tenemos proyectos. Unos a corto plazo: "Tengo el proyecto de irme a un campamento este verano". Otros a largo plazo: "Tengo el proyecto de ser médico"; "tengo el proyecto de crear una empresa".

Un proyecto es algo más que un simple deseo o una preferencia. Quien dice "Me gustaría ser médico", pero no hace nada por conseguirlo, no ha elaborado un verdadero proyecto.

Cada uno de nosotros vamos a distinguirnos por el proyecto que elijamos para nuestra vida, y por el empeño que pongamos en realizarlo.

Una casa común

Hay proyectos personales y hay también un proyecto que todos compartimos. Todos queremos **ser felices**. Con ese objetivo nos relacionamos, fundamos familias, trabajamos, estudiamos, inventamos cosas.

Para ser felices necesitamos vivir en un ambiente adecuado, sin violencia, donde la gente se respete, donde haya justicia. Necesitamos construir una "**casa común**", donde podamos vivir todos los seres humanos. Todos tenemos que ser arquitectos, constructores y habitantes de esta casa.

Este es el gran proyecto que la humanidad ha intentado realizar, con mayor o menor éxito, desde que apareció en el universo. Es un proyecto ético común, un gran proyecto humano que consiste en encontrar un modo de vida, de organización, de convivencia que nos permita ser felices y vivir con dignidad.

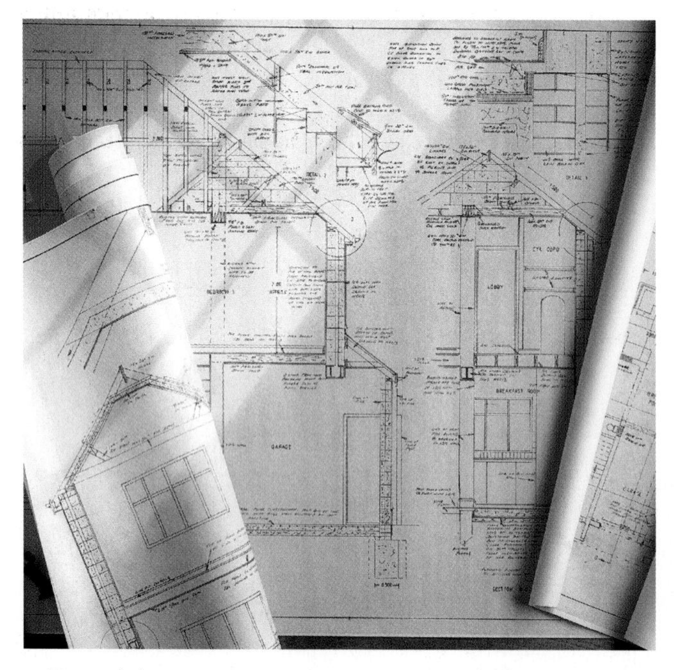

Un verdadero proyecto requiere poner en marcha los mecanismos necesarios para su realización. Quien tiene un proyecto, pero no hace nada por conseguirlo, no ha elaborado un verdadero proyecto.

Un proyecto para un mundo justo

El mundo actual tiene graves problemas, lo que nos indica que no funciona muy bien, porque muchos de ellos podrían resolverse si quisiéramos.

Todos los años mueren 8 millones de niños por falta de alimentos. La mujer está discriminada en muchos países, y se habla de la "feminización de la pobreza", porque las mujeres suelen ser las víctimas. Hay también muchos Estados que no son democráticos, y donde se limita la libertad de los ciudadanos. Ante esta situación, ¿cuál debe ser nuestra actitud?

- **La compasión.** En primer lugar, debemos sentirnos afectados por tanto sufrimiento.
- **La solidaridad.** En segundo lugar, debemos ser "la voz de los que no tienen voz". Unos niños que no han recibido educación, que están obligados a trabajar para sobrevivir, que no han conocido más que la miseria, tienen muy pocas posibilidades de introducir cambios en sus vidas y en sus sociedades, pero nosotros sí podemos ayudar a que sus vidas mejoren. Nosotros debemos ser sus defensores. Esto contribuiría a hacer un mundo justo. Esta es una tarea en la que todos deberíamos empeñar nuestra inteligencia. Podemos hacer entre todos un "proyecto para un mundo justo".

ACTIVIDADES

15 Imagina un proyecto para tu vida. Explica lo que deberías hacer para poder realizarlo.

16 ¿Qué quiere decir ser "la voz de los que no tienen voz"? ¿Qué implicaría en nuestra vida ser esa "voz"?

Personajes Wangari Maathai

Hay personas que no se han contentado con quejarse de lo mal que está el mundo, sino que han hecho lo posible para mejorarlo. Gracias a ellas, han cambiado muchas cosas. Merecen nuestra admiración y gratitud. La historia avanza gracias a proyectos elaborados por personas inteligentes y generosas.

Wangari Maathai realizó un proyecto de creación de bosques para defender los campos comunales.

En el año 2004 concedieron el Premio Nobel de la Paz a una mujer keniata llamada **Wangari Maathai**. Fue la primera mujer de África oriental que consiguió un doctorado en biología.

Luchó contra la privatización de los campos comunales, es decir, para evitar que los terrenos comunes de los pueblos, que eran de todos los vecinos, se vendieran a particulares, y consiguió fondos para financiar viveros, cuidados por mujeres necesitadas. Su proyecto fue crear bosques para mejorar la calidad de vida de sus compatriotas. Hasta ahora se han plantado 30 millones de árboles. Una mujer sola ha conseguido movilizar a mucha gente y ha logrado unos resultados extraordinarios, con un proyecto muy sencillo.

17 ¿Por qué su proyecto resultó muy beneficioso?

18 Busca información en enciclopedia o internet sobre Wangari Maathai: ¿por qué le concedieron el Premio Nobel de la Paz?

PARA RECORDAR

El proyecto de crear un mundo justo que permita a todos los seres humanos vivir con dignidad y alcanzar la felicidad es un gran proyecto ético común.

Ante los graves problemas del mundo, debemos sentir compasión y actuar solidariamente para ayudar a su solución.

5. La convivencia y los sentimientos

Continuamente estamos experimentando sentimientos, emociones, deseos, impulsos. Estamos tristes o alegres, enfadados o tranquilos, somos optimistas o pesimistas, vemos el futuro con esperanza o con miedo, nos sentimos seguros o inseguros.

Todas estas sensaciones tienen gran importancia en nuestra vida. Nos animan o desaniman, hacen que nos sintamos felices o desgraciados. Nos mueven a obrar o a no hacerlo. Con frecuencia no sabemos por qué sentimos lo que sentimos, parece que las emociones nos invaden y nos manejan.

En las relaciones con los demás también tienen mucha importancia los sentimientos. En ocasiones sentimos que no nos entienden, que los demás son injustos con nosotros, que no tienen en cuenta nuestros sentimientos y nos hieren, a veces sin querer.

Por todo esto debemos conocer cómo funciona el mundo afectivo, de qué manera influye en nuestras vidas, los problemas que plantean las emociones, y la ayuda que nos proporcionan.

La educación emocional

Educar la **inteligencia emocional**, es decir, comprender y controlar nuestros sentimientos, es imprescindible para vivir satisfactoriamente con nosotros mismos y con los demás.

En la educación emocional se proponen cinco objetivos que nos interesan a todos, jóvenes y adultos, hijos y padres, alumnos y profesores:

- Comprender los propios sentimientos.
- Saber cómo regularlos.
- Comprender los sentimientos ajenos.
- Saber cómo mantener buenas relaciones con los demás.
- Saber cómo animarse y motivarse uno mismo.

Deseos, sentimientos, emociones

Nuestra vida afectiva es muy variada:

- **Los deseos** nos impulsan a actuar en un sentido o en otro, al igual que también nos mueven nuestros impulsos, aspiraciones y proyectos.
- **Los sentimientos** surgen cuando nuestros actos, proyectos, deseos, aspiraciones, se enfrentan con la realidad. Los sentimientos nos advierten de cómo nos van las cosas. Si nos van bien, nos sentimos alegres; si nos van mal, tristes. Si aparece un peligro, sentimos miedo.
- **Las emociones** son sentimientos que se presentan muy bruscamente y con mucha intensidad.
- **Los estados de ánimo** son sentimientos que se prolongan a lo largo del tiempo. Estamos deprimidos o alegres, de buen o mal humor, aburridos o furiosos.

Ya tenemos un breve diccionario para hablar de nuestra vida afectiva: deseos, sentimientos, emociones, estados de ánimo.

Tipos de sentimientos

- **Sentimientos agradables y desagradables.** Cuando experimentamos sentimientos agradables, queremos seguir sintiéndolos. En cambio, si son desagradables nos gustaría cambiar de estado de ánimo. Pero no debemos dejarnos guiar solo por los sentimientos agradables. A veces, los desagradables también tienen una función positiva. Lo importante es saber si un sentimiento es bueno o no.
- **Buenos y malos sentimientos.** Hay sentimientos buenos y malos. Son sentimientos buenos los que facilitan la convivencia, el entendimiento, la ayuda mutua, la colaboración, el modo adecuado de resolver los conflictos. Es decir, los que favorecen la construcción del proyecto ético común. Son malos los sentimientos que impiden las relaciones, provocan peleas, rompen la comunicación.

  Por ejemplo, **vengarnos** de quien nos ha ofendido puede ser un sentimiento agradable, pero no es un buen sentimiento.

  En cambio, hay sentimientos desagradables que pueden ser buenos. Por ejemplo, el **remordimiento**. Es el sentimiento que se experimenta al darse cuenta de que se ha hecho algo ofensivo o malo para una persona o para uno mismo. Es, sin duda, desagradable, pero es bueno si nos anima a reparar el daño que hemos hecho o a procurar no volver a repetirlo.

ACTIVIDADES

19 ¿Cuáles de los siguientes sentimientos resultan agradables y cuáles desagradables?: alegría, decepción, envidia, furia, autoestima, odio, venganza, tristeza, entusiasmo, vergüenza, miedo, seguridad.

20 ¿Cuál es el tipo de sentimientos que debe guiarnos en la realización del proyecto ético común: los agradables o los buenos? ¿Por qué?

21 ¿Qué fines busca la educación emocional? ¿Por qué es importante?

La venganza

La venganza, el deseo de hacer daño a quien nos lo hace, es un impulso natural que, sin embargo, ha sido prohibido en todas las culturas. No es bueno ni para las personas ni para las sociedades.

La venganza desencadena un enfrentamiento sin fin. Y, al final, el más fuerte acaba imponiéndose al más débil, con razón y sin ella. Por eso, el sistema judicial es el encargado de estudiar estos conflictos e imponer las penas justas. No puede uno tomarse la justicia por su mano.

22 ¿Qué casos reales conoces en los que se usa la venganza para responder a una ofensa?

23 ¿Qué sucedería si todo el mundo se tomase la justicia por su mano? ¿Quién se beneficiaría y quién saldría perjudicado?

La venganza desencadena un enfrentamiento sin fin, en el que la fuerza se impone sobre la razón.

PARA RECORDAR

Los sentimientos influyen en las decisiones que tomamos en nuestra vida y también en las relaciones con los demás.

Hay sentimientos agradables y desagradables, pero por otro lado hay buenos y malos sentimientos, según cómo contribuyan al proyecto ético común.

Para saber comprender y controlar nuestros sentimientos, es fundamental educar la inteligencia emocional.

Pensar juntos: el debate

Cuando pensamos solos corremos el peligro de equivocarnos, de dejarnos llevar por nuestras preferencias, sentimientos o manías. Por esta razón conviene pensar con los demás, es decir, comparando nuestros argumentos con los de otras personas. Se trata de enfrentar argumentos, justificarlos y elegir el que nos parezca más verdadero. El debate es un modo de pensar juntos, no es una batalla para destrozar al contrincante. Es una reunión de varias personas en las que todos discuten sobre algo de interés común. A veces es necesario llegar a conclusiones, y se votan los acuerdos. A veces no es necesario y simplemente se intercambian opiniones.

A. Tipos de debates y organización

Los debates son frecuentes, aunque no todos son iguales. Pueden organizarse debates entre dos personas con posturas enfrentadas, o entre grupos de personas en los que cada grupo defiende una idea, o incluso entre varias personas que simplemente quieren aclarar sus ideas.

Vamos a plantear un debate entre **varios grupos pequeños** (de tres o cuatro personas cada uno) con ideas diferentes sobre un tema.

En cada grupo hay un **secretario** que se encargará de tomar nota de las conclusiones e ideas principales que se expongan.

B. Elección y preparación del tema

Para debatir sobre cualquier tema, hay que estar informados, conocer la materia que se va a debatir. Para ello, hay que seguir varios pasos:

1. Buscar información sobre el tema.
2. Seleccionar la información más importante.
3. Buscar los argumentos a favor y en contra, compararlos y valorar el peso de cada uno.

Decir "porque me gusta" o "porque sí" o "porque me lo han dicho" no es argumentar. Argumentar es **explicar** los hechos o las ideas en que me baso para decir algo. Hechos e ideas que deben poder ser comprobados por los demás, que pueden criticarlos.

C. Las reglas del juego

Como en cualquier actividad en la que participan varias personas, es necesario fijar unas reglas del juego que regulen **cómo participar en la discusión**.

En un debate hay dos tipos bien diferentes de participantes: la persona que actúa de **moderadora** y los **participantes** que intervienen en el debate. Son también importantes, pero no imprescindibles, los **espectadores**. Para cada uno hay unas normas básicas que deben respetarse.

D. Conclusiones del debate

Cuando se ha acabado el tiempo de debate, el secretario de cada grupo lee las conclusiones a las que se ha llegado, diferenciando entre las posturas en las que ha habido acuerdo y las que no.

El público asistente puede hacer preguntas o expresar su postura mediante una votación a favor de una de las dos posiciones defendidas.

Las conclusiones del debate sirven para tomar decisiones sobre el tema tratado.

Normas para el moderador

Guarda silencio: no interviene en las discusiones.

Es neutral: no muestra nunca su acuerdo o desacuerdo con lo que se está diciendo, ni siquiera con gestos o expresiones.

Es exigente: interviene para llamar la atención de quienes no cumplen las reglas del juego.

Facilita la discusión: con sus aportaciones ayuda a que la discusión no se aleje del tema debatido.

Modera: concede la palabra a quien le corresponde.

El papel del público

En algunos debates hay público que asiste a las discusiones. Lo normal es que su papel se limite a **escuchar**. Al final, es posible que el público plantee algunas **preguntas** a algunas de las personas que han participado en el debate. También se le puede pedir al público una **valoración** del debate mantenido.

Normas para los participantes

Hablan solo cuando les toca el turno.

Guardan silencio y **escuchan** a quien está hablando. **No interrumpen**, sino que esperan a que les toque su turno.

En sus intervenciones **se centran** en lo que se está discutiendo y no cambian de tema.

Procuran que sus intervenciones sean **pertinentes** y **relevantes**.

Apoyan sus puntos de vista en **razones** que los justifiquen.

Se dirigen a las personas que participan en el debate y, cuando responden a alguna persona concreta, es a ella a la que se dirigen.

Hablan **con respeto** a las personas, aunque estén en total desacuerdo con lo que esas personas han opinado: las personas son siempre respetables, las ideas y opiniones se pueden discutir y refutar.

PROPUESTA DE TRABAJO

Organizamos un debate en clase sobre el problema del botellón.

1 Se forman **cuatro grupos** de tres o cuatro estudiantes cada uno y se nombra un moderador ajeno a los dos grupos. Cada grupo representa una de las siguientes posturas:

a) Grupo formado por estudiantes que creen que "las leyes anti-botellón limitan nuestro derecho a divertirnos".

b) Grupo que representa a los vecinos que defienden que "el derecho de los vecinos a la tranquilidad en sus hogares está por encima del derecho a divertirse".

c) Grupo que representa a los padres, preocupados por la salud de sus hijos que consumen alcohol.

d) Grupo que representa al Ayuntamiento de la localidad, que al final tiene que decidir a quién le da la razón, y explicar por qué.

2 Se preparan los argumentos a favor y en contra. El moderador explica con claridad, antes de empezar, las normas que deben seguir los participantes.

3 Se realiza un debate con tiempo limitado, siguiendo las normas expuestas. Mientras, el **secretario** de cada grupo toma nota de las ideas fundamentales que se exponen y al terminar el tiempo de debate, las presenta como resumen.

4 Turno de **preguntas** por parte del público, dirigidas a una persona concreta, a uno de los grupos o a todos.

5 El grupo que representa al Ayuntamiento decide quién tiene razón y explica su decisión.
Los demás grupos deben aceptar la decisión que se ha tomado, aunque pueden expresar su opinión y pedir propuestas adicionales que mejoren la solución adoptada.

El botellón

¿Por qué es un problema?

Los padres no quieren que sus hijos beban alcohol. ¿Cuáles son sus razones? El abuso del alcohol tiene efectos muy dañinos sobre la salud, especialmente en el caso de los niños y adolescentes. Por eso, por motivos de salud, se ha establecido una edad mínima para beber legalmente.

El botellón supone un problema cívico porque afecta a los vecinos. Quienes se juntan para beber en una plaza, en la calle o en un parque, ¿piensan en la basura y el ruido a los que obligan a soportar a los vecinos? Cuando la gente joven bebe demasiado aumenta la agresividad, hay peleas, comas etílicos, accidentes de tráfico..., y disminuye en general la percepción de los riesgos. Vamos a analizar este problema desde varios puntos de vista.

Revista de prensa

25000 jóvenes se congregan para celebrar un botellón de tres días en Granada

(*El País*)

El ayuntamiento de Granada eleva a 25.000 el número de jóvenes que participa en el primero de los tres días del botellón que ha autorizado en la explanada de la Huerta del Rasillo.

Concentración de jóvenes en un botellón.

Tolerancia cero y botellón en Granada

(*El País*)

Las administraciones decretan "tolerancia cero" con los adictos al botellón: prohibida la venta de bebidas alcohólicas a menores de 18 años y vetado el consumo callejero cuando se altere la tranquilidad ciudadana.

Un estercolero en medio de la ciudad

(*El País*)

El panorama al que se enfrentan los vecinos se repite cada sábado y domingo. Bolsas tiradas por la plaza, botellas hechas añicos contra el suelo y la plaza llena de porquería. Es el resultado del botellón que hacen los días previos a alguna festividad decenas de jóvenes y no tan jóvenes, según han comprobado los vecinos.

¿Somos los jóvenes unos borrachos?

(Foro de La Luna, suplemento de *El Mundo*)

Vivimos en un clima de persecución contra nuestros derechos. La ley del botellón fue indignante, porque estaba fomentando una injusticia grave. ¿Por qué yo no puedo estar bebiendo una lata a 60 céntimos sentada en un banco y, en cambio, sí puedo hacerlo en una mesa que está al lado por el triple de precio? (Marta, 22 años).

Consecuencias del botellón en la calle.

Hoy, la "macrorresaca"

(Suplemento de Salud de *El Mundo*)

Se han desarrollado propuestas alternativas para llenar las horas de ocio de los chavales abriendo polideportivos los fines de semana, organizando actividades lúdicas en centros sociales y potenciando las actividades deportivas. De hecho, una de las quejas de los directamente implicados es que, si bien irse de botellón no les cuesta más de cuatro o cinco euros, asistir al cine, al teatro o, simplemente comprar un disco o un libro multiplica esta cifra por tres o cuatro.

Los datos

Datos sociológicos

En la última década ha aumentado el porcentaje de adolescentes entre 14 y 18 años que se emborrachan por lo menos una vez al mes: del 20,7% al 32,5%. La edad media de inicio del consumo de alcohol son los 13,7 años. De los jóvenes entre 15 y 19 años, el 35% hace botellón habitualmente en los fines de semana.

Datos sanitarios

El abuso de alcohol disminuye la capacidad perceptiva, hace más probables los comportamientos de riesgo (por ejemplo, conducir borracho o tener relaciones sexuales sin protección), disminuye el control voluntario del comportamiento y de los impulsos (agresividad). A medio plazo puede reducir la memoria, influye negativamente en los resultados escolares, empeora el bienestar y las relaciones sociales.

El Ministerio de Sanidad afirma que "el abuso del alcohol está relacionado con más de 60 enfermedades y trastornos. Solo un 9% de los jóvenes españoles tiene la percepción de que consume mucho o bastante alcohol, y la gran mayoría no considera que el abuso del alcohol pueda llegar a ser un problema de salud".

El consumo de alcohol entre los jóvenes se inicia a edades cada vez más tempranas.

Alcohol y accidentes de tráfico

Se estima que conducir bajo los efectos del alcohol causa entre el 30 y el 50% de los accidentes de tráfico con víctimas mortales y del 15 al 35% de los accidentes que producen lesiones graves.

El mayor número de casos graves por conducir bajo los efectos del alcohol se da entre los jóvenes de 16 a 19 años.

Fuentes: Nota de prensa del Ministerio de Sanidad, junio 2006. Encuesta sobre drogas en población escolar, 2004. Estudio Jóvenes españoles 2005, Fundación SM. Informe Juventud en España, Injuve. Leadership to Keep Children Alcohol Free. Web: http://www.saludalia.com

¿QUÉ PUEDO HACER YO?

INFÓRMATE

1. ¿Cuáles son los principales problemas a que da lugar el botellón? En estas dos páginas tienes mucha información sobre el tema, pero las leyes "anti-botellón" cambian de una ciudad a otra, ¿qué reglamentación hay en tu localidad respecto al consumo de alcohol en las calles o parques?

REFLEXIONA

2. El ayuntamiento de una ciudad ha prohibido el botellón y pide a los jóvenes que le den ideas para resolver el problema que se plantea: hay partidarios de que se permita y partidarios de que se faciliten otro tipo de actividades. Escribe un texto explicando los argumentos razonados de tu postura, pero ten en cuenta cómo te pueden responder a cada uno de esos argumentos.

3. Existe una relación entre consumo de alcohol y agresividad. ¿Estás de acuerdo? Escribe una redacción que explique esta relación; puedes usar ejemplos reales que conozcas.

4. Los adolescentes necesitan reunirse y tener lugares para divertirse y pasarlo bien. ¿Cómo te gustaría que fueran?

ACTÚA

5. Existen formas alternativas de ocio, que no implican el consumo de alcohol. Redacta un programa de actividades lúdicas para las noches del fin de semana.

EN SÍNTESIS

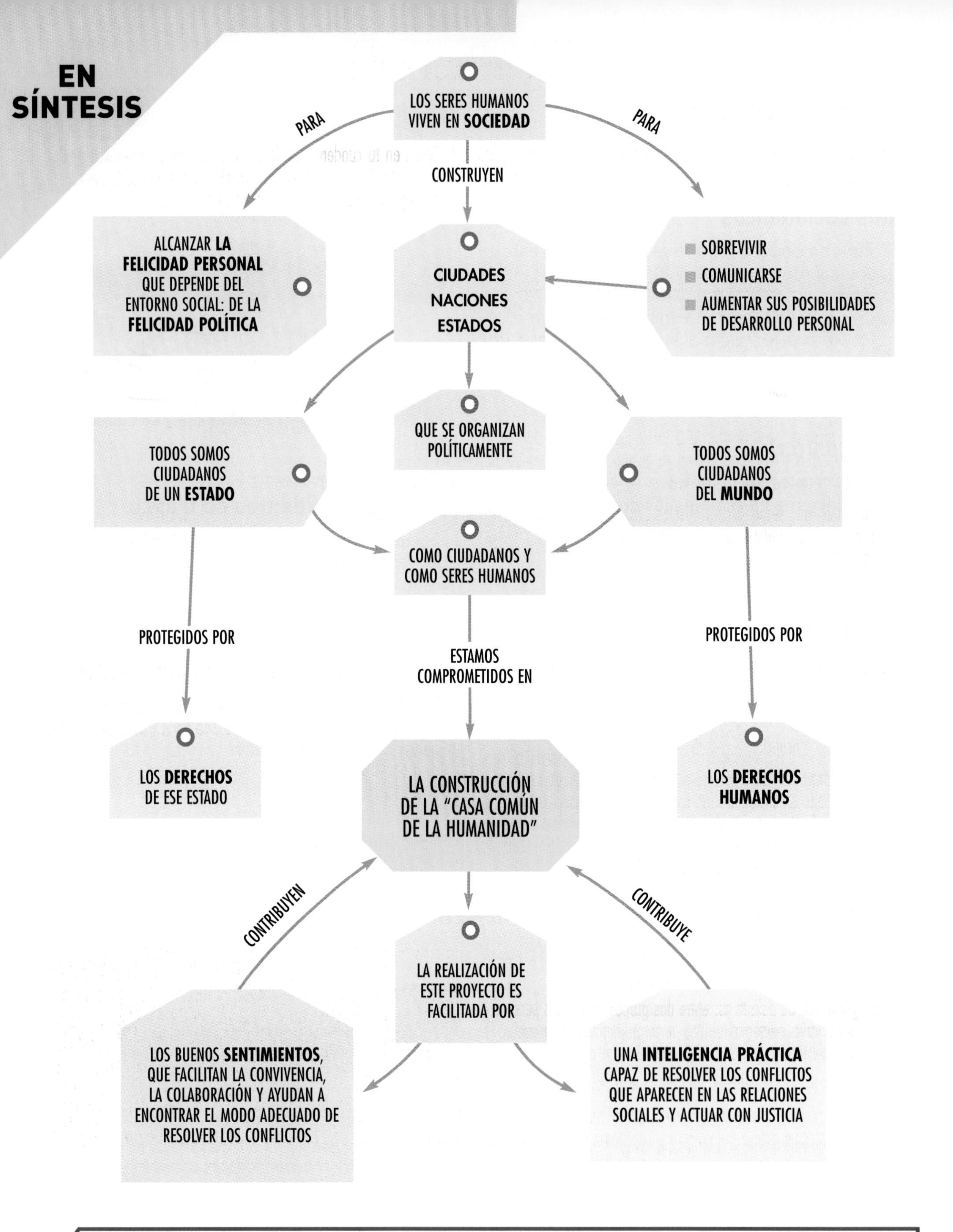

ACTIVIDADES SOBRE LA SÍNTESIS

1 ¿Por qué es necesaria la vida en sociedad?

2 ¿De qué depende la felicidad personal?

3 ¿Qué derechos tenemos como ciudadanos de un Estado? ¿Y como ciudadanos del mundo?

4 ¿Qué factores ayudan a la construcción de la "casa común" de la humanidad?

ACTIVIDADES

¿QUE ES LA CIUDADANÍA?

1 ¿Qué diferencia hay entre un súbdito y un ciudadano? ¿Los habitantes de nuestro país son ciudadanos o súbditos? Explica por qué.

2 Piensa y escribe:

- Cinco propuestas para mejorar tu clase o tu centro.
- Cinco propuestas para convertir tu centro en un infierno.
- Cinco propuestas para hacer más justa tu ciudad o localidad.
- Cinco propuestas para hacer injusta e inhabitable tu ciudad o localidad.

3 El proyecto de realizar un mundo más justo se construye desde los pequeños proyectos individuales o de grupos. ¿Cómo puedes colaborar con ese gran proyecto?

Haz una lista de posibles proyectos para desarrollar en tu clase o en tu vida familiar, que contribuyan a la construcción del gran proyecto humano.

4 Copia en tu cuaderno el siguiente esquema y complétalo. ¿Por qué unos círculos engloban a otros? ¿Qué significado tienen en el esquema las leyes y los derechos humanos?

5 Define los siguientes términos:

- política
- derechos humanos
- convivencia
- ciudadano
- ciudadanía

LA CONVIVENCIA Y LOS SENTIMIENTOS

6 Reconoce y pon nombre a los sentimientos descritos:

a. Los padres de Ana se han cambiado de ciudad, y Ana echa de menos a sus amigos y está muy triste. ¿Qué siente?: furia / decepción / nostalgia / envidia

b. Luis ha ayudado a Juan a hacer sus deberes, y además le ha prestado su bicicleta. Sin embargo, se ha enterado de que Juan dice a sus espaldas cosas muy desagradables de él. ¿Cómo llamarías a la conducta de Juan?: frustración / ingratitud / desengaño

7 ¿Con qué "emoticono" relacionarías la siguiente situación?

A Carmen le cuesta mucho esfuerzo conocer a gente nueva. Se encuentra incómoda, no se le ocurre nada que decir, y está deseando marcharse de la reunión.

¿Cómo definirías su carácter?

PENSAR JUNTOS: EL DEBATE

8 Piensa en un programa de televisión que se plantee como un debate y responde a las siguientes preguntas:

a. ¿Qué tipo de debate es: entre dos grupos, entre dos personas, entre varias personas que no se organizan como grupos? ¿Es un debate organizado o una discusión libre?

b. ¿Se cumplen las reglas del debate que hemos estudiado?

c. Haz una valoración sobre el programa de debate, teniendo en cuenta el respeto a las normas y la organización del mismo.

ESPACIO WEB

Ciudadanía sin fronteras

Puedes profundizar en la idea de ser "ciudadanos del mundo" en www.librosvivos.net (Tu libro: 113798).

En la sección "Investiga en la red" de esta unidad, encontrarás información y propuestas de investigación sobre los siguientes temas: ¿Cómo han permitido los medios de comunicación, los transportes e internet ampliar el término "ciudadanía"? Hemos pasado de una ciudadanía local a una ciudadanía global donde parece no existir la distancia. ¿Dónde ha quedado la dignidad de las personas en todo esto?

UNIDAD

2

La resolución inteligente de los conflictos

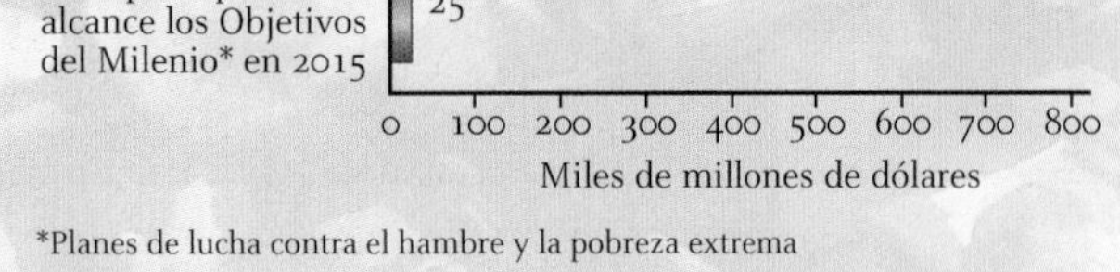

Gastos y necesidades

Gastos militares de los países desarrollados 616

Gastos mundiales de publicidad 446

Presupuesto necesario para que África alcance los Objetivos del Milenio* en 2015 25

0 100 200 300 400 500 600 700 800

Miles de millones de dólares

*Planes de lucha contra el hambre y la pobreza extrema

Fuente: *Atlas de Le Monde diplomatique, 2006*

– *Uno de los problemas más graves del mundo es la pobreza extrema. Observa el gráfico. ¿Te parece que es posible conseguir el presupuesto necesario para que África alcance los Objetivos del Milenio? ¿Cuáles crees que son los principales obstáculos para eliminar la pobreza del mundo?*

Los seres humanos nos enfrentamos continuamente a problemas que tenemos que solucionar. Sin embargo, en ocasiones no sabemos hacerlo y los problemas terminan en enfrentamientos y conflictos. Y esto siempre produce sufrimientos.

Las guerras, las peleas entre miembros de una familia, los choques entre compañeros, las disputas entre vecinos, las incomprensiones entre amigos, destruyen la buena convivencia.

Además, todas las sociedades se han tenido que enfrentar a problemas importantes, que afectaban a todos sus miembros: el valor de la vida; los bienes, su propiedad y su reparto; la participación en el poder; la sexualidad, la familia y la educación de los hijos; el cuidado de los débiles, ancianos o enfermos; el trato a los extranjeros; la muerte, el más allá.

Cada sociedad ha elaborado una moral para resolver estos problemas. Podemos considerar la moral como un plano para construir la ciudad ideal, la casa común.

1. La inteligencia, los problemas y los conflictos

DE PARTIDA La guerra real

En Sierra Leona (África occidental) hubo una terrible guerra civil durante la última década del siglo XX. Grupos de guerrilleros asaltaban los poblados, y al marcharse cortaban la mano derecha de sus habitantes, para que así no pudieran empuñar las armas.

La niña de la foto acababa de aprender a escribir. Cuando el guerrillero iba a amputarle la mano, pidió por favor que en vez de cortarle la derecha, le cortara la izquierda, para poder seguir escribiendo. Como respuesta, el guerrillero le cortó las dos. Esta es la guerra real. Salvaje y cruel.

Problemas y conflictos

Los problemas con que nos enfrentamos los humanos son muy variados. La ciencia estudia principalmente problemas teóricos. ¿Qué produce el sida? ¿Qué son los agujeros negros? La técnica se ocupa de resolver problemas prácticos. ¿Puede construirse un coche más ecológico? ¿Cómo se puede fabricar un cohete que llegue a Marte?

Hay otros problemas vitales, que se refieren a nuestro modo de vivir, a nuestro comportamiento. ¿Cómo sobrevivir?, ¿cómo convivir?, ¿cómo ser feliz? Son muy complicados porque tienen que ver con nuestros sentimientos, nuestros miedos, nuestros deseos. Y también con los de los demás.

- **Un problema** es una dificultad, un obstáculo que nos impide alcanzar nuestras metas o conseguir nuestros propósitos. Llamamos **inteligencia** a la capacidad para resolver problemas nuevos. Decimos que un lince es más inteligente que una almeja porque tiene más recursos para buscar soluciones a situaciones imprevistas.

Hay problemas especialmente graves porque enfrentan a los seres humanos. Los llamamos conflictos.

- **Un conflicto** es un choque, desacuerdo o lucha entre personas o grupos de personas, cuyas necesidades, deseos o intereses se enfrentan.

También podemos hablar de **conflictos interiores**, cuando dentro de nosotros chocan dos impulsos o dos deseos. Un conflicto –por ejemplo, que los padres se lleven mal– puede provocar en los hijos conflictos interiores, por no saber qué partido tomar.

Los seres humanos somos conflictivos y nos enfrentamos con mucha facilidad.

Solucionar los conflictos

La Historia es, en parte, una narración de conflictos. Grupos sociales o personas luchan por el poder, las naciones se enfrentan, unas invaden o colonizan a otras.

En Educación para la Ciudadanía contamos otra historia, la del intento de los seres humanos por **resolver bien los conflictos**, por abandonar la ley de la violencia, y construir el proyecto común. Estudiamos las mejores soluciones que ha encontrado y sigue encontrando la inteligencia humana para resolver los problemas fundamentales que plantea la búsqueda de la felicidad personal y la convivencia.

Es imposible que estemos de acuerdo en todo, que sintamos de la misma manera, y por eso siempre existirán los conflictos.

Necesitamos, por tanto, solucionarlos bien, es decir, justamente.

Una **solución es justa** cuando atiende las razones de todos, las valora imparcialmente y permite resolver un conflicto, respetando las normas básicas necesarias para convivir.

Una disputa no debe resolverse a puñetazos, porque entonces no ganará quien tenga razón, sino quien sea más fuerte. La fuerza es la ley por la que se rigen los animales en la selva, donde el fuerte se come al débil, pero los seres humanos no queremos vivir así, sino en un mundo donde triunfen la razón y la justicia.

No siempre es posible que las partes en conflicto queden del todo satisfechas: si uno quiere ir al cine y otro al fútbol, no es buena solución ver la mitad de un partido y la mitad de una película.

La violencia nunca es la solución para resolver los conflictos humanos.

PARA RECORDAR

La **inteligencia** es la capacidad de resolver problemas nuevos. Buscar la mejor solución a estos conflictos es tarea de la inteligencia.

Las **soluciones** justas deben tener en cuenta las razones de todos, valorarlas con imparcialidad y poner fin a los conflictos, sin romper las normas básicas de convivencia.

ACTIVIDADES

1. ¿Por qué las guerras no son la solución para resolver los conflictos?

2. En un partido de fútbol, un equipo reclama penalti y el otro dice que no lo hay. ¿Cuál de las siguientes soluciones hace uso de la inteligencia?

   a) Dar la razón al equipo de casa.
   b) Hacer que los capitanes peleen a puñetazos y dar la razón al vencedor.
   c) Echarlo a suertes lanzando una moneda al aire.
   d) Preguntar a los espectadores lo que prefieren.
   e) Suspender el partido.
   f) Aceptar lo que diga un árbitro imparcial.

2. Grandes problemas y conflictos actuales

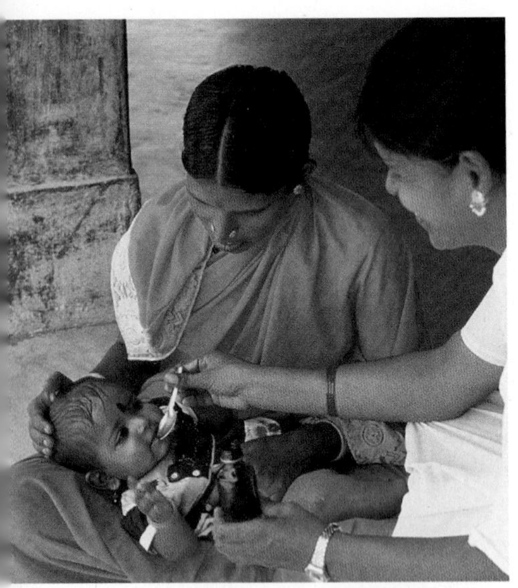

La lucha contra las enfermedades contagiosas es uno de los Objetivos del Milenio.

Objetivos de desarrollo del milenio

En el año 2000, casi todos los países del planeta decidieron enfrentarse a los principales problemas del mundo, y se fijaron unos objetivos que se deberían alcanzar en el año 2015, y que nos permiten detectar algunos de los problemas más graves con los que se enfrenta la humanidad.

- Reducir a la mitad la **pobreza extrema** y el **hambre**. 1 200 millones de personas siguen viviendo con menos de 1 dólar por día.
- Reducir en tres cuartas partes la **mortalidad materna**. En el mundo en desarrollo, el riesgo de que la madre muera en el parto es 1 por cada 48 partos.
- Lograr la **enseñanza primaria universal**. Más de 115 millones de niños no van a la escuela.
- Reducir la **propagación de enfermedades**, especialmente el sida y el paludismo.
- Potenciar el **papel de la mujer** y promover la **igualdad entre el hombre y la mujer**. Dos tercios de los analfabetos del mundo son mujeres y el 80% de los refugiados son mujeres y niños.
- Garantizar la **sostenibilidad del medio ambiente**. Más de 1 000 millones de personas no tienen agua potable.
- Reducir en dos terceras partes la **mortalidad de los niños menores de cinco años**. Cada año mueren 11 millones de niños menores de esa edad.
- Crear una asociación mundial para ayudar al **desarrollo** de los países más pobres.

Sostenibilidad:
Capacidad de mantener algo, sin que se degrade o empeore.

Los objetivos no se están cumpliendo porque las soluciones entran en conflicto con **intereses** políticos, sociales y económicos. Por ejemplo, el nivel de consumo de los países desarrollados, entre los cuales estamos, no es compatible con la conservación y la distribución de los recursos del planeta.

Muchos de los países pobres no tienen instituciones democráticas, lo que hace más difícil la solución de sus problemas. La **corrupción** de los gobiernos hace que muchas veces las ayudas internacionales no lleguen a los ciudadanos.

Personajes Muhammad Yunus

Muhammad Yunus ha demostrado el bien que puede hacer una persona con talento y decisión. Nació en Bangladesh, uno de los países más pobres del mundo.

Yunus se dio cuenta de que mucha gente podría iniciar una actividad que le permitiera sobrevivir si tuviera una pequeña ayuda inicial. Inventó el sistema de los **microcréditos**, que da pequeños préstamos a personas pobres, para que comiencen un pequeño negocio.

Esa iniciativa fue creciendo, tuvo mucho éxito, y ahora se ha convertido en el Banco Grameen, que está dedicado a ayudar a los más necesitados.

3 ¿Por qué han sido tan positivos los microcréditos?

4 Busca más información sobre Muhammad Yunus y escribe una redacción, destacando el aspecto que te parezca más interesante de su idea.

Conflictos locales y problemas globales

En la actualidad hay muchos **conflictos locales**. Unas veces conducen a guerras, otras a acciones terroristas, otras a conflictos económicos que provocan situaciones muy injustas.

En los periódicos se reflejan muchos de estos conflictos entre los distintos países o entre grupos dentro de un mismo país. Estos conflictos dan lugar a graves sufrimientos e injusticias.

Hay otros problemas que son **globales** y las soluciones deben serlo también. Esta es una de las razones por las que necesitamos establecer una red de ayuda entre todas las naciones. Lo que hacemos en un lugar de la Tierra repercute en el resto. Todos influimos en todo.

Pensemos en el calentamiento del planeta. Es una de las amenazas más graves para el ser humano. Está provocado por la sociedad industrializada, y sin embargo, los efectos también los sufren los pueblos africanos que se mueren de hambre. Somos todos responsables de lo que ocurre en el mundo.

El calentamiento global

Las emisiones de gases de invernadero debidas al consumo excesivo de combustibles fósiles (carbón, gas y derivados del petróleo) están produciendo un calentamiento de la atmósfera en todo el planeta.

Las inundaciones causadas por las tormentas tropicales pueden llegar a las zonas templadas.

5 ¿Por qué el cambio climático es un problema global?

6 ¿Podemos hacer algo para contribuir a su solución?

Como consecuencia del calentamiento global, se prevé una disminución de las capas de nieve y de hielo, tanto en el Ártico como en la Antártida. Algunas previsiones advierten incluso de la total desaparición de la capa de hielo del Ártico. Los efectos de este deshielo serán muy graves, como la subida del nivel del mar en todo el planeta, con inundaciones permanentes de muchas zonas de costa.

Muy probablemente, serán más habituales las olas de calor extremo y las lluvias torrenciales. Es probable que las tormentas tropicales sean más intensas en fuerza del viento y precipitaciones, con presencia cada vez más frecuente de las mismas fuera de las zonas tropicales.

Informe intergubernamental sobre el cambio climático (Organización Meteorológica Mundial).

PARA RECORDAR

Todos los países del mundo han fijado unos objetivos de desarrollo para hacer frente a los problemas más graves del mundo. Pero existen obstáculos que dificultan su cumplimiento.

Hay graves conflictos abiertos de tipo político e ideológico entre países o entre los distintos modos de entender la civilización.

Los problemas globales afectan a todo el planeta, y necesitan soluciones también globales.

ACTIVIDADES

7 ¿Qué significa que el nivel de consumo de los países ricos sea incompatible con los recursos del planeta? ¿Por qué muchas veces las ayudas internacionales no llegan a los ciudadanos?

8 Haz una lista de los principales conflictos actuales en el mundo. Clasifícalos según sus causas: políticas, económicas o sociales.

3. Las soluciones justas

Para encontrar las mejores soluciones a los conflictos es necesario escuchar a los demás.

Encontrar las soluciones

Todos queremos ser tratados justamente. Hasta los niños pequeños, cuando ven que se les trata mal, gritan: "¡No hay derecho!". ¿Cómo se encuentran las soluciones justas? Somos seres inteligentes y descubrimos las mejores soluciones pensando. Cada vez que surja un problema, para encontrar la solución justa, debemos preguntarnos:

- **¿Cómo me gustaría que me trataran a mí?** Pensemos si nos gustaría que alguien más fuerte nos humillara o nos arrebatara algo que nos pertenece, o hiciera daño a las personas que queremos.
- **¿Qué consecuencias tiene lo que hago?** Por ejemplo, ¿es justo que una persona que está borracha conduzca un automóvil? Pensemos en las consecuencias de ese acto. El alcohol disminuye los reflejos o la conciencia de lo que se hace, por lo que quien ha bebido se convierte en un peligro para sí mismo y para los demás.
- **¿Qué sucedería si no hiciera esto?** El deber del estudiante es estudiar. ¿Qué ocurre si no estudia? En primer lugar, que se está cerrando muchas posibilidades en su vida, y luego se arrepentirá. Pero sobre todo, no está colaborando a la realización del proyecto común, porque para que esto suceda todo el mundo debe cumplir sus obligaciones.

  ¿Y si los demás tampoco cumplieran con las suyas? Nuestra casa se incendia y los bomberos dicen que no van porque están viendo un partido. Una persona tiene un ataque de apendicitis y la ambulancia no llega porque el conductor se ha dormido.

Estos son procedimientos adecuados para averiguar lo que es justo. Pero en muchas ocasiones podemos equivocarnos, por eso es necesario **escuchar** a los demás, **dialogar** con ellos, enterarse de lo que piensan, de sus necesidades, de sus expectativas.

Esta es la razón de que demos tanta importancia a debatir, a pensar juntos, a dialogar, a colaborar para encontrar una buena solución entre todos.

La **solución justa** a un problema se puede encontrar pensando:

- ¿Cómo me gustaría que me trataran a mí?
- ¿Qué consecuencias tiene lo que hago?
- ¿Qué sucedería si no lo hiciera?
- Y, además, es necesario escuchar a los demás y dialogar.

El deber de los estudiantes es estudiar. La formación es imprescindible para su desarrollo como ciudadanos.

Las grandes soluciones

A lo largo de la historia, la humanidad ha encontrado tres grandes soluciones para resolver los conflictos: la Moral, la Ética y el Derecho.

- **La Moral** es el conjunto de normas que una cultura, una sociedad o una religión considera necesario cumplir para comportarse bien, y convivir justamente.

  Hay muchas morales, es decir, ideas diferentes sobre cómo se podrían resolver mejor los conflictos que surgen de la convivencia. Esta pluralidad de normas y costumbres puede plantear problemas, porque cada una defiende cosas diferentes.

- **La Ética** es la reflexión sobre las normas morales. A partir de esta reflexión, podemos llegar a la formulación de una ética universal, válida para todas las culturas. La **Declaración de los Derechos Humanos** es una formulación de esa Ética que debemos mejorar y aplicar cada día. El gran proyecto humano, el proyecto de construir un mundo más justo, es un proyecto ético. Y la Educación para la Ciudadanía, que pretende ayudar a realizar ese proyecto, es una asignatura ética.

- **El Derecho** es el conjunto de normas y leyes que un Estado promulga y obliga a que se cumplan.

  Sería muy bueno que los humanos nos comportáramos justamente, éticamente, por propia voluntad, porque nos parezca bueno hacerlo, porque amemos la justicia, pero no siempre ocurre así. Por eso, los Estados tienen que hacer **leyes** que obligan a cumplir. Organizan también los tribunales de justicia para aplicarlas, y encomiendan a las fuerzas de seguridad la tarea de hacerlas respetar.

La **Ética** y el **Derecho** son las **mejores soluciones** para resolver los conflictos humanos.

Moral:
Conjunto de normas de una cultura, una sociedad o una religión.

Ética:
Reflexión filosófica sobre las normas morales.

Derecho:
Conjunto de normas (leyes) de un Estado, cuyo cumplimiento es obligatorio.

Promulgar:
Publicar formalmente una ley o una norma para que se cumpla obligatoriamente.

Ley:
Norma establecida por una autoridad para regular, prohibir o mandar algo.

Las leyes son una de las creaciones de los seres humanos para resolver y evitar conflictos. Por ejemplo, establecen normas de circulación que ordenan y regulan el tráfico.

PARA RECORDAR

La mejor solución a un problema se encuentra pensando con los demás, dialogando, escuchando sus puntos de vista.

La Ética y el Derecho son las mejores soluciones para resolver los conflictos humanos.

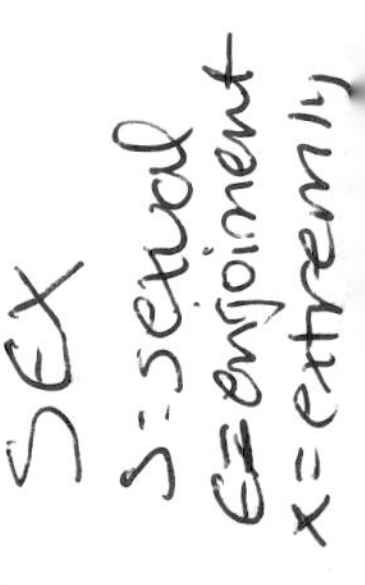

ACTIVIDADES

9 ¿Qué preguntas hay que hacerse para encontrar la solución justa a un problema de convivencia?

10 En Sudáfrica, hasta 1991 la ley, hecha por los gobernantes blancos, imponía el apartheid, es decir, la separación de los negros, que tenían que vivir en sitios apartados, y sin poder mezclarse con los blancos. ¿Era justa esta ley? ¿Por qué?

11 ¿Cuáles son las mejores soluciones que han encontrado los seres humanos para resolver conflictos?

4. Instituciones que ayudan a buscar la justicia

En la época medieval, el mediador intentaba que grupos enfrentados llegasen a un acuerdo.

Mediadores y jueces

Todos los pueblos han tenido que encontrar modos de resolver los enfrentamientos entre sus miembros. Los intereses opuestos, las peleas por la posesión de alguna cosa, por las herencias, o la furia por ofensas, eran un peligro constante para la paz. Por eso, en todos ellos aparecieron figuras de **mediadores**, para restablecer la concordia cuando parecía que era imposible llegar a un acuerdo.

En muchas ocasiones, ni siquiera los buenos oficios del mediador resolvían el enfrentamiento. Apareció entonces la figura del **juez**, que ya no pretendía poner de acuerdo a las partes, sino que decidía lo que había que hacer, gustara o no a los implicados. En la mayor parte de las naciones, se ha organizado una **administración de justicia**, donde los jueces profesionales aplican la **ley**.

Instituciones políticas nacionales

Las instituciones políticas comenzaron siendo un modo de ejercer el poder, pero fueron evolucionando para convertirse en modos de ordenar justamente la convivencia.

La democracia es la forma más perfecta de organizar la convivencia. Para que todos los ciudadanos puedan disfrutar de los bienes esenciales, se han ido creando organismos que nos ayudan. En primer lugar, las instituciones políticas: el **Gobierno**, las **Cortes**, los **Tribunales de justicia**. Son los tres grandes poderes: ejecutivo, legislativo y judicial.

Instituciones al servicio de los ciudadanos

Además de las instituciones políticas, hay otra serie de organismos que nos protegen:

- **El sistema de salud.** En España es gratuito para todos los ciudadanos (incluidos los extranjeros).
- **El sistema educativo.** Asegura la educación gratuita hasta los 16 años.
- **La seguridad social.** Protege a todas las personas. Proporciona pensiones, ayudas a personas con pocos recursos económicos, subsidios de paro. Se financia con las cuotas que pagan empresarios y trabajadores, y con los impuestos de todos.
- **Las fuerzas de seguridad y de protección civil.** Un derecho fundamental de los ciudadanos es la seguridad. Las fuerzas de seguridad son el Cuerpo Nacional de Policía, la Guardia Civil y las Policías autonómicas y locales. Los Servicios de Protección Civil se encargan de ayudarnos cuando sufrimos un accidente o cuando se produce cualquier situación peligrosa o catastrófica.

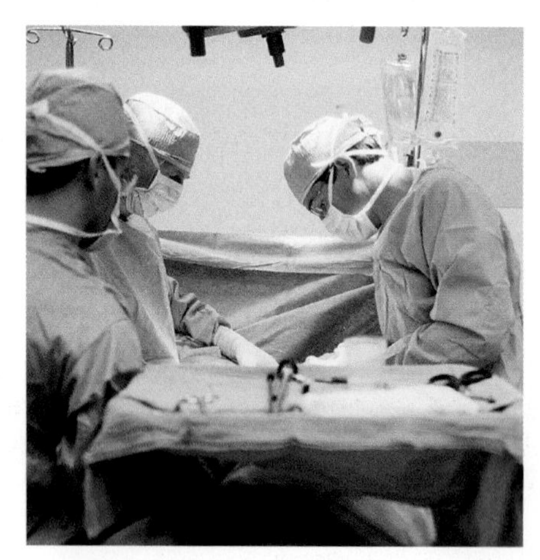

La sanidad es un servicio público.

- **Las Fuerzas Armadas.** La Constitución española les adjudica el deber de defender la nación española y garantizar su independencia. Su finalidad es mantener la paz, por eso participan en Misiones Internacionales de Pacificación en otros países en los que hay conflictos armados.

Todos estos servicios públicos se financian con los impuestos, que son el dinero que el Estado recibe de los ciudadanos y las empresas.

12 ¿Por qué se considera el sistema educativo una institución al servicio de los ciudadanos?

13 ¿Qué tipo de protección da cada una de las instituciones citadas?

Instituciones internacionales

Los enfrentamientos pueden darse entre naciones. La historia ha sido una sucesión de guerras; los que se mataron entre sí, después se hicieron aliados para matar a otros.

Para evitar tan crueles enfrentamientos, en junio de 1945, al final de la Segunda Guerra Mundial, se firmó en San Francisco la Carta de constitución de la **Organización de las Naciones Unidas** (ONU). En la actualidad, hay 192 países miembros. Es el único foro mundial donde los problemas entre naciones se pueden tratar. Puede decirse que la ONU no ha conseguido el paraíso, pero ha evitado el infierno.

La ONU ha intervenido en decenas de casos para mantener la paz. Pero la ONU no tiene ejército propio, por eso tiene que contar con las tropas de los países miembros. El ejército español ha colaborado en alguna de ellas. Las tropas que actúan en nombre de la ONU se llaman "cascos azules".

Los **órganos principales de la ONU** son:

- La Asamblea General.
- El Consejo de Seguridad.
- El Consejo Económico y Social.
- El Tribunal Internacional de Justicia.
- La Secretaría General.

La variedad de problemas ha dado lugar a la creación, dentro de la ONU, de **organismos especializados**, como Unicef (Fondo de ayuda a la infancia), Acnur (Alto Comisionado de Naciones Unidas para los Refugiados, que ayuda a más de veinte millones de personas desplazadas por guerras o persecuciones), PNUD (Programa de Naciones Unidas para el Desarrollo) y la Unesco (Organización de las Naciones Unidas para la Educación, la Ciencia y la Cultura).

Organizaciones no gubernamentales

También existe otro tipo de organismos que no dependen de los gobiernos y que ayudan a resolver muchos problemas en todo el mundo. Son las llamadas organizaciones no gubernamentales (ONG).

Una de las más antiguas es Cruz Roja –la Media Luna Roja en los países islámicos–, que se encarga de dar asistencia médica. Otras ONG de gran influencia son Amnistía Internacional, Greenpeace, Cáritas, Intermón Oxfam, Médicos sin Fronteras. Todas ellas colaboran para hacer un mundo más justo.

PARA RECORDAR

A lo largo de la historia se han encontrado modos de resolver los conflictos entre las personas, buscando el entendimiento entre las partes o aplicando las leyes.

La ONU es una organización internacional donde tratar los conflictos entre países, que interviene en muchos casos para mantener la paz. A la ONU pertenecen casi todos los países del mundo. Cuenta con distintos organismos especializados.

Las ONG ayudan a resolver muchos problemas, sobre todo en los países menos desarrollados.

El derecho humanitario internacional

DOC

El derecho humanitario internacional es el conjunto de normas admitidas por todos los países para aplicarse en conflictos armados.

Su finalidad es proteger a la población civil, a las personas que no participan en las hostilidades, y limitar los métodos y medios utilizados en la guerra. Por ejemplo, prohíbe matar a los enemigos que se rindan o estén heridos; se deben respetar los derechos de los prisioneros, y no usar armas biológicas. Por desgracia, con demasiada frecuencia, el derecho humanitario internacional no se respeta.

14 ¿Por qué crees que muchas veces no se respeta el derecho humanitario internacional?

ACTIVIDADES

15 Explica las diferencias entre un mediador y un juez.

16 ¿Con qué objetivos se creó la ONU? ¿Ha conseguido sus objetivos?

17 Busca información sobre alguna organización no gubernamental y escribe un informe en el que expliques sus objetivos y funciones. ¿Cómo podrías colaborar con ella?

EDUCACIÓN EMOCIONAL

5. Los sentimientos y los conflictos

Malos sentimientos

Hay dos sentimientos que favorecen la aparición de conflictos y dificultan su solución. Son la **furia** y la **falta de humanidad**.

- **La furia.** Todos nos enfurecemos cuando alguien obstaculiza nuestros planes o nos ofende. Puede haber una furia justificada, por ejemplo, la indignación que experimentamos cuando vemos a alguien abusando del débil o atropellando sus derechos.

Pero la furia es mala cuando impide que una persona pueda controlar su comportamiento. "Se le sube la sangre a la cabeza y puede hacer un disparate", decimos. Hay personas que se enfurecen con mucha facilidad, y que pueden convertirse en personalidades agresivas.

En ocasiones, las agresiones no están provocadas por la furia, sino por un cálculo frío. El violento quiere conseguir algo, y la violencia le parece un procedimiento sencillo para alcanzarlo. Una sociedad justa no permite que el violento se salga con la suya.

- **La falta de humanidad.** Hay personas que son insensibles ante el dolor ajeno. Les da igual lo que les pase a los demás. Decimos que estos individuos son "inhumanos", porque les falta algo esencial al ser humano: la compasión.

En algunos casos, estos seres van más allá de la insensibilidad ante el dolor ajeno y disfrutan provocándolo. Llamamos "crueles" o "sádicos" a las personas que disfrutan con el dolor de animales o de personas.

Estos sentimientos son un obstáculo muy grave para la convivencia, para la resolución de los conflictos y para el fin último de conseguir una sociedad más justa.

Los arapesh y los mundugumor

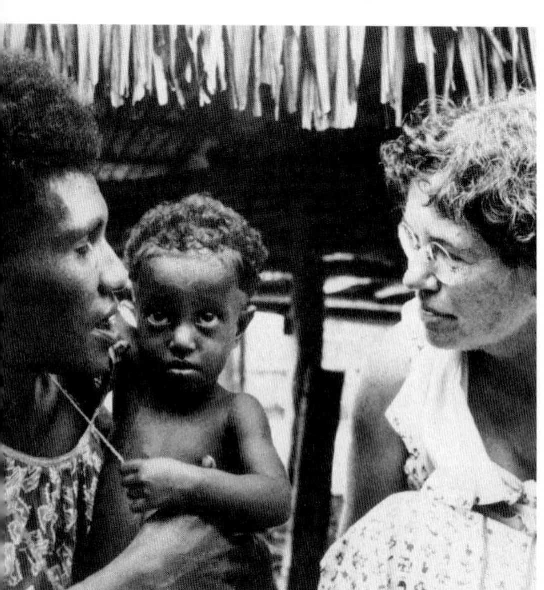

Margaret Mead

DOC

Margaret Mead fue una investigadora norteamericana muy inteligente y muy atrevida. Demostró que hay sociedades agresivas y sociedades pacíficas. En la isla de Nueva Guinea donde vivió, habitaban dos pueblos muy distintos: los arapesh y los mundugumor.

Los **arapesh** eran cordiales, se ayudaban mutuamente a cultivar la tierra o a cazar, cuidaban mucho de los niños, mantenían unas relaciones sexuales cariñosas y fieles, y confiaban unos en otros.

Los **mundugumor**, en cambio, vivían enfadados siempre, a los niños pequeños los ponían en cunas muy estrechas para que se pasasen el día llorando, y en cuanto podían andar se les ponía un palo en la mano para que pegasen al que se acercara. ¿Por qué hacían eso? Porque desconfiaban de todo el mundo. Pensaban que estaban rodeados de enemigos y que tenían que estar alerta.

18 ¿Qué se puede deducir sobre las diferencias entre estos pueblos?

19 ¿Crees que la educación influye en los comportamientos?

Buenos sentimientos

Otros sentimientos contribuyen a la resolución de conflictos o evitan que se produzcan.

- **La empatía:** es la capacidad de comprender a los demás, de saber ponerse en su lugar. Favorece la comunicación y es un antídoto de la violencia.

  Muchas veces nos enemistamos con una persona porque hemos interpretado de manera equivocada su conducta. Nos encontramos en una fiesta con alguien que no nos saluda, y esto nos ofende. Si nos pusiéramos en su lugar, nos daríamos cuenta de que tal vez sea tímido y que no se ha atrevido a saludar por temor a molestar, o porque le da miedo que no le devolvamos el saludo.

- **La compasión:** es el sentimiento que nos hace sentir afectados por el dolor de los otros, e intentar evitarlo. Es también un gran antídoto contra la violencia, porque si comprendemos y sentimos el dolor ajeno, intentaremos no causarlo.
- **La tolerancia:** es una actitud de aceptación y respeto de las posiciones de los otros, siempre que no resulten injustas, crueles o vayan en contra de los derechos humanos. Frente a los que se comportan así, no hay que ser tolerantes.

La solidaridad y la colaboración para construir un mundo mejor es la actitud más justa y valiente

¿Qué postura debemos tomar?

Ante los graves problemas que se viven en el mundo, muchas personas no saben qué postura tomar. Las más frecuentes son las siguientes:

- **Impotencia:** es la actitud del que cree que no puede hacer nada.
- **Resignación:** esta postura supone aceptar las cosas como son, sin luchar por su mejora, preocupándose solo del entorno personal.
- **Autodefensa:** es la actitud de quien no quiere saber nada y piensa que no es problema suyo. Del que se defiende para que los demás no le impliquen en sus problemas.
- **Solidaridad:** esta es la postura de los que participamos en el gran proyecto humano que pretende la construcción de una sociedad más justa. Los problemas pueden arreglarse si colaboramos todos. Es una actitud justa, creadora, valiente. La pregunta que todos debemos hacernos es: "**¿qué puedo hacer yo?**". Todos podemos hacer algo si tenemos la voluntad de colaborar para mejorar el mundo.

PARA RECORDAR

La furia y la falta de humanidad son sentimientos que obstaculizan la realización de un mundo mejor. La empatía, la compasión y la tolerancia contribuyen a su realización.

La colaboración y la solidaridad son las actitudes más valientes y justas para contribuir a la construcción de una sociedad más justa.

ACTIVIDADES

20 ¿Cómo influye la furia en la aparición de un conflicto? ¿Y en sus posibilidades de solución? ¿Qué se puede hacer para intentar controlar la furia?

21 ¿Por qué la falta de humanidad resulta destructiva? ¿Qué sentimiento positivo es su opuesto?

Crear normas para resolver conflictos

Las normas por las que se rige una actividad o las normas básicas para la convivencia son una necesidad sirven para resolver situaciones de conflicto. El procedimiento de elaboración de normas sigue una serie de pasos que ayudan a que dichas normas sean justas, efectivas, adecuadas a la situación y acordadas por la mayoría. Además, tienen que ser claras, concisas y prácticas.

A. Identificar los problemas

Antes de elaborar las normas, hay que tener muy claro qué se pretende conseguir o solucionar con ellas. En primer lugar, es necesario **detectar los problemas** que dificultan la convivencia o que están en el origen de una situación conflictiva a la que se le quiere poner solución.

Veamos un caso real, que ocurrió en Medellín (Colombia). En esta ciudad, hay barrios enteros que están bajo el dominio de bandas violentas relacionadas con el tráfico de drogas. Todos los días mueren varios jóvenes tiroteados en las luchas entre dichas bandas por dominar las calles y espacios públicos. El problema de la violencia en las calles es realmente grave y necesita algún tipo de solución urgente.

Medellín (Colombia).

B. Plantear un objetivo

Una vez detectado el problema, es necesario **plantear un objetivo común**, un objetivo que sea posible alcanzar dentro de las capacidades del grupo que va a elaborar las normas.

En el caso de Medellín, una asociación local puso en marcha un proyecto llamado "Fútbol por la paz". Más tarde, al ver que funcionaba, contó con el apoyo del Ayuntamiento, del Ministerio de Deportes colombiano e incluso del Comité Olímpico Internacional. El **objetivo del proyecto** era que los espacios públicos de la ciudad volviesen a ser de los jóvenes.

Desde una asociación local parecía imposible luchar contra las poderosas mafias de la droga que eran las causantes del conflicto. En cambio, sí podían buscar soluciones adecuadas a sus posibilidades. Eligieron el fútbol para intentar que los chicos y chicas pertenecientes a bandas rivales **se enfrentasen sin violencia** en un campo de juego. Pero para conseguir sus objetivos cambiaron algunas reglas de este deporte.

C. Elaborar las normas

Para lograr ese objetivo común, se elaboran las normas. En el proceso de redacción de estas, hay que tener en cuenta una serie de **características** que deben cumplir las propias normas.

1. Unas buenas normas tienen que ser **justas**. Es decir, tienen que ayudar a lograr el bien común, sin excluir a ninguno de sus miembros.
2. Tienen que ser **claras**, **precisas** y **prácticas**. Si se hacen muy complicadas o si su aplicación real es muy difícil, dejan de tener sentido.
3. Deben ser **acordadas** por la mayoría del grupo.
4. Tienen que ser **de obligado cumplimiento** por parte de todos los miembros del grupo. En caso de no cumplirse, hay que establecer **sanciones** proporcionales a su incumplimiento.

En el proyecto de "Fútbol por la paz", se establecieron las siguientes **normas** para jugar al fútbol:

El primer gol de cada tiempo y de cada equipo tienen que marcarlo las chicas.

No hay árbitros, sino asesores que están fuera del campo y solo intervienen cuando hay alguna jugada polémica que los jugadores no logren resolver por sí mismos.

Todo jugador inscrito debe jugar.

Para determinar el resultado final del partido, junto a los goles marcados, cuenta también: la tolerancia mostrada por los jugadores, el saludo entre ellos, la honestidad, la ayuda y solidaridad, no agredir, saber ser amistosos...

¿Por qué se establecieron estas normas tan particulares?

Estas normas permitían que los jóvenes dejasen a un lado sus conflictos, practicando un deporte, y que **aprendiesen formas de convivencia** y pensasen en **otra manera de vivir**. El resultado fue una participación de casi 7 000 jóvenes, en más de 300 equipos, que jugaron unos 3 000 partidos en solo dos años.

PROPUESTA DE TRABAJO

Siguiendo las pautas que hemos visto, vamos a elaborar unas normas para convivir en el aula.

Solo con unas normas justas podemos hacer que nuestro esfuerzo en la escuela sea una experiencia satisfactoria. En la mayoría de las ocasiones, las normas las deciden otros, pero hoy podéis ser vosotros mismos los que acordéis las reglas necesarias para la convivencia.

El trabajo se va a realizar en grupos pequeños (de 4 ó 5 estudiantes).

Los pasos que se deben seguir son los siguientes:

1 Piensa individualmente en los **problemas** que dificultan la convivencia y elabora una lista de los que quieres atajar. Luego, discutid las propuestas en el grupo y llegad a un acuerdo sobre el problema que se va a tratar.

2 En los mismos grupos, plantead un **objetivo** que queréis lograr como clase, que inspire todas las normas que vais a redactar.

3 Redactad las **normas necesarias** para alcanzar ese objetivo. Hay que tener en cuenta que cada una de las normas debe cumplir las **características** que hemos visto.

4 Cuando estén redactadas, hay que escribirlas en un mural grande y colocarlas en un sitio visible de la clase. Son **vuestras normas** y todos debéis respetarlas.

La violencia en la escuela

Graves conflictos

En los últimos años se ha extendido un clima de violencia en algunos centros escolares. Se han dado casos graves de lo que ahora conocemos como *bullying* o acoso escolar, que han llevado a algunos chicos y chicas a suicidarse, o a tener que cambiarse de centro o de ciudad, por no poder aguantar el maltrato que recibían de sus propios compañeros.

Ahora somos más conscientes de la gravedad que tienen los comportamientos violentos en los centros. Sabemos que hay muchas medidas que se pueden tomar y que las más efectivas son las que implican a los alumnos en la solución de los conflictos.

Los problemas

La violencia escolar

Incluye los comportamientos de alumnos cuya intención o resultado es dañar a otros alumnos, o a profesores, aprovechándose de la superioridad física o de la ayuda de otros. El daño puede ser físico y/o psíquico, puede ir directamente contra la persona o contra sus bienes, y siempre va contra la dignidad, es humillante. Hay muchas formas de agredir, algunas más graves que otras, pero todas ellas deben quedar claramente prohibidas en las normas de convivencia escolar. Sobre todo debemos evitar el acoso, la violencia continua sobre un alumno con poca capacidad de defenderse.

Las normas de convivencia escolar prohíben con claridad cualquier forma de violencia.

	Porcentaje
Hablan mal de mí	27,3 %
Me insultan	23,2 %
Me ponen motes	21,4 %
Me esconden cosas	14,2 %
Me ignoran	9,5 %
No me dejan participar	7,0 %
Me amenazan	5,4 %
Me roban cosas	5,1 %
Me pegan	3,3 %
Me rompen cosas	3,0 %
Me acosan sexualmente	0,6 %

Eje: 0 10 20 30 40 50 — Porcentaje

Fuente: *Informe del Defensor del Pueblo*

Un informe del Defensor del Pueblo estudia cuántos alumnos de Secundaria sufren distintos tipos de violencia escolar y mide las agresiones que sufren "a veces" los alumnos. Los porcentajes son muy altos, lo que indica que la convivencia escolar, en general, no es lo que debería ser.

El acoso escolar

Es la violencia que sufre un alumno por parte de un compañero o grupo de compañeros, de forma constante, premeditada y a lo largo de mucho tiempo (meses). Las agresiones pueden consistir en motes, insultos, amenazas..., hasta que se produce una agresión física directa. Esto ocasiona, además de los daños físicos, un daño gravísimo sobre la personalidad del alumno agredido, porque le humilla y le hace sentirse completamente indefenso. En demasiados casos, el acoso escolar pasa desapercibido para los profesores, porque se produce en los momentos de recreo o a la salida del colegio. Y porque muchos alumnos son testigos, pero no dicen nada.

La indisciplina

Otro problema que afecta negativamente a la convivencia escolar es la falta de disciplina y los comportamientos que interrumpen las clases o perturban la tranquilidad del centro. La convivencia escolar se basa en el respeto hacia los profesores y entre los alumnos, y para ello todos los centros tienen unas normas muy claras, con sus sanciones correspondientes.

Las soluciones

En los centros, hay unas normas de disciplina y sanciones que se aplican cuando las normas se incumplen. Ante una agresión grave, la solución suele ser la expulsión del alumno agresor cuando se cree que no hay posibilidad de que cambie de actitud.

Pero antes de llegar a esto, hay un procedimiento que es muy eficaz para evitar problemas mayores: la **mediación**. Es un procedimiento para resolver los conflictos, en el que no hay una parte que imponga la solución, sino que se acuerda entre las partes en conflicto, con ayuda del mediador. Cuando dos alumnos tienen un problema, se sientan a resolverlo con un alumno, un profesor o un experto en mediación. Se evita así llegar a problemas más graves. En otros centros, se creó la figura del "alumno ayuda", para ayudar a los demás en cualquier situación y para evitar las agresiones.

Sobresaliente en Convivencia

(*El Mundo*)

Víctor es *alumno ayuda*. Tiene 15 años y estudia 2.º de ESO. "Además de tratar de evitar conflictos, si hay un compañero que tiene un problema, puede confiar en nosotros". Los insultos entre unos y otros son su escenario de actuación más común. [...] "Se hacen sesiones de seguimiento, se comentan los problemas... Tratamos de buscar vías para mejorar la actuación", comenta Rosa, alumna de 2.º de Bachillerato y pionera en el programa.

Mediadores adolescentes

(*El País*)

Hace seis años que se implantó la figura del mediador en este instituto. [...] Las reglas son muy simples: los participantes están obligados a respetarse, deben guardar los turnos de palabra y todo lo que se cuente es confidencial. Una vez aceptadas estas bases, se reúnen con dos mediadores y cada uno da su versión de los hechos. [...] Cuando las dos versiones, a través del tamiz de los mediadores, se convierten en una sola, todos firman el Registro de Acuerdo. El documento establece qué hay que hacer para que los problemas no se repitan y se fija un plazo para revisar el acuerdo.

¿QUÉ PUEDO HACER YO?

INFÓRMATE

1. Busca información, en la prensa o en internet, sobre casos de violencia escolar y sobre los métodos que se han utilizado para solucionarlos. Con todos los datos que recojas, realiza un informe sobre la violencia escolar y las soluciones que se han intentado.

2. ¿Qué procedimientos de mediación conoces? ¿Existen en tu centro? Infórmate sobre los mismos y explica en qué consisten.

REFLEXIONA

3. Prepara una presentación oral, con ayuda de transparencias o en PowerPoint, sobre las técnicas de mediación, sus ventajas y su utilidad para resolver conflictos. Piensa en otros métodos para solucionar conflictos de violencia, y explícalos en tu exposición, aplicándolos a un caso real o ficticio, sin olvidar los problemas reales que se pueden plantear al ponerlos en práctica.

ACTÚA

4. En grupos de 5 ó 6 alumnos, preparad una propuesta de distintos procedimientos para resolver conflictos de violencia escolar. La propuesta debe ir dirigida a la dirección de vuestro centro escolar. Tened en cuenta los casos reales que conozcáis.

EN SÍNTESIS

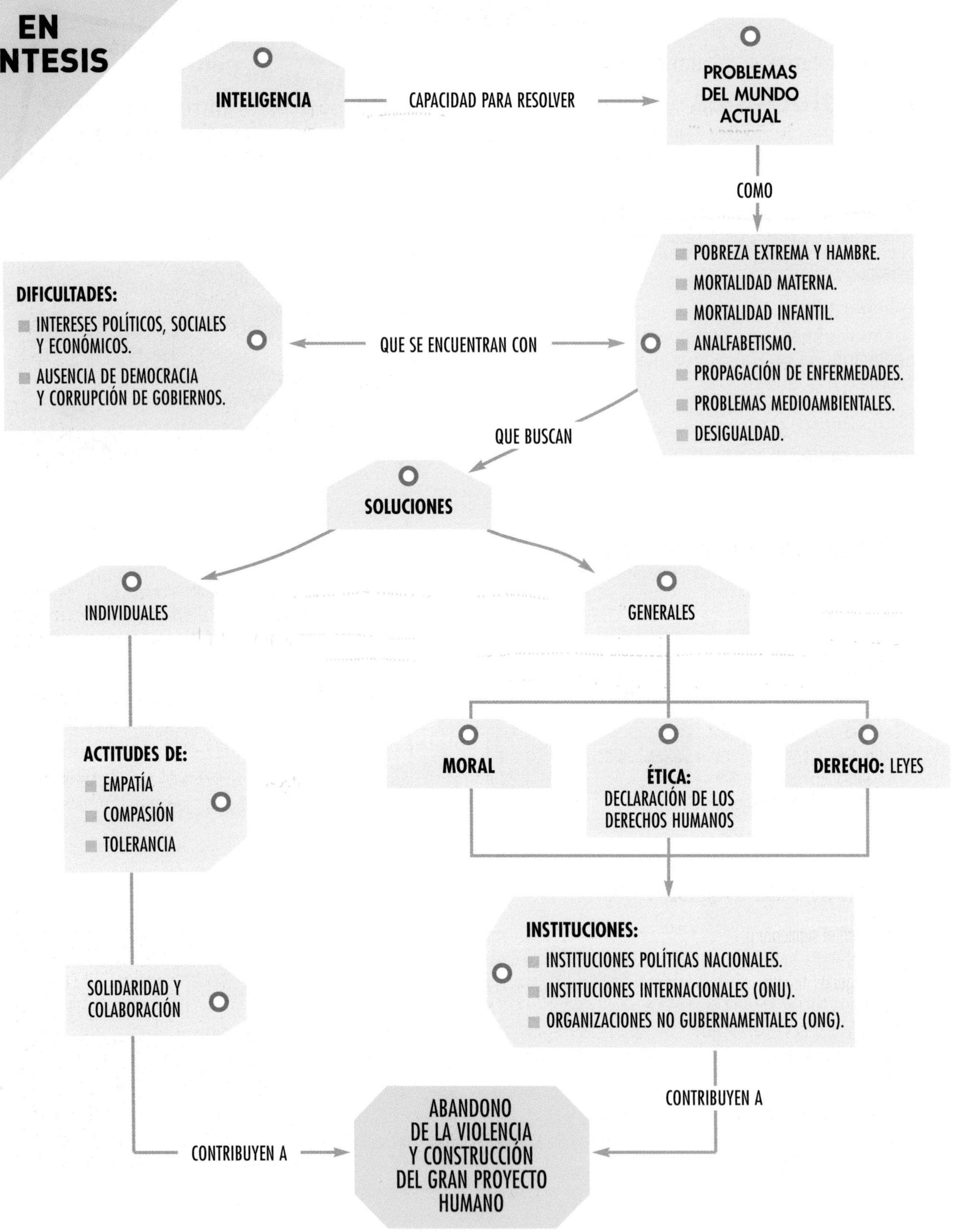

INTELIGENCIA — CAPACIDAD PARA RESOLVER → **PROBLEMAS DEL MUNDO ACTUAL**

COMO

- POBREZA EXTREMA Y HAMBRE.
- MORTALIDAD MATERNA.
- MORTALIDAD INFANTIL.
- ANALFABETISMO.
- PROPAGACIÓN DE ENFERMEDADES.
- PROBLEMAS MEDIOAMBIENTALES.
- DESIGUALDAD.

QUE SE ENCUENTRAN CON

DIFICULTADES:
- INTERESES POLÍTICOS, SOCIALES Y ECONÓMICOS.
- AUSENCIA DE DEMOCRACIA Y CORRUPCIÓN DE GOBIERNOS.

QUE BUSCAN

SOLUCIONES

INDIVIDUALES

ACTITUDES DE:
- EMPATÍA
- COMPASIÓN
- TOLERANCIA

SOLIDARIDAD Y COLABORACIÓN

CONTRIBUYEN A

GENERALES

MORAL

ÉTICA: DECLARACIÓN DE LOS DERECHOS HUMANOS

DERECHO: LEYES

INSTITUCIONES:
- INSTITUCIONES POLÍTICAS NACIONALES.
- INSTITUCIONES INTERNACIONALES (ONU).
- ORGANIZACIONES NO GUBERNAMENTALES (ONG).

CONTRIBUYEN A

ABANDONO DE LA VIOLENCIA Y CONSTRUCCIÓN DEL GRAN PROYECTO HUMANO

ACTIVIDADES SOBRE LA SÍNTESIS

1 ¿Cuáles son las dificultades que obstaculizan la resolución de los principales problemas del mundo actual?

2 ¿Qué grandes soluciones generales ha encontrado la humanidad para resolver los conflictos?

3 ¿Cuál puede ser nuestra aportación individual a una posible solución de estos problemas?

4 ¿Qué diferencia existe entre la Moral, la Ética y el Derecho? ¿Por qué decimos que son invenciones de la inteligencia?

ACTIVIDADES

LA RESOLUCIÓN INTELIGENTE DE LOS CONFLICTOS

1 ¿Cuáles son los grandes problemas a los que se enfrenta actualmente la humanidad? Piensa y redacta tres propuestas personales para intentar resolver cada uno de ellos.

2 ¿Cuáles son las dificultades individuales y colectivas que obstaculizan la realización del Gran Proyecto Humano?

3 Define los siguientes términos:

- conflicto
- inteligencia
- sostenibilidad
- Moral
- Ética
- Derecho

4 Imagina que te han elegido alcalde de tu pueblo o ciudad. Piensa en cuáles son los problemas y conflictos del lugar donde habitas, exponlos por escrito, y redacta también diversas propuestas de solución justa a cada uno de ellos.

LOS SENTIMIENTOS Y LOS CONFLICTOS

5 Pon nombre a los sentimientos descritos y di si contribuyen u obstaculizan la realización del proyecto ético común:

a. María siente que Vanesa es un obstáculo para convertirse en la líder de su grupo. Detesta su presencia y su enfado es tal que siente deseos de pegarla e insultarla.

b. Pedro y Nicolás, miembros de una tribu urbana, apalean a unos indigentes que están durmiendo sobre cartones a la intemperie. Estas personas les parecen intolerables y quieren "limpiar" la ciudad de su presencia.

c. Carlos está triste porque ha visto en televisión a una mujer iraquí gritando desesperadamente ante la muerte de sus cuatro hijos. Siente cuánto debe sufrir la persona que pierde a sus seres queridos.

d. Luisa se enfada mucho cuando ve a personas de otras etnias en su barrio. Piensa que no les deberían dejar entrar en nuestro país y que deberían volverse al suyo.

e. Rosa ayuda a un nuevo compañero de clase a ponerse al día en las materias en las que este tiene más dificultades.

CREAR NORMAS PARA RESOLVER CONFLICTOS

6 Considera el siguiente problema: El patio de un centro educativo queda siempre muy sucio después del recreo de los alumnos, pues algunos tiran al suelo toda clase de envoltorios, latas y restos de comida. Los encargados del servicio de limpieza se quejan del exceso de suciedad. Dos profesores vigilan a los alumnos durante el recreo, pero no pueden controlar lo que hacen todos.

¿Cómo resolverías el problema? ¿Qué normas establecerías? ¿Cómo las establecerías? ¿Cuál sería el objetivo de cada una de las normas propuestas?

ESPACIO WEB

Construimos una cultura de paz desde nuestras aulas

Sigue adelante trabajando sobre cómo resolver los conflictos de tu entorno más próximo con las propuestas que aparecen en la página web www.librosvivos.net (Tu libro: 113798).

En la sección "Investiga en la red" de esta unidad, encontrarás guías y propuestas de investigación sobre la necesidad del diálogo para resolver nuestros conflictos y los del mundo. La mediación sin violencia, llegando al consenso, es importante para que no haya ganadores y perdedores.

UNIDAD 3

La lucha por la felicidad

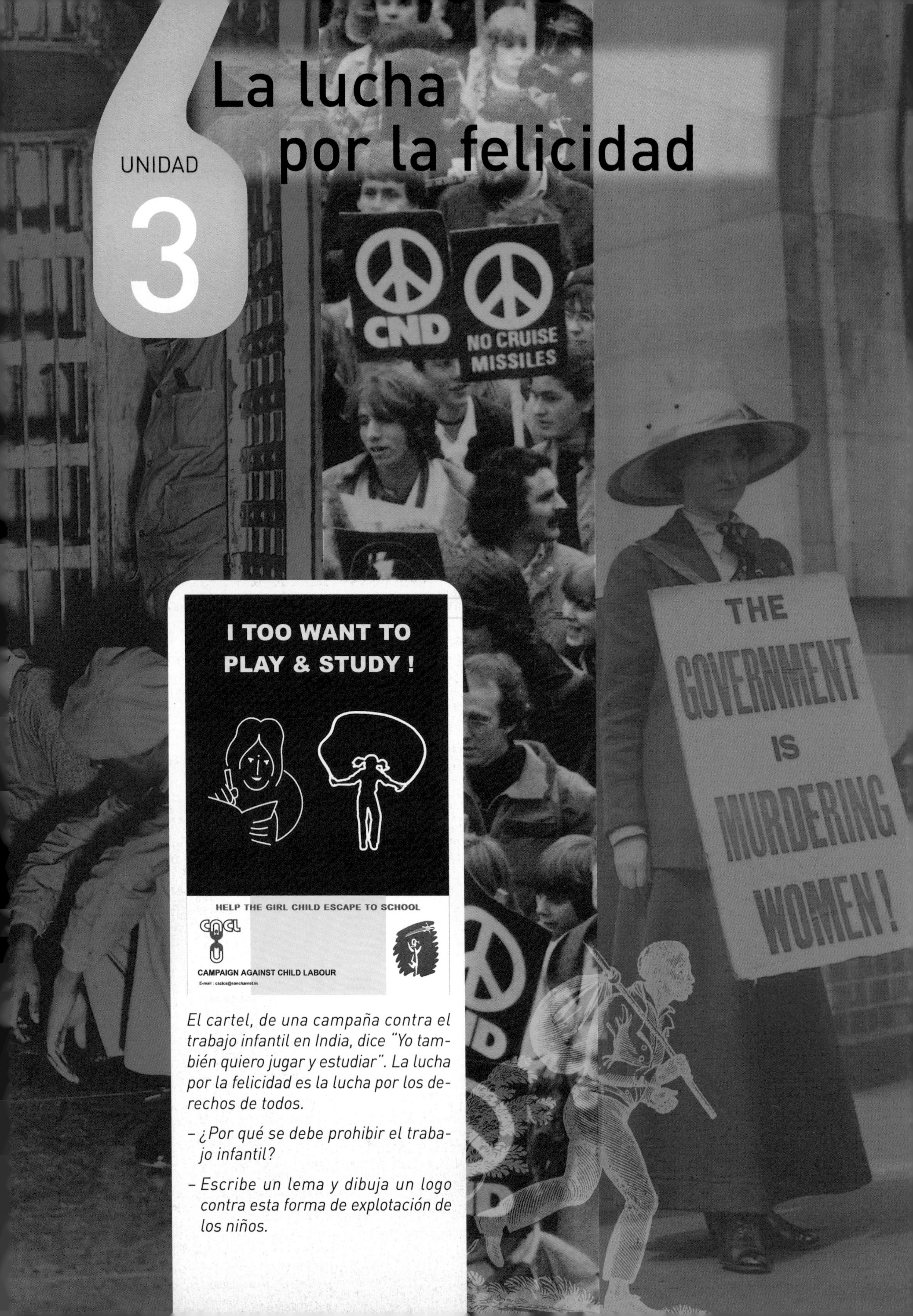

El cartel, de una campaña contra el trabajo infantil en India, dice "Yo también quiero jugar y estudiar". La lucha por la felicidad es la lucha por los derechos de todos.

- *¿Por qué se debe prohibir el trabajo infantil?*
- *Escribe un lema y dibuja un logo contra esta forma de explotación de los niños.*

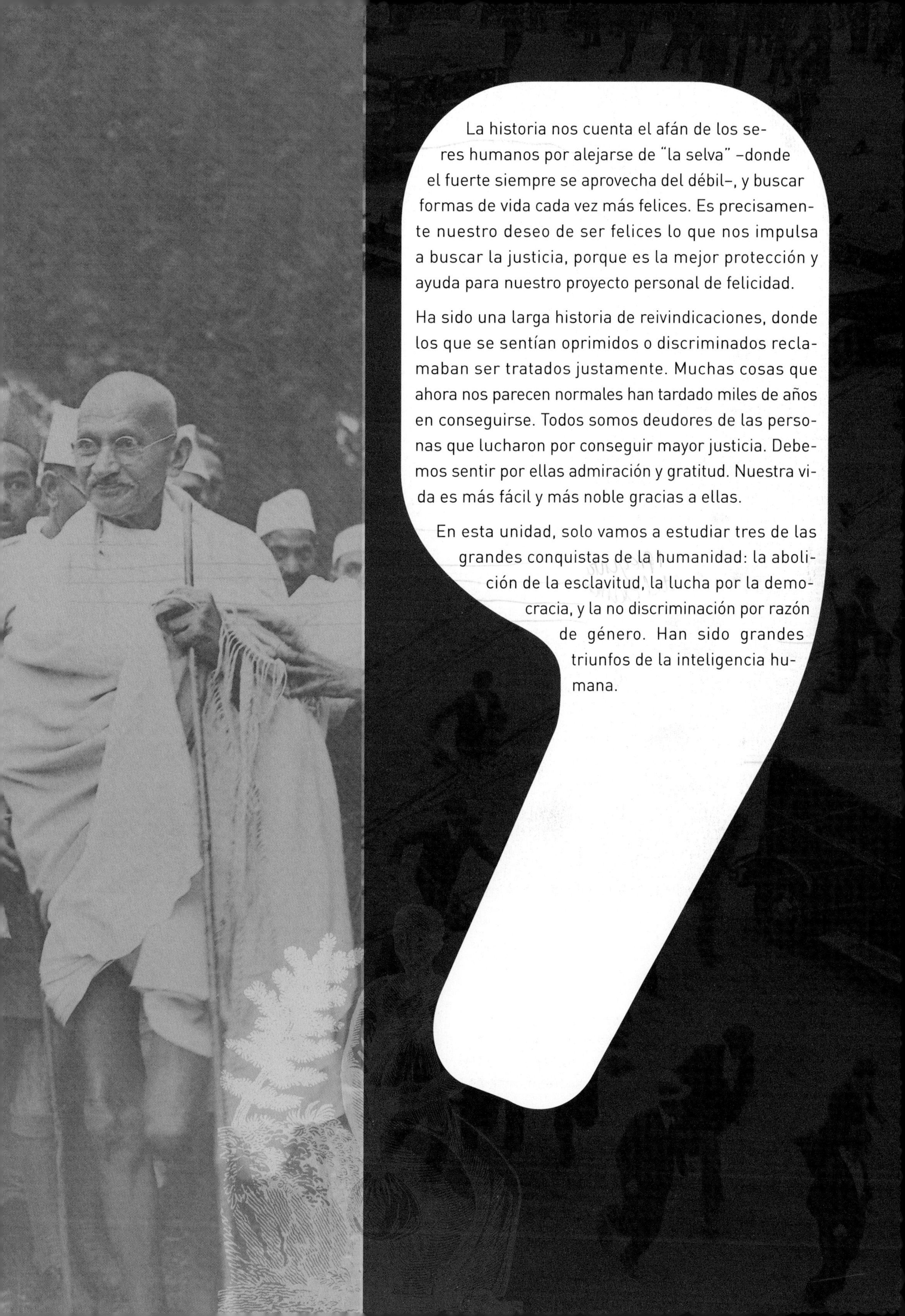

La historia nos cuenta el afán de los seres humanos por alejarse de "la selva" –donde el fuerte siempre se aprovecha del débil–, y buscar formas de vida cada vez más felices. Es precisamente nuestro deseo de ser felices lo que nos impulsa a buscar la justicia, porque es la mejor protección y ayuda para nuestro proyecto personal de felicidad.

Ha sido una larga historia de reivindicaciones, donde los que se sentían oprimidos o discriminados reclamaban ser tratados justamente. Muchas cosas que ahora nos parecen normales han tardado miles de años en conseguirse. Todos somos deudores de las personas que lucharon por conseguir mayor justicia. Debemos sentir por ellas admiración y gratitud. Nuestra vida es más fácil y más noble gracias a ellas.

En esta unidad, solo vamos a estudiar tres de las grandes conquistas de la humanidad: la abolición de la esclavitud, la lucha por la democracia, y la no discriminación por razón de género. Han sido grandes triunfos de la inteligencia humana.

1. La lucha contra la esclavitud

DE PARTIDA "La cabaña del tío Tom"

Harriet Beecher Stowe, novelista estadounidense partidaria de la abolición de la esclavitud, publicó en 1852 *La cabaña del tío Tom*. En aquel entonces, la esclavitud era legal en Estados Unidos. Los esclavos trabajaban en condiciones inhumanas en las plantaciones de algodón.

La novela cuenta las desventuras de Tom, un esclavo de origen africano en el sur de Estados Unidos, así como las de otros esclavos que intentan huir hacia Canadá. Al final de la novela los esclavos son liberados. Pero Tom había muerto poco tiempo antes a causa de una paliza brutal que recibió por haber ayudado a otra esclava a cargar unas pacas de algodón.

La novela tuvo un importante efecto en la lucha por la liberación de los esclavos y en la abolición definitiva de la esclavitud en Estados Unidos.

La esclavitud en la historia

La esclavitud ha estado presente en todas las culturas. El esclavo era tratado como una cosa o un animal propiedad de su dueño, que podía hacer con él o con ella lo que quisiera. Un ser humano se convertía en esclavo por la fuerza y quedaba privado de todos sus derechos. Se consideraba entonces que era esclavo por naturaleza.

Los esclavos no podían casarse sin autorización del dueño, y sus hijos no les pertenecían. El hijo de esclavo nacía esclavo. En Roma, al que huía se le cortaba la nariz o las orejas; si reincidía, se le cortaban las piernas.

Desde el siglo II d. C., empezaron a utilizarse collares de metal que llevaban grabado el nombre del dueño con alguna inscripción. Por ejemplo: "Me he escapado. Recibirás una moneda de oro si me devuelves a mi dueño Zósimo". En el "Código negro", publicado en Francia en 1685, se decía que los esclavos debían considerarse como ganado.

Después de la colonización de América por parte de los europeos, millones de africanos, a los que se raptaba en su tierra, fueron llevados al nuevo continente –hombres, mujeres, niños–. En los siglos XVI, XVII y XVIII, más de trece millones fueron convertidos en mercancía, aunque solo once millones llegaron a las costas americanas. El resto murió durante el viaje, por enfermedades, accidentes, malos tratos, por hambre o sed.

Nostalgia:
Sentimiento de tristeza por estar lejos del hogar y de las personas a las que se quiere.

Canción de esclavo

Los esclavos expresaban su tristeza ante su situación en canciones nostálgicas.

¿Dónde estás, madre tierra?
¿Dónde están mi río, mi mujer y mis hijos?
No sé dónde estoy, ni conozco el aire,
y la comida me sabe a polvo.
Estar lejos es peor que morir.

Esclavos africanos en América (siglo XIX).

1 ¿Por qué se entristece el esclavo? ¿Qué sentimiento está expresando?

La abolición de la esclavitud

La abolición de la esclavitud tardó mucho en llegar. Los dueños de esclavos no querían perder sus beneficios. Pero, poco a poco, se fue consolidando el **movimiento antiesclavista**. Inglaterra, que había traficado mucho con esclavos, se convirtió en una de las naciones más activas contra la esclavitud.

Antiesclavista:
Favorable a la abolición de la esclavitud.

A lo largo del siglo XIX, muchas naciones fueron prohibiéndola. En Francia, se prohibió en 1848. En Estados Unidos, la Constitución permitió la esclavitud hasta 1865. En España, las ideas humanitarias tardarían más en llegar (la esclavitud fue legal en Cuba, que entonces era una provincia española, hasta 1886). En 1968, se abolió en Arabia Saudí, y hasta 1980 fue legal en Mauritania.

Actualmente la esclavitud ha sido legalmente abolida en todos los países, al menos en teoría. La Declaración Universal de los Derechos Humanos la prohibió en 1948. Pero los expertos indican que, de hecho, se sigue trabajando en régimen de esclavitud ya que hay al menos veintisiete millones de esclavos en la actualidad. Hay países en que se venden niños y niñas para dedicarlos al trabajo o a la prostitución.

Personajes Iqbal Masih

En los años ochenta del siglo XX, en Pakistán, siete millones de niños trabajaban en la construcción, la industria textil o las fábricas de cerillas.

Iqbal Masih: un niño esclavo de la época actual.

En 1984, Iqbal Masih, un niño pakistaní, fue vendido por sus padres a un fabricante de alfombras cuando tenía cuatro años.

A los diez años, Iqbal se hizo miembro del Frente de Liberación de los esclavos, que denunciaba el trabajo forzado de niños. Su voz se escuchó más allá de las fronteras de su país y obligó a las autoridades pakistaníes a cerrar varias fábricas de alfombras en las que trabajaban niños-esclavos.

Su ejemplo hizo que los alumnos de escuelas de Estados Unidos organizasen colectas para ayudar a Iqbal y conseguir que los niños pudieran estudiar. Iqbal no pudo verlo. Fue asesinado el 16 de abril de 1995. Tenía quince años.

Todos debemos estar agradecidos a esas personas, a las que no hemos conocido, pero que se han esforzado por luchar contra la injusticia.

2 ¿Sirvió de algo la lucha de Iqbal Masih? Busca información sobre otros casos de trabajo forzado de niños. ¿En qué países han tenido lugar? ¿Sigue existiendo el trabajo forzado de niños?

PARA RECORDAR

La esclavitud ha estado presente en todas las culturas. Los esclavos pierden la libertad y todos sus derechos para ser usados como simples instrumentos de trabajo.

Aunque la esclavitud ha sido abolida legalmente, todavía millones de personas (incluso niños) son esclavizadas en muchos países del mundo.

ACTIVIDADES

3 ¿Qué es un esclavo? ¿Qué diferencias existen entre un esclavo y alguien que ejerce su profesión?

4 ¿Cuándo se declaró la abolición de la esclavitud, de manera general, en todo el mundo?

2. La lucha por la democracia

Las dictaduras son un tipo de tiranía. En la foto, el dictador italiano B. Mussolini (1922-43).

La organización social: democracia y tiranía

Una sociedad necesita organizarse para vivir bien. Y esto quiere decir que alguien debe ejercer el poder. El policía municipal que tiene que organizar el tráfico ordena a unos coches que se detengan y a otros que pasen.

Pero el poder con facilidad se extralimita. Durante milenios, los humanos vivieron casi siempre bajo **tiranías**. Desde la Antigüedad, en la mayoría de los reinos e imperios, los gobernantes tenían un poder absoluto. Los tiranos, ya fuesen reyes absolutos, emperadores o dictadores, tenían la fuerza y, además, se habían atribuido el poder de hacer las leyes. Mediante ellas, obligaban a todos a obedecer, y cualquier protesta era duramente castigada.

Lo contrario de la tiranía es la democracia. La **democracia** es el modo de organizar una sociedad reconociendo que todos los ciudadanos son iguales y tienen el derecho a participar en el gobierno de un país. Estos pueden elegir a sus gobernantes y destituirlos. Y ellos, o sus representantes, son los que tienen el poder de hacer las leyes.

Tiranía:
Forma de gobierno en la que el poder lo tiene una sola persona, que gobierna sin justicia y según su voluntad.

Democracia:
Sistema de gobierno en el que el poder reside en el pueblo, que elige a sus gobernantes de un modo directo.

Los orígenes de la democracia

La palabra "democracia" empezó a usarse en la Atenas del siglo v a. C. Los ciudadanos de Atenas "no querían ser esclavos de nadie", querían ser libres y gobernarse a sí mismos.

Sin embargo, sabían que, para ser libres, debían someterse a una **ley justa**. "Todos somos siervos de la ley para poder ser libres." Por eso, los ciudadanos tenían que participar en la elaboración de leyes. Todos los ciudadanos se reunían en la asamblea para decidir sobre los asuntos públicos.

Sin embargo, esta democracia era muy imperfecta, porque ni las mujeres ni los esclavos eran considerados ciudadanos y, por tanto, no tenían derechos políticos. En realidad, solo el 10% de sus habitantes tenía voz y voto en estas asambleas.

Después del intento griego de establecer un régimen democrático, la democracia desapareció casi por completo y no volvió a aparecer hasta la Edad Moderna.

En la antigua Atenas, los ciudadanos se reunían en el ágora (espacio público) para decidir los asuntos políticos.

La democracia en el mundo moderno

La democracia apareció de nuevo, y comenzó a triunfar a finales del **siglo** XVIII, con dos **revoluciones**, una en Estados Unidos y otra en Francia. Al principio tuvo muchas limitaciones. No todos los ciudadanos podían votar: ni las mujeres, ni los pobres, ni los criados tenían derecho a voto.

Por ejemplo, en **Estados Unidos**, a pesar de que la Constitución decía que todos los hombres eran iguales, fuesen blancos o negros, se implantaron unas leyes discriminadoras contra los ciudadanos de origen africano. Los negros no podían acudir a los mismos locales que los blancos, tenían su lugar en los transportes públicos, y las leyes ponían serias dificultades para que pudieran votar.

Poco a poco los negros se fueron organizando para reclamar sus derechos. Una vez más, fueron las movilizaciones sociales, la unión de muchas personas, las que hicieron cambiar las cosas.

Boicot:
Renuncia al uso o consumo de algo, o a la relación con una empresa o un Estado, como medio de presión para conseguir un fin.

Martin Luther King

DOC

El líder más conocido del movimiento a favor de la igualdad de negros y blancos fue un pastor protestante –es decir, un sacerdote– llamado Martin Luther King. Afirmaba que la fuerza no era la solución al problema, y que debían usar resistencia pasiva, es decir, la oposición ante una ley injusta, pero sin apelar a la violencia: boicots a los transportes, a los grandes almacenes –que prohibían a los negros entrar en los probadores–, sentadas, campañas de inscripción en las universidades. Muchos blancos se unieron al movimiento. La brutalidad de las represiones policiales provocó un franco rechazo, y poco a poco una mayoría fue apoyando las reivindicaciones de los negros.

En 1965, Martin Luther King recibió el Premio Nobel de la Paz por sus trabajos a favor de la justicia. Pero no pudo disfrutar de su éxito. El 4 de abril de 1968 murió asesinado. Tenía treinta y nueve años.

5 ¿En qué consistía la resistencia pasiva?

Martin Luther King afirmaba que ante la injusticia debía usarse una resistencia no violenta.

La democracia en la actualidad

En la actualidad, hay muchas naciones que no tienen regímenes democráticos, cuyos ciudadanos no son dueños de sus destinos. Los dictadores se oponen a los derechos humanos y su comportamiento es muy injusto.

En España, después de una larga dictadura, la democracia se reinstauró en 1975. También nosotros debemos admiración y gratitud a todos los que la hicieron posible. Para que su esfuerzo no sea vano, debemos defenderla, y la mejor forma de hacerlo es participando.

PARA RECORDAR

En una **tiranía**, el gobernante tiene un poder absoluto.
En una **democracia** pueden darse diferentes formas de participación ciudadana en el gobierno de una ciudad o país, según se trate de una democracia directa o representativa.

La **democracia** actual reconoce la igualdad ante la ley de todos los ciudadanos y el derecho de los mismos a participar en el gobierno del país.

ACTIVIDADES

6 Recuerda lo que has estudiado en Ciencias Sociales. ¿Cómo funcionaba la democracia en Atenas?

7 ¿Qué diferencia hay entre la democracia de la antigua Grecia y la actual democracia española?

3. La lucha por la igualdad de la mujer

Reivindicación:
Reclamación o defensa de un derecho.

La lucha por los derechos

La lucha por el reconocimiento de la **igualdad de derechos y de dignidad** de las mujeres ha sido larguísima y continúa en la actualidad. Durante muchos siglos, se ha considerado que la mujer debía estar bajo la autoridad del hombre, que su inteligencia era menor, que no era capaz de tomar decisiones racionales. Estaba excluída de muchas actividades y del poder. Por ejemplo, en España, hasta 1975, una mujer casada no podía viajar, ni trabajar, ni abrir una cuenta corriente, sin autorización del marido.

La lucha por conseguir la igualdad femenina se inició hace más de dos siglos. Una **reivindicación** muy importante fue el derecho a votar. Los movimientos feministas lo reclamaron en muchos países, y sus miembros eran ridiculizados e incluso atacados.

En España, se concedió el voto a las mujeres en 1931, pero entre 1936 y 1975, durante la dictadura franquista, no hubo elecciones democráticas. Con el retorno de la democracia y la Constitución de 1978 se estableció la igualdad jurídica entre hombres y mujeres.

La mayoría de edad en las mujeres españolas

Una ley española vigente hasta 1972 consideraba que la mujer no era capaz de vivir sola hasta los 25 años y, por eso, tenía que pedir autorización a su padre para independizarse, aunque fuera mayor de edad:

"Las hijas de familia, mayores de edad, pero menores de 25 años, no podrán dejar la casa del padre o de la madre, en cuya compañía vivan, más que por licencia de los mismos, salvo sea para contraer matrimonio o para ingresar en un Instituto aprobado por la Iglesia"

8 ¿Qué concepción de la mujer crees que tiene la ley que describe este texto? ¿Por qué es discriminatoria?

El analfabetismo femenino en el mundo

La tasa de analfabetismo femenino nos indica el grado de discriminación de la mujer. En muchos países, no se fomenta la educación de las niñas, y en algunos incluso se dificulta que las niñas puedan asistir a la escuela.

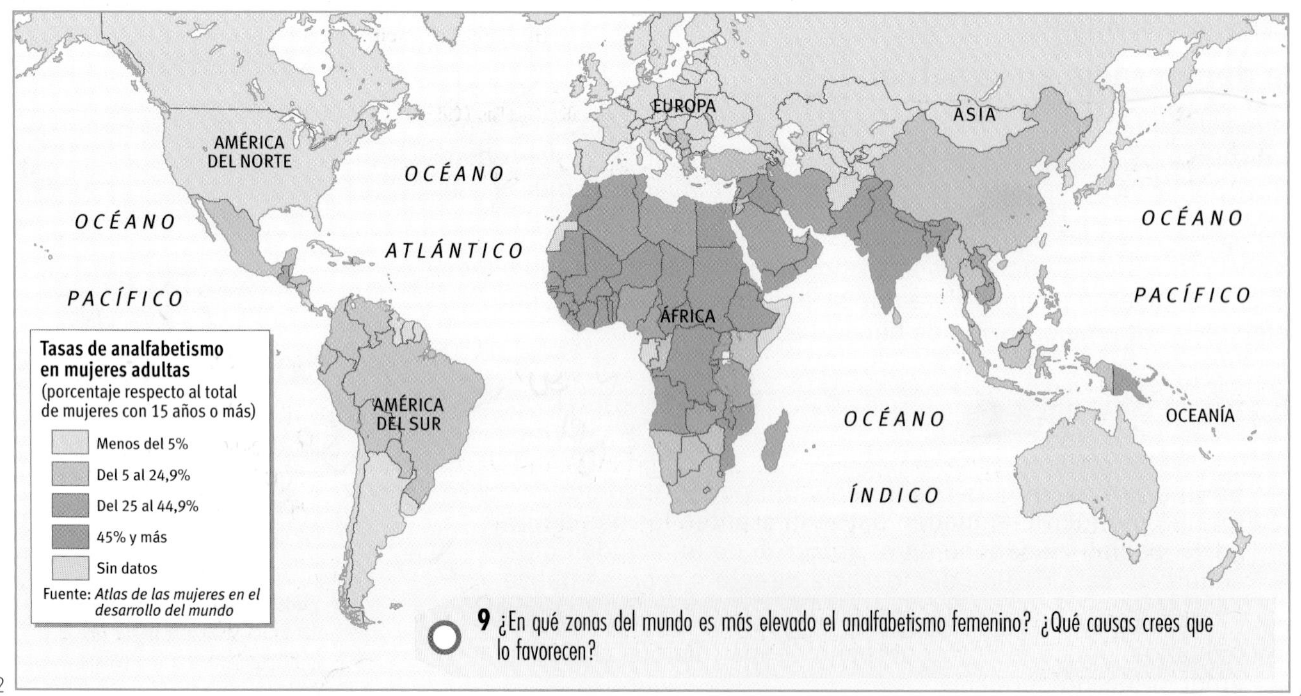

9 ¿En qué zonas del mundo es más elevado el analfabetismo femenino? ¿Qué causas crees que lo favorecen?

La situación actual

Pese a los avances legales en algunos países, en casi todo el mundo la mujer sigue sufriendo graves **discriminaciones**.

- **La "feminización de la pobreza":** más del 70% de los pobres del planeta son mujeres, y más de las dos terceras partes de las personas analfabetas también lo son. Ambas cosas van, por supuesto, unidas.
- **La explotación sexual** de las mujeres sigue estando presente en todas las sociedades. Se utiliza sistemáticamente en todas las guerras.
- **La violencia de género.** Cada año, dos millones de niñas son sexualmente mutiladas. Según Unicef, más de un millón de mujeres mueren al año por el hecho de ser mujer.
- **El derecho de voto** de las mujeres todavía no está reconocido en algunos países, como Arabia Saudí. En Bután, solo se autoriza un voto por familia y en elecciones locales.
- **Las diferencias económicas y laborales:** en muchos casos, también en los países desarrollados, las mujeres cobran sueldos inferiores a los de los hombres que realizan la misma tarea. Además, hay puestos de trabajo en los que tradicionalmente no se acepta la presencia de mujeres.

Movimientos feministas a finales del siglo XIX para la obtención del voto femenino.

Una pequeña heroína

En 1997, *The New York Times*, uno de los periódicos más importantes del mundo, publicó la historia de Miriam Wilngal, una joven de Papúa-Nueva Guinea que fue entregada, junto con 15 000 dólares y 25 cerdos, como compensación a una tribu por la muerte de un prestigioso jefe.

Se negó a casarse, enfrentándose a muchos siglos de costumbre tribal y enfureciendo a sus familiares. Tuvo que huir. La sencillez con que explicó las razones de su heroísmo es conmovedora y sirve como un símbolo humilde, pero magnífico, de la historia que estamos contando: "Quiero poder trabajar. Quiero tener mi propio dinero y no tener que depender de nadie".

Habitantes de Papúa-Nueva Guinea.

10 ¿Por qué dice el texto que Miriam Wilngal ha sido una heroína? ¿En qué consiste comportarse heroicamente?

11 ¿Cómo calificarías las costumbres de la tribu de la protagonista que se describen en el texto?

PARA RECORDAR

La lucha por la igualdad de derechos y de dignidad de la mujer ha sido muy larga y continúa en la actualidad.
Las reivindicaciones de los movimientos feministas jugaron un papel fundamental en esa lucha.

En algunos países, se han conseguido avances legales, pero, en muchos otros, la mujer sigue padeciendo graves discriminaciones.

ACTIVIDADES

12 ¿Cuáles han sido las reivindicaciones feministas más importantes en favor de la igualdad de la mujer?

13 Resume los casos de discriminación que ha sufrido y sigue sufriendo actualmente la mujer.

4. Los derechos humanos protegen los valores

Los valores:

Son cualidades que poseen los objetos, las personas, las acciones o los modos de pensar que nos despiertan estima y admiración. Las realidades que tienen esos valores positivos se llaman bienes.

Los valores y sus clases

Al buscar la **felicidad**, que es el gran impulso que mueve a todos los seres humanos, se van descubriendo algunos bienes fundamentales que todos deseamos tener, porque los consideramos indispensables para ser felices.

Hay objetos, relaciones o situaciones que nos parecen por ello "valiosas", es decir, que poseen un valor.

Hay distintas clases de **valores**:

- **Valor económico:** es el que tienen los bienes o servicios con los que se puede comerciar. El dinero tiene un valor económico y también las mercancías tienen un valor de esta clase.
- **Valor útil:** es el que tienen todos los medios, herramientas, aparatos que nos permiten conseguir otros objetos, satisfacer necesidades o mejorar nuestras condiciones de vida. Un ordenador tiene un valor útil, además de un valor económico.
- **Valor estético:** es el que indica la belleza de algo o de alguien. La palabra "estético" hace referencia a lo bello y lo feo. Un poema o una flor tienen un valor estético.
- **Valor moral o ético:** es el que poseen aquellas acciones, comportamientos, relaciones personales, que nos resultan imprescindibles para una convivencia feliz y para poder desarrollarnos como personas. Son los que estudiamos en Educación para la Ciudadanía.

  Los valores éticos siempre tienen que concretarse en algo real: en un bien, en una acción, en una situación. Por eso, si decimos que la paz es un valor, nos estamos refiriendo en realidad a la ausencia de guerras, la protección de los débiles, el control de las armas, la implantación de fuerzas de paz donde haya conflictos, la solución de los problemas que han provocado los enfrentamientos.

Abre la muralla

El valor ético de la colaboración y la solidaridad es indispensable para la convivencia feliz.

Para hacer esta muralla,
tráiganme todas las manos:
los negros, sus manos negras,
los blancos, sus blancas manos.
Una muralla que vaya
desde la playa hasta el monte,
desde el monte hasta la playa,
allá sobre el horizonte.

NICOLÁS GUILLÉN

14 Además de la colaboración y la solidaridad, ¿qué otro valor ético transmite este poema?

Los valores éticos más importantes

Hay bienes que todos los seres humanos necesitamos disfrutar para poder tener una vida feliz y digna. Son los **bienes materiales y educativos** imprescindibles para desarrollarnos como personas; la libertad, la igualdad, la seguridad y la paz.

Tenemos la obligación de trabajar para que todos los seres humanos puedan disfrutar de ellos. Decimos que tienen un **valor ético** porque son imprescindibles para realizar el gran proyecto humano de lograr un mundo justo.

Estos valores dependen de dos modos de comportamiento fundamentales: la **justicia** y la **solidaridad**. Quien los respeta y ayuda a que todo el mundo pueda disfrutar de ellos tiene un **buen comportamiento**. Quien no los respeta o impide que los demás disfruten de ellos tiene un comportamiento injusto.

La lucha por la justicia se concreta también en protestas sociales, como las reivindicaciones obreras desde el siglo XIX.

Privar a alguien de los bienes necesarios para sobrevivir, utilizar la fuerza para hacer daño o esclavizar a otra persona, atentar contra la paz, tratar mal a alguien o discriminarlo por el hecho de ser mujer o extranjero o por tener otras creencias, son comportamientos injustos. Cuando los valores éticos no se respetan, vivimos en una situación injusta.

Las declaraciones de derechos humanos

Los valores fundamentales son imprescindibles para vivir una vida feliz, por eso los hemos protegido con los **derechos humanos**, que son aquellos que garantizan el derecho de cada una de las personas a disfrutar de esos valores, así como la obligación de defenderlos.

Las dos declaraciones de los derechos humanos más importantes son:

- **La Declaración de los Derechos del Hombre y del Ciudadano**, aprobada en Francia en 1789, durante la Revolución francesa.
- **La Declaración Universal de los Derechos Humanos** aprobada por las Naciones Unidas en 1948. Esta declaración fundamental ha sido ratificada mediante pactos y acuerdos internacionales que obligan a su cumplimiento a todos los países que los han firmado.

En las dos declaraciones, se recogen los derechos imprescindibles, es decir, los que protegen y aseguran el acceso a los valores fundamentales que hemos estudiado.

PARA RECORDAR

Los valores son cualidades que hacen, a las cosas o a las personas, atractivas, deseables, útiles o buenas.

Los valores éticos fundamentales son la vida y su dignidad, la libertad, la igualdad, la seguridad y la paz. Para conseguirlos necesitamos poner en práctica la justicia y la solidaridad.

Los derechos humanos se crearon para defender el derecho de cada ser humano al disfrute de los valores fundamentales.

ACTIVIDADES

15 Explica qué clase de valores se encuentran en cada uno de los siguientes casos. Ten en cuenta que en cada caso pueden estar presentes valores de más de una clase:

a) Una escultura

b) Una ley justa

c) Un cargamento de ayuda humanitaria al Tercer Mundo

d) Un teléfono móvil

16 ¿Por qué no se pueden comprar los valores éticos? ¿De qué modo podemos apropiarnos de ellos?

5. Sentimientos convenientes

Admiración y gratitud

Hay algunos sentimientos necesarios para la realización del gran proyecto humano.

- **La admiración** es el sentimiento que experimentamos al ver algo extraordinario por su belleza, bondad o calidad.

  Todos debemos admirar a las personalidades que han hecho bien a la humanidad –los científicos, los artistas, los pensadores, los médicos, los políticos, los que han participado en las movilizaciones sociales que han conseguido cosas justas, los que han hecho algo bueno por los demás–, y tenemos una deuda de gratitud con ellas.

- **La gratitud** es el sentimiento por el que apreciamos y valoramos un favor o un beneficio que hemos recibido de alguien.

  En efecto, la ingratitud, que consiste en no sentir agradecimiento por quien nos ayuda, o en no valorar la ayuda o el favor recibido, es un sentimiento injusto, porque es incapaz de reconocer las cosas buenas. Si dejamos algo a un amigo nuestro, ¿no nos gusta que nos dé las gracias o que nos diga que está contento por el favor que le hemos hecho?

  Para merecer gratitud, hay que hacer los favores con **generosidad**, sin esperar recompensa, y sin humillar a quien los recibe, porque en este caso puede provocarse **resentimiento**, que es lo que experimenta una persona que se siente maltratada, y siente hostilidad contenida hacia el que considera culpable. El resentimiento es un mal sentimiento, porque produce amargura, y va a interpretar mal todo lo que otra persona hace.

Teresa de Calcuta es una persona digna de admiración por su constante entrega a los demás.

Sobre la gratitud

La gratitud es un sentimiento presente en todas las culturas a lo largo de toda la historia.

La gratitud muestra el aprecio por un bien o favor recibido.

DOC.

Cuando bebas agua, recuerda la fuente.

PROVERBIO CHINO

La gratitud es una bendición para quien la recibe y para quien la ofrece.

LISA ENGELHART

La gratitud es la memoria del corazón.

J. B. MASSIEV

Todo nuestro descontento por aquello de lo que carecemos procede de nuestra falta de gratitud por lo que tenemos.

DANIEL DEFOE

Agradece a la llama su luz, pero no olvides el pie del candil que constante y paciente la sostiene en la sombra.

RABINDRANATH TAGORE

17 Explica el significado de cada una de estas frases.

Optimismo y pesimismo

Hay personas **optimistas** y personas **pesimistas**. Las optimistas ven los aspectos positivos de las cosas, y dejan en un segundo plano los negativos.

Los pesimistas hacen lo contrario. Todo lo ven negro y piensan que las cosas nunca se van a arreglar. Los optimistas creen que se puede cambiar el futuro, los pesimistas que no es posible cambiarlo.

Ahora sabemos que este rasgo tan importante de la personalidad es aprendido, y se puede cambiar. Es una buena noticia, porque con frecuencia nos angustian muchas cosas, y conviene aprender a mirar las dificultades con buen ánimo.

Optimista y pesimista.

¿Se puede aprender a ser optimista?

Pueden darse algunos métodos para dejar de ver las cosas tan negras como algunos las ven. No es fácil ponerlas en práctica. Es cuestión de entrenamiento.

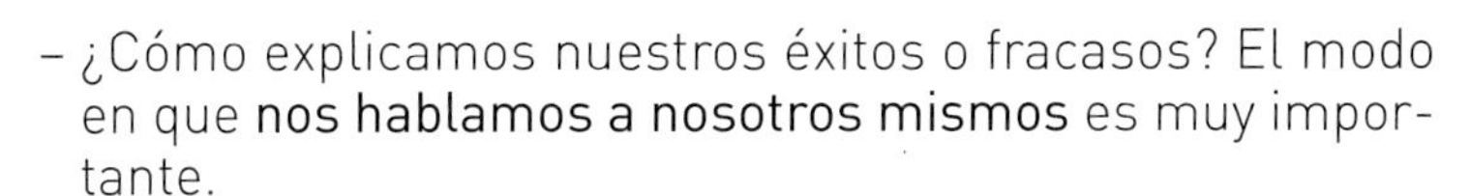

- ¿Cómo explicamos nuestros éxitos o fracasos? El modo en que **nos hablamos a nosotros mismos** es muy importante.

  ¿Qué pensamos cuando una cosa nos sale mal? ¿Nos damos una explicación exagerada, como, por ejemplo: "es que nunca aprenderé", "es que soy un estúpido", "es que siempre me equivoco", "es que todo me sale mal", "es que no me divierte nada"? Mal hecho. Hay que tener mucho cuidado en utilizar las palabras 'soy', 'nada', 'nunca', 'siempre', 'nadie', 'todos'.

  Realmente no somos así. No es verdad que nunca nos salgan las cosas bien. Hay muchas cosas que nos van bien, y debemos fijarnos en ellas para evitar caer en el pesimismo.

- Conviene **discutir las creencias injustas** que tenemos sobre nosotros mismos o sobre la realidad. Hay que ponerlas en duda, hay que ser un poco peleones. Prohibido decir "yo no puedo hacerlo", "esto me supera", "yo soy así".
- La solución está en no dar más vueltas a las cosas y **atrevernos a enfrentarnos con las dificultades**, aunque sea poco a poco.

DOC.

Sobre el optimismo

El optimista tiene siempre un proyecto; el pesimista, una excusa.

ANÓNIMO

El pesimista se queja del viento; el optimista espera que cambie; el realista ajusta las velas.

WILLIAM GEORGE WARD

Un optimista ve una oportunidad en toda calamidad; un pesimista ve una calamidad en toda oportunidad.

WINSTON CHURCHILL

18 ¿Cual de estas frases te parece más interesante? Explica por qué.

PARA RECORDAR

La gratitud y la admiración por las personas que han ayudado a la humanidad son sentimientos necesarios para la realización del gran proyecto humano.

Podemos aprender una actitud optimista y constructiva sobre nosotros mismos para poder conducirla hacia acciones que nos mejoren y mejoren el mundo.

Para aprender a ser optimistas conviene analizar el modo en que nos hablamos a nosotros mismos y evitar las generalizaciones inadecuadas.

ACTIVIDADES

19 ¿Cómo definirías la admiración? ¿Quién crees que la merece?

20 ¿Qué es el resentimiento? Describe dos situaciones reales o imaginarias que puedan dar lugar a este sentimiento. ¿Cómo crees que podría evitarse?

21 ¿Conoces refranes o dichos populares que se refieran a la gratitud y a la generosidad? Busca algunos de ellos.

Ejercer el pensamiento crítico

¿Son todas las opiniones respetables? Uno de los derechos humanos protege la libertad de pensar y de creer. Hasta que no se aceptó ese derecho, se podía condenar a muerte a una persona por pensar de manera diferente a como pensaba el poder. Hay, pues, que respetar el **derecho a la libertad de opinión.**

Eso no quiere decir que el contenido de las opiniones sea siempre respetable. A veces, pueden ser criminales, calumniadoras, falsas o peligrosas. No es respetable la opinión de quien dice que las mujeres son inferiores a los hombres, o que los negros no tienen derechos, o que el terrorismo es un método justo para hacer política. Hay que respetar a la persona que lo diga, porque es un ser humano, pero no su opinión.

Además, el derecho a la libertad de opinión tiene un deber correlativo: el deber de **informarse**, buscar la verdad, y ejercer el **pensamiento crítico.** Para aprender el procedimiento de someter a crítica lo que se nos dice con pretensión de verdad, vamos a conocer cómo se aplica el pensamiento crítico a la astrología.

A. Definir conceptos

Para empezar a pensar sobre cualquier asunto, primero hay que tener muy claros los conceptos que vamos a usar.

Pensar nos sirve para resolver los problemas, para inventar nuevas cosas, y también para evitar equivocarnos o que nos engañen.

Llamamos pensamiento crítico al que nos sirve para averiguar si lo que pensamos o lo que nos dicen es verdadero o justo. Y también para saber si algunas creencias que nos parecen muy seguras son verdaderas.

Para analizar el caso de la astrología, hay que empezar por tener muy claros los conceptos.

La **astrología** es un conjunto de creencias que pretende conocer y predecir el destino de las personas, y con ese conocimiento pronosticar los sucesos futuros.

Los astrólogos sostienen que las posiciones de ciertos cuerpos celestes ejercen influencia o tienen correlación con los rasgos de personalidad de la gente o los sucesos importantes de sus vidas.

B. Aplicar el pensamiento crítico

Primera norma del pensamiento crítico

Acerca de cualquier afirmación debemos preguntar: *¿Y yo cómo lo sé? ¿Y usted cómo lo sabe?* Hay que preguntar siempre por el modo en que algo se ha conocido, para saber si podemos fiarnos.

¿Cómo sabemos que las afirmaciones de la astrología son o no son verdaderas?

Los científicos no reconocen ningún valor de conocimiento a las predicciones de la astrología. Para que una predicción sea considerada fiable, debe derivarse de una ley científica, es decir, de un enunciado que manifieste cómo se comportan siempre los fenómenos de la realidad.

Las predicciones científicas las puede comprobar experimentalmente cualquiera que tenga los conocimientos científicos necesarios, mientras que las predicciones astrológicas se formulan sin ninguna ley que las justifique y no pueden comprobarse experimentalmente.

Segunda norma del pensamiento crítico

Acerca de cualquier afirmación, también debemos preguntar *¿Y sucede siempre así?* No se pueden hacer afirmaciones generales a partir de una sola experiencia. Es necesario observar muchos casos, para comprobar que no hay excepciones.

¿Se cumplen siempre las predicciones de la astrología?

La afirmación de una persona, que nos dice que a ella le ha sucedido algo que le había predicho un astrólogo, no es suficiente garantía. Habría que comprobar que dichas predicciones se cumplen siempre.

Además, muchas predicciones son muy poco claras: están formuladas con palabras confusas, por lo que se pueden interpretar de muchas formas; por eso, dan la impresión de cumplirse, porque es fácil que suceda algo que, a posteriori, parece que se había predicho.

C. Establecer conclusiones

A partir de los **conceptos definidos** y de la **información** que hemos recogido teniendo en cuenta las normas del pensamiento crítico, podemos formular unas conclusiones que serán siempre más firmes y seguras que las ideas u opiniones recibidas.

Si aplicamos las anteriores preguntas del pensamiento crítico al caso de la astrología y nos informamos sobre los estudios sobre el tema, podemos concluir lo siguiente:

La astrología es una **creencia supersticiosa** de tiempos remotos y no hay ninguna razón para justificarla. Ha sido rechazada por la ciencia, por no tener ninguna base experimental (el único futuro que se puede predecir es el que responde a fenómenos físicos: por ejemplo, los eclipses de luna). Sin embargo, es aceptada por muchas personas. Las encuestas muestran que el 41% de los jóvenes españoles creen en la astrología y los horóscopos, y el 33% confía en la posibilidad de predecir el futuro. Son personas que no ejercen su pensamiento crítico.

PROPUESTA DE TRABAJO

Vamos a aplicar el pensamiento crítico para desmontar supersticiones sobre el tarot.

Siguiendo el método expuesto, realizamos los pasos siguientes:

1 Define los **conceptos**. ¿Qué es el tarot? ¿Qué se entiende por predicción?

2 Aplica el **pensamiento crítico** y busca **información**.

a) ¿Cómo conocen las cartas al cliente del que van a averiguar el futuro? ¿Cómo pueden conocer el futuro? ¿Cómo conoce el tarotista lo que las cartas dicen?

b) ¿Qué dice el tarotista? ¿Acierta alguna vez en algo concreto? ¿Se limita a dar avisos generales? ¿Hay alguien que pueda comprobar si acierta? Cuando un vidente predice algo, ¿guardas la noticia para comprobar si ha acertado?

3 Establece las **conclusiones**.

Un derecho muy especial

El Derecho a la Educación

El Derecho a la Educación es un derecho peculiar. Hay derechos que, si quiero, puedo no disfrutarlos. Tengo derecho a viajar, a fundar una empresa, a casarme, pero puedo no hacerlo. Incluso un derecho tan importante como es el de votar, puedo no ejercerlo.

Sin embargo, el disfrute del Derecho a la Educación se impone obligatoriamente. ¿Por qué? ¿No sería más justo que cada niño o niña decidiera si quiere ir a la escuela o no ir? En España, es obligatorio estar en el sistema educativo hasta los 16 años. Para comprender la importancia del Derecho a la Educación, veremos qué sucede en los países menos desarrollados, donde no está garantizado este derecho.

Los datos básicos

La educación obligatoria en el mundo

La Convención sobre los Derechos del Niño, de las Naciones Unidas, recoge en el artículo 28 el Derecho a la Educación. Todos los países del mundo, menos Estados Unidos y Somalia, han firmado esa convención.

Pero la realidad es muy distinta. En los países desarrollados (como España), casi el 100% de los adolescentes entre 12 y 16 años va al colegio. En los países que están en vías de desarrollo (por ejemplo, Perú), alrededor del 50% de los adolescentes de esa franja de edad va al colegio. Y en los países menos desarrollados (por ejemplo, Bangladesh), entre los 12 y los 16 años solo van al colegio el 26% de las niñas y el 30% de los niños.

La educación obligatoria es un derecho reconocido por Naciones Unidas.

Unicef estima que 115 millones de niños en todo el mundo no van al colegio

En muchos países, es muy común que los niños y las niñas que no van al colegio hagan alguna de estas otras cosas (o varias de ellas):

- Trabajar en la agricultura, en jornadas muy largas.
- Trabajar en fábricas, minas o mercados, arriesgando su salud, por muy poco dinero.
- Trabajar en casas, en las suyas propias o en otras como sirvientes, incluso como esclavos.
- Ser explotados en negocios ilegales, como la droga o la prostitución.
- Ser "niños-soldado", que participan en guerras.
- Ser "niños de la calle", que viven en pequeños grupos, robando o mendigando.

En la actualidad, millones de niños son víctimas de la explotación infantil y no pueden ir a la escuela.

La igualdad de género en la educación

La igualdad de género reviste una importancia fundamental para la supervivencia y el desarrollo de los niños y niñas en todo el mundo. Todavía hay países en los que se dificulta que las niñas vayan a la escuela, como por ejemplo Pakistán o Laos. Generalmente, las niñas en los países menos desarrollados tienen aún más dificultades que los niños para ir a la escuela.

¿Por qué es obligatoria la enseñanza?

El origen del Derecho universal a la Educación

En el siglo XX, cuando se empezó a pensar que todos los seres humanos tenemos los mismos derechos y que merecemos tener las mismas oportunidades, las sociedades más desarrolladas decidieron que debía ser obligatorio educar a todos los niños y niñas. Así surgió el Derecho a la Educación.

Las sociedades siempre han protegido a los niños y niñas, y han tratado de enseñarles lo que consideraban mejor, lo más valioso. Una sociedad que no transmite bien lo que sabe a la siguiente generación tiene un futuro muy incierto.

En la sociedad moderna, el Estado, en representación de los ciudadanos (en este caso, de los padres), protege los derechos de los niños y niñas, y tiene la obligación de asegurar que todos reciban una educación; es lo que conocemos como **educación obligatoria**, que en España empieza a los 6 años y llega hasta los 16.

La educación se impone obligatoriamente para que todos los ciudadanos accedan a unos conocimientos que les amplíen las oportunidades de progresar en su vida. De esta forma, se busca reducir las diferencias económicas y sociales.

Por un futuro mejor

La educación ayuda a tener un futuro mejor. Para empezar, aleja a los niños de peligros muy serios. En la escuela, se aprende que existe un mundo más allá de nuestro entorno cercano. Y que pertenecemos a él, que tenemos derecho a participar; en definitiva, que somos "alguien".

En algunos países menos desarrollados está aumentando de manera importante la escolarización, lo que contribuye a su desarrollo.

¿QUÉ PUEDO HACER YO?

INFÓRMATE

1. Elabora un trabajo con informaciones, datos o historias reales relacionadas con el derecho a la educación en el mundo. Puedes obtener información de la prensa o internet.

2. Consulta en un atlas en qué países está más extendida la educación primaria, la secundaria y la enseñanza superior o universitaria. ¿Por qué está más extendida en unos países que en otros? ¿Qué ventajas y desventajas supone para unos y otros países?

REFLEXIONA

3. ¿La educación que recibe una persona en su infancia puede determinar su vida posterior? ¿La falta de educación está relacionada con la pobreza? Razona tu respuesta.

4. ¿Qué podría hacerse para que se cumpliese realmente el derecho a la educación? Redacta varias propuestas.

ACTÚA

5. La reflexión debe conducirnos a la acción práctica. ¿Qué podemos deducir de todo lo que hemos visto en este monográfico que sea aplicable a nuestra vida? Prepara una presentación oral explicando qué postura hay que tomar.

6. Busca información sobre organizaciones no gubernamentales (ONG) que ayuden en la educación de niños en los países del Tercer Mundo. ¿Qué proyectos tienen en marcha? ¿En cuáles te sería posible colaborar?

EN SÍNTESIS

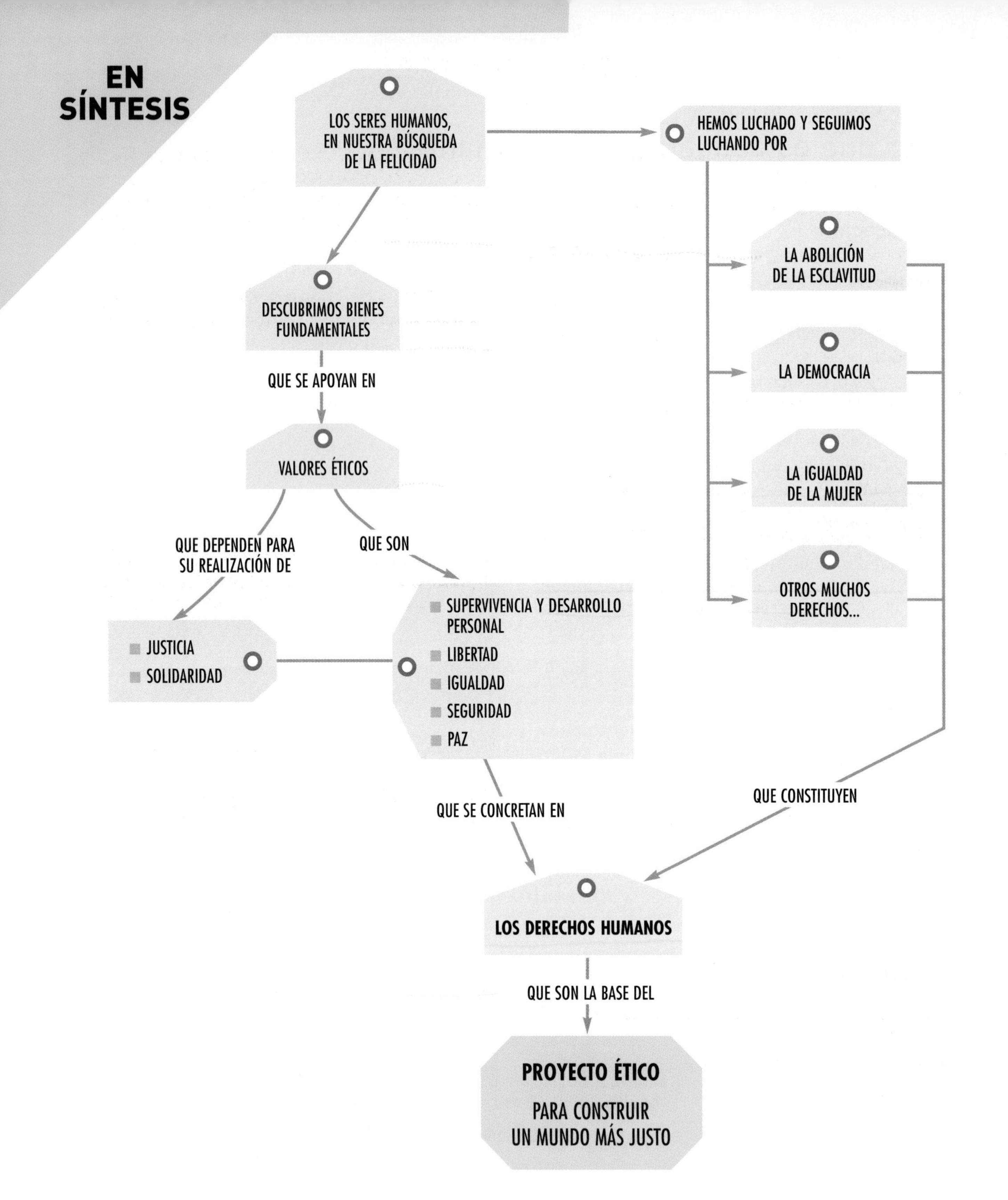

ACTIVIDADES SOBRE LA SÍNTESIS

1 Cita varios derechos por los que hayamos luchado los seres humanos. ¿Por qué luchamos por ellos?

2 ¿Cuáles son los principales valores éticos?

3 ¿En qué se concretan los valores éticos?

4 ¿Qué son los derechos humanos? ¿Cuál es su finalidad última?

ACTIVIDADES

LA LUCHA POR LA FELICIDAD

1 Reflexiona y responde a las siguientes cuestiones:

¿Quién se beneficiaba de la esclavitud en la Antigüedad? ¿Por qué crees que se mantuvo durante tantos siglos? ¿Crees que estos motivos pueden ser los mismos que los que en la actualidad mantienen la esclavitud de muchas personas del planeta? ¿Qué ha cambiado?

2 ¿Consumimos en los países desarrollados productos fabricados con mano de obra esclava?

Busca información sobre este tema y comenta la fotografía. Elabora una propuesta para combatir la esclavitud.

3 Una de las cosas de que carecía y carece el esclavo es el tiempo libre o tiempo de ocio. Los antiguos griegos entendían el tiempo libre como tiempo para el estudio y el mejoramiento intelectual de la persona (la palabra griega *scholé* significa tiempo libre, pero también escuela, estudio y asociación de intelectuales, actividades que se relacionaban con el "ocio").

Compara la idea griega de tiempo libre con el modo como se vive el ocio en la sociedad de consumo actual. ¿Qué diferencias te parecen importantes?

4 Define los siguientes términos:

– democracia
– tiranía
– reivindicación
– valores

5 Aplica el pensamiento crítico a la democracia actual. ¿Es posible mejorarla? Si es así, ¿cómo crees que podría hacerse? ¿Crees que los ciudadanos tienen el poder sobre los aspectos que les preocupan?

SENTIMIENTOS CONVENIENTES

6 En cada par de afirmaciones hay una optimista y otra pesimista. ¿Cuál es cuál? Explica, en cada uno de los casos, en qué error está cayendo el que mantiene una actitud pesimista.

1a) He ganado el partido porque he jugado muy bien.
1b) He ganado el partido porque los otros eran muy malos.

2a) No le caigo bien a nadie.
2b) A Pedro, no le caigo bien.

3a) He suspendido el examen porque soy un estúpido.
3b) He suspendido el examen porque no he trabajado lo suficiente.

4a) Nadie me quiere.
4b) Luisa, la chica que me gusta, no me quiere. Pero hay otras muchas personas que me quieren y aprecian.

EJERCER EL PENSAMIENTO CRÍTICO

7 ¿Cuáles son las dos normas fundamentales del pensamiento crítico?

8 Aplica el pensamiento crítico a las creencias sobre la eficacia de los curanderos y sanadores en el tratamiento de enfermedades.

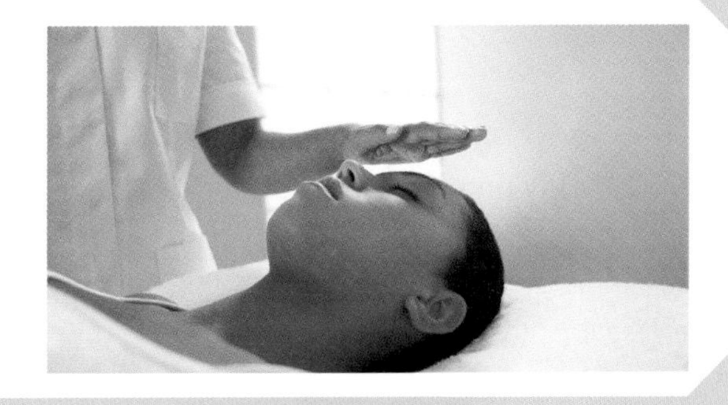

ESPACIO WEB

Somos iguales, somos diferentes

La lucha por la igualdad de la mujer no ha terminado. Te proponemos que indagues sobre este tema con las actividades de la sección "Investiga en la red" de esta unidad en www.librosvivos.net (Tu libro: 113798).

Democratizar los roles de género supone reconocer qué papeles tradicionalmente se han atribuido a hombres y mujeres en distintas culturas y épocas. Hoy vemos la necesidad de cambiarlos porque todos y todas tenemos los mismos derechos y responsabilidades (equidad).

UNIDAD 4

La dignidad y los derechos humanos

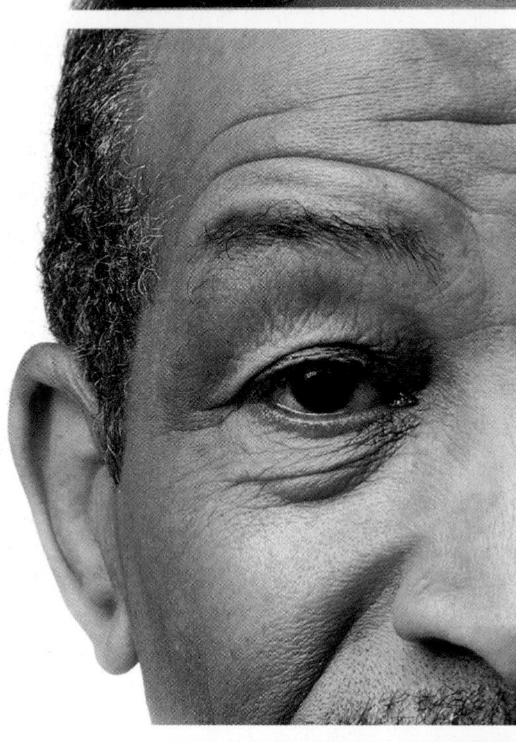

Hay un niño en la calle

Importan dos maneras de concebir el mundo.
Una, salvarse solo,
arrojar ciegamente los demás de la balsa
y la otra,
un destino de salvarse con todos,
comprometer la vida hasta el último náufrago,
no dormir esta noche si hay un niño en la calle.

(Fragmento del poema *Hay un niño en la calle*, de Armando Tejada Gómez)

Hay derechos humanos que no se respetan y es obligación de todos luchar por su defensa.

– *¿Cuál es la idea principal que transmite este poema? Resúmela en dos líneas.*

¿Cómo se construye una casa? Primero hay que saber lo que necesitamos, los medios que tenemos, y dibujar los planos. No podemos comenzar a edificar a ciegas, sin tener en un papel o en la cabeza la imagen de lo que pretendemos hacer. Es importante saber que para construir algo es necesario tener presente una idea, un plano de lo que queremos realizar.

Ya sabemos muchas cosas. Necesitamos una "casa común" para toda la humanidad, en la que todos podamos vivir felices, disfrutando de los valores de la libertad, igualdad, seguridad y paz. Para conseguirlo, debemos comportarnos solidaria y justamente. Estas son las condiciones que tiene que cumplir la "casa común".

Al empezar a edificar, lo primero que hay que hacer es poner unos cimientos firmes, que aguanten el peso de todo lo que se va a construir encima. Se hace un gran hueco en el suelo, y luego se llena de cemento. En esta unidad, vamos a estudiar el cimiento del proyecto ético común para lograr una sociedad más justa: la dignidad de todos los seres humanos.

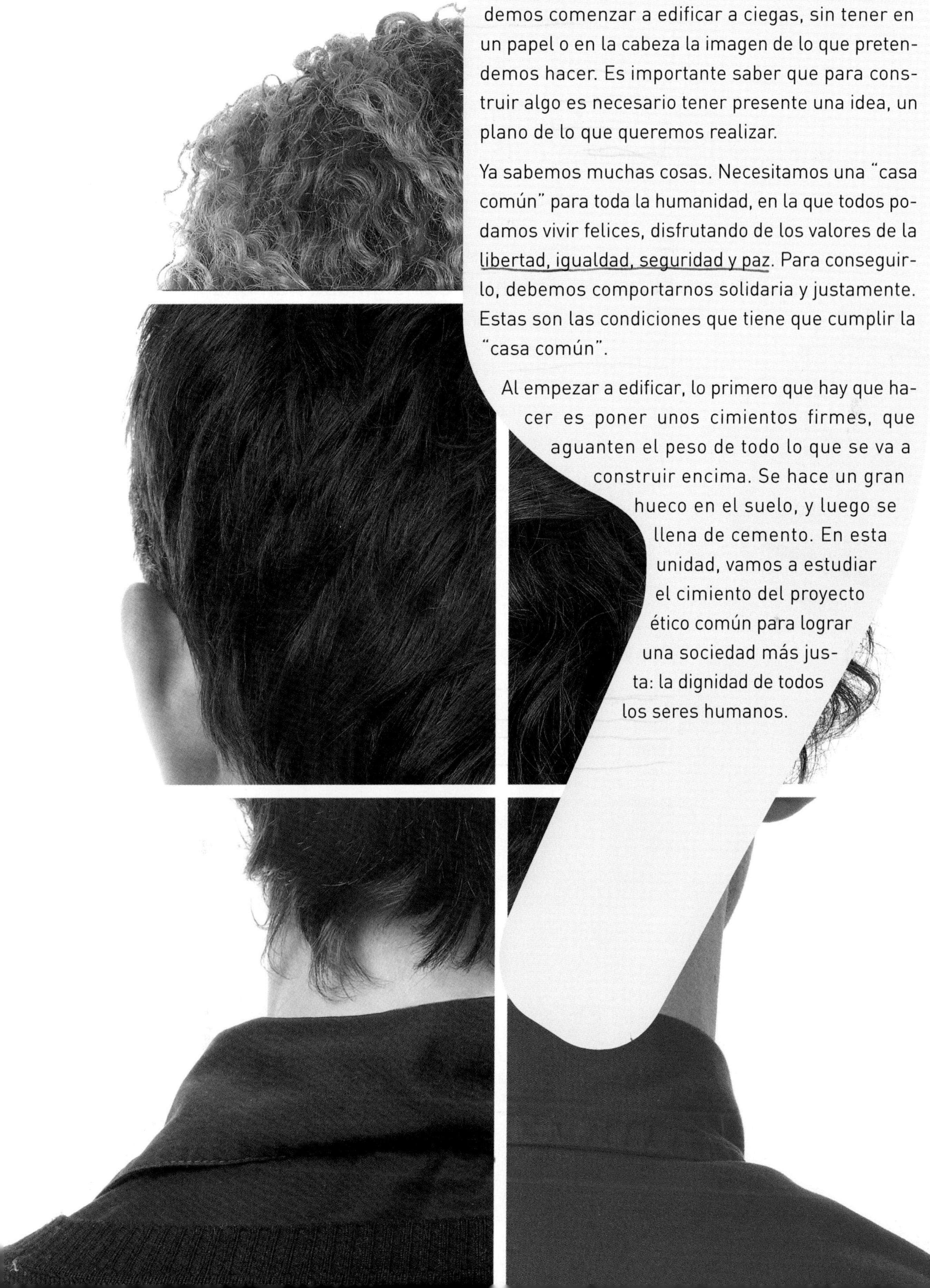

1. La dignidad humana

DE PARTIDA La cama de Procusto

Según una leyenda de la mitología griega, Procusto fue un curioso personaje que obligaba a los viajeros que pasaban por su casa a acostarse en una de las camas que tenía. Si el viajero era una persona alta, le obligaba a usar una cama muy corta. Entonces, "por amor a la igualdad", le cortaba las piernas para que cupiese "confortablemente en el lecho".

Hay personas, como Procusto, que piensan que la igualdad hay que conseguirla empequeñeciendo a todos los que se distinguen en algo. Pero la igualdad aspira a que todos disfrutemos del máximo de derechos.

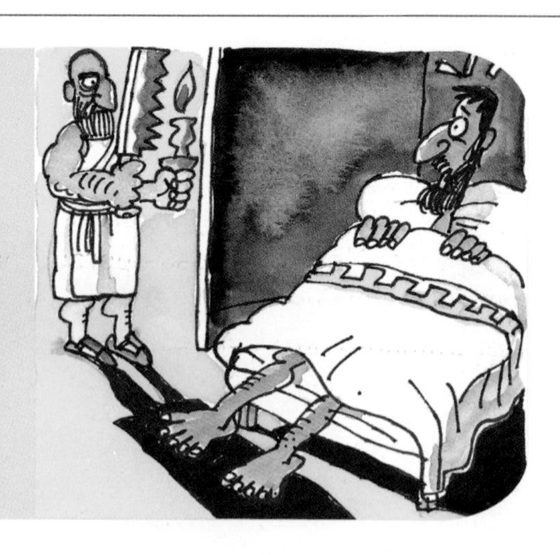

pásalo

La dignidad nos ennoblece a todos. Todos somos dignos de respeto.

El reconocimiento de la dignidad humana

Durante muchos siglos, se pensó que los seres humanos no eran iguales. Los débiles no eran como los fuertes, ni las mujeres como los hombres, ni los negros como los blancos. No se pensaba que todos formáramos parte de una misma humanidad. Se respetaba a los de la propia tribu y se despreciaba a los de la tribu de al lado.

Poco a poco, por influencia de los filósofos, de las religiones y de muchas personas que lucharon y apoyaron las reivindicaciones de las víctimas, se impuso la idea de la **igualdad** de los seres humanos. Y de que éramos iguales, precisamente, en **dignidad**.

Para comprender esta palabra, conviene contar su historia. Cuando se empezó a usar, era como un título de **nobleza**, una cualidad que se adquiría al ocupar un puesto importante. Se decía: "la dignidad de un juez", lo que quería decir que un juez era alguien importante, que merecía respeto. Si se hablaba de la "dignidad de un cargo", se afirmaba que quien lo ocupaba debía ser respetado y tenía nobleza por esa causa.

Este significado cambió de una manera radical cuando se reconoció que todos los seres humanos tenían dignidad por el hecho de serlo, es decir, que ser **persona** es ocupar un puesto único en el universo, es tener un título innato de nobleza.

Todos los seres humanos, por el hecho de serlo, tienen dignidad.

El valor de la vida

La **dignidad** es una cualidad que tienen todas las personas, que las hace valiosas, importantes y respetables por el hecho de ser personas, con independencia de su fuerza, su riqueza, sus conocimientos, su cultura, su religión o su sexo. No son valiosas porque "valgan para algo", sino en sí mismas, por existir.

Ser tratados como personas significa, entre otras cosas, ser tratados como **alguien insustituible**. ¿Por qué nos parecería monstruoso que se matara a los niños que tienen una gran deficiencia psíquica o física, o a los ancianos que no se pueden valer por sí mismos? Porque ellos son personas y, por tanto, valiosas, merecedoras de protección, respeto, ayuda y amor.

Las personas son valiosas en sí mismas, por existir, porque son insustituibles.

Y este reconocimiento nos obliga a cuidar y respetar a todo el mundo, también a los que por cuestiones de salud o de edad dependen de nosotros.

Dignidad, democracia y derechos humanos

La dignidad nos ennoblece a todos. La **democracia**, que se basa en la dignidad, hace que todos seamos nobles, es decir, libres, autónomos, respetables y con capacidad de gobernarnos a nosotros mismos. Y nos pide que actuemos en consecuencia.

Un refrán antiguo dice: "nobleza obliga". Habría que sustituirlo por otro: "la dignidad obliga". ¿A qué? A dos cosas:

- **A respetar la dignidad de los demás.** No debo hacer nada que atente contra ella.
- **A respetar mi propia dignidad.** No debo hacer nada que atente contra mi dignidad.

De la dignidad derivan los **derechos humanos**. La Declaración Universal de los Derechos Humanos dice:

"El respeto a la dignidad inherente a todos los miembros de la familia humana y a sus derechos iguales e inalienables constituye el fundamento de la libertad, de la justicia y de la paz del mundo".

De nada vale que digamos que una persona tiene dignidad si no reconocemos los derechos en que esa dignidad se concreta. **Ser digno es ser sujeto de derechos.** Respetamos la dignidad cuando respetamos los derechos.

Inherente:
Que está en una cosa y es inseparable de ella.

Inalienable:
Que no se puede renunciar a ello, ni vender, ni ceder.

PARA RECORDAR

Todos los seres humanos somos iguales en dignidad.

La dignidad es el valor que tiene toda persona por el hecho de serlo.

De la dignidad derivan los derechos humanos. Como todos somos iguales en dignidad, también somos iguales en derechos. La dignidad nos ennoblece a todos.

ACTIVIDADES

1 Define el concepto *dignidad.*

2 ¿Tienen dignidad todas o solo algunas personas? ¿Por qué?

3 ¿Qué relación existe entre la dignidad, la democracia y los derechos humanos?

2. ¿Cuáles son los derechos humanos fundamentales?

El acceso a bienes materiales básicos, como la vivienda, es un derecho que en muchos casos no se respeta.

Los valores fundamentales

Como ya hemos visto, hay una serie de condiciones imprescindibles para vivir dignamente:

- **El acceso a los bienes materiales y educativos** indispensables para el desarrollo personal.
- **La libertad.**
- **La igualdad** de derechos y de oportunidades.
- **La seguridad.**
- **La paz.**

Por su importancia los consideramos "valores fundamentales". Todos los seres humanos necesitan disfrutar de ellos, por eso los protegemos con derechos.

Un **derecho** es todo aquello que puede exigirse de forma legítima a los demás. Decimos que todos los humanos tienen derecho a los bienes materiales imprescindibles, a la libertad, a la igualdad, a la seguridad y a la paz.

Los **derechos humanos** son aquellos que protegen y aseguran el acceso de todas las personas a los valores fundamentales para vivir dignamente, es decir, de acuerdo con nuestra dignidad.

Muchas personas no logran que sus derechos sean respetados. Para conseguirlo hace falta que todos practiquemos la **justicia** y la **solidaridad**. En eso consiste el gran proyecto humano de construir un mundo más justo.

Respetar los derechos humanos

Los derechos humanos protegen y aseguran el acceso de todas las personas a los valores fundamentales para vivir dignamente, es decir, de acuerdo con nuestra dignidad.

¿Por qué hay que respetar los derechos humanos? Porque, si no se hace, desaparecen la libertad, la igualdad, la seguridad, la paz, es decir, todos aquellos valores que necesitamos para vivir bien.

Los violentos, los injustos, los insolidarios triunfarían, y aparecerían de nuevo la esclavitud, la discriminación, el desprecio a la vida del débil. Sin duda alguna, una minoría podría vivir muy bien, pero esa situación de injusticia forzaría a todos los oprimidos a rebelarse, con lo cual el ciclo de la violencia, la guerra, la venganza, se repetiría una y otra vez.

La justicia y la solidaridad son imprescindibles para lograr una vida digna.

Los derechos humanos fundamentales

La Declaración Universal de los Derechos Humanos dice: "El desconocimiento y el menosprecio de los derechos humanos ha conducido a actos de barbarie que sublevan la conciencia de la humanidad". En su artículo 3 declara: "Todo individuo tiene **derecho a la vida**, a la **libertad** y a la **seguridad**". Todos debemos disfrutar en **igualdad** de los mismos derechos:

- Derechos que se refieren a la **libertad**:
  - Ninguna persona será sometida a esclavitud.
  - Toda persona tiene derecho a circular libremente y elegir su residencia en el interior de un Estado.
  - Toda persona tiene derecho a la libertad de pensamiento, de conciencia y de religión, y a la libertad de cambiar de religión.
  - Toda persona tiene derecho a la libertad de opinión y de expresión.
- Derechos que se refieren a la **seguridad**:
  - Ninguna persona será sometida a tortura.
  - Todas las personas tienen derecho a la protección de la ley, y a ser juzgadas por un tribunal imparcial.
  - Nadie puede ser detenido arbitrariamente.
  - Todas las personas deben ser consideradas inocentes hasta que no se demuestre su culpabilidad.
- Derechos **sociales**, **políticos** y **económicos**:
  - Toda persona tiene derecho a fundar una familia. La maternidad y la infancia serán especialmente protegidas.
  - Toda persona tiene derecho a la educación, al trabajo, a la seguridad social, a una vivienda y a un nivel de vida suficiente para asegurar su salud, su bienestar y los de su familia.
  - Toda persona tiene derecho a participar en la dirección de los asuntos públicos de su país.
  - Toda persona tiene derecho a la paz.

Los derechos humanos se han ido consiguiendo gracias a la lucha de muchas personas.

ACTIVIDADES

4. Explica con ejemplos en qué consiste el "acceso a los bienes materiales y educativos indispensables".
5. ¿Crees que se respetan los derechos humanos? ¿De qué modo podrías colaborar para que se cumplieran?
6. ¿Qué derechos limitan que los demás intervengan en tu vida?

Un ejemplo

El artículo 22 de la Declaración Universal de los Derechos Humanos dice:

"Toda persona, en cuanto miembro de la sociedad, tiene derecho a la seguridad social; tiene la facultad de obtener la satisfacción de los derechos económicos, sociales y culturales indispensables a su dignidad y al libre desarrollo de su personalidad, gracias al esfuerzo nacional y a la cooperación internacional, según la organización y recursos de cada país."

7. ¿Quién paga los servicios públicos (sanidad, seguridad...) que garantizan los derechos económicos y sociales?

La cooperación internacional también contribuye a garantizar los derechos básicos.

PARA RECORDAR

Los **valores fundamentales** para vivir dignamente son: el acceso a los bienes imprescindibles, la libertad, la igualdad, la seguridad y la paz.

Los derechos humanos protegen y aseguran el acceso de todas las personas a esos valores fundamentales.

3. Los deberes

¿Qué es un deber?

Una persona egoísta podría pensar que el mundo funcionaría muy bien si solo ella tuviera derechos y los demás solo tuvieran deberes. Lo deseable es tener derechos, es decir, poder exigir o hacer todo lo que la ley nos permita. Pero, para que esto sea posible, tenemos que cumplir nuestros deberes.

Deber es la obligación o la necesidad que tenemos de hacer algo para conseguir un fin.

Casi todos los artículos de la Declaración Universal de los Derechos Humanos nos parecen justos porque reconocen nuestros derechos, es decir, nos proporcionan ventajas, pero el artículo 29 puede resultar incómodo: "El individuo tiene deberes hacia la comunidad, porque solo en ella es posible el libre y pleno desarrollo de su personalidad".

Desde la propia Declaración de los Derechos Humanos se reconoce que tenemos deberes hacia la sociedad en la que vivimos y, por extensión, hacia toda la humanidad.

Para poder exigir nuestros **derechos**, tenemos que respetar los derechos de los demás, y esto supone cumplir con nuestros **deberes**.

pásalo

Los servicios de los que nos beneficiamos todos deben pagarse entre todos.

Pagar impuestos: un deber necesario

Un impuesto es una cantidad de dinero que se paga al Estado, a la comunidad autónoma o al Ayuntamiento para contribuir al mantenimiento de los servicios comunes.

Entre abril y junio, los españoles hacemos nuestra declaración de la renta. Consiste en declarar ante el Estado todos los ingresos que se han obtenido en un año. Unas personas tienen que pagar una parte de lo que han ganado. Y lo hacen para que todos tengamos acceso a una serie de servicios y bienes comunes, o para que los niños y jóvenes puedan estudiar. Alguien está dando parte de su sueldo para asegurar un mejor futuro a los niños y adolescentes.

Yo no quiero pagar impuestos. Yo no quiero tener deberes. Yo exijo que todo sea totalmente gratis.

Me parece justo pagar impuestos para que todos puedan estudiar. Pero, ¡quiero que estudien! Si no lo hacen, pensaré que me están tomando el pelo.

8 ¿Podría funcionar un país sin impuestos? ¿Qué servicios se pagan con los impuestos de todos?

9 ¿Con cuál de los dos personajes de la viñeta estás de acuerdo? ¿Por qué?

Tipos de deberes

No todos los deberes son iguales. El deber de cuidar a los hijos, el de votar, el de cumplir las normas de tráfico, el de pagar impuestos y el de ayudar a disminuir el hambre en el mundo pertenecen a diferentes clases de deberes.

Hay tres clases de deberes:

- **Deberes de imposición:** obligan a cumplir las **normas** dadas. Por ejemplo: debemos pagar impuestos, conducir por la derecha, matricular la moto.
- **Deberes de compromiso:** son los que derivan de una **promesa** que libremente he hecho, o de un compromiso que he aceptado. Una persona que se compromete con otra debe cumplir ese compromiso. Si alguien nos promete que nos va a devolver una cosa al día siguiente, debe cumplir la promesa. Por eso, no debemos comprometernos a hacer algo que no vayamos a cumplir.
- **Deberes de proyecto:** si queremos llevar a cabo algo –construir una casa, estudiar una carrera, fundar una familia– debemos hacer aquellas cosas que son imprescindibles para lograrlo. Nos parecería muy estúpido quien dijera: "He decidido ir a escalar una montaña, pero no pienso salir de casa".

  A este grupo pertenecen los **deberes éticos**, que son los que contribuyen a la realización del proyecto ético común. El gran proyecto humano consiste en construir un mundo feliz y justo. Los deberes éticos, por tanto, derivan de un proyecto. Y tenemos que cumplirlos todos si queremos que el proyecto, la "casa común", se realice.

Estudiar es un deber de proyecto, porque ayuda a que todos seamos más inteligentes y a que resolvamos mejor los problemas comunes.

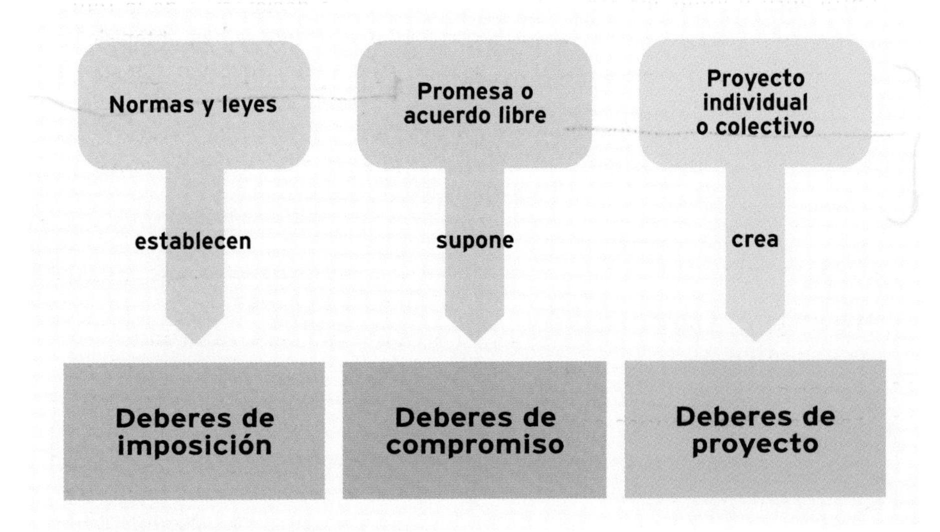

PARA RECORDAR

Un deber es la obligación o la necesidad que tenemos de hacer algo para conseguir un fin.

Tenemos deberes hacia nuestra comunidad, pues solo en ella podemos desarrollarnos como personas.

Los deberes pueden ser de imposición, de proyecto y de compromiso.

ACTIVIDADES

10 ¿Qué tipo de deberes se derivan de la voluntad y proyecto de construir un mundo justo? ¿Por qué?

11 Indica si los deberes siguientes son de imposición, de compromiso o de proyecto.

a) Los ciudadanos deben pagar impuestos.

b) Es obligatorio llevar el casco cuando se va en moto.

c) Tengo que hacer los deberes que me han mandado en clase.

d) Debo ir a la fiesta de Nina porque se lo prometí.

e) Cuando dos personas se comprometen como pareja, no deben ser infieles.

f) No debo aprovecharme del débil.

4. ¿Podemos vivir sin normas?

Las normas según Cicerón

Cicerón, político, filósofo y escritor romano del siglo I a. C., dijo sobre las normas:

"Las normas solo se justifican si son imprescindibles, útiles y justas."

CICERÓN

12 ¿Cuál de las tres características de las normas que cita Cicerón te parece más importante? ¿Por qué?

Normas justas e injustas

Los derechos imponen deberes, y para concretarlos, exigirlos y poderlos realizar, hemos creado normas.

Una **norma** es una regla que nos indica cómo se debe hacer una cosa. Las normas son necesarias para ordenar la convivencia. Pueden ser justas e injustas.

- **Las normas justas** son las que sirven para resolver conflictos, son dadas por una autoridad legítima, mediante un procedimiento legítimo y no están en contradicción con los derechos fundamentales de los afectados por ellas.
- **Las normas injustas** son las que contradicen los derechos fundamentales, por eso deben y pueden ser modificadas o eliminadas.

Una norma, para ser justa, debe poder **razonarse**. Un niño muy pequeño tal vez no entienda por qué los padres le obligan a lavarse los dientes todas las noches, pero los padres deben saber los argumentos en que se basan para imponerle esa norma. Esos argumentos no pueden estar en contradicción con los derechos de los afectados.

La necesidad de las normas

Según Herodoto, un historiador de la Antigüedad, cuando moría el rey de los persas, se suspendía la aplicación de todas las leyes durante cinco días. Se podía hacer cualquier cosa, sin recibir ningún castigo. Eran unos días de gran violencia e inseguridad.

¿Por qué se permitía una situación tan peligrosa? Los gobernantes querían que el pueblo comprobase lo terrible que es vivir sin leyes. De esa manera, durante esos días, los súbditos estarían deseando la llegada del nuevo rey, que volvería a introducir el orden y las leyes en la sociedad. Aprendían, de una forma muy dura, que necesitamos leyes justas para poder vivir dignamente.

Sin leyes ni normas sería imposible llevar una vida libre, desaparecerían la seguridad y la paz, y se impondría la violencia.

¿Las normas limitan nuestra libertad?

Todos seríamos más libres si pudiésemos circular por donde quisiéramos. Los semáforos, las calles de circulación prohibida, el código de la circulación limitan nuestra libertad. Pero ¿seríamos más libres si cada uno pudiese ir a su aire? No. Acabaríamos chocando contra otro coche, atropellados o metidos en un colosal atasco. Para ser libres hemos de obedecer la ley.

13 Piensa y explica otro caso en el que las normas nos benefician.

¿De dónde proceden las normas y las leyes?

¿Quién está legitimado para dictar las normas? Este es un asunto complicado. En principio, quien tenga la responsabilidad de ordenar algo y, como hemos dicho, pueda razonar con argumentos la conveniencia de esa norma. Depende de los distintos tipos de normas:

- **Las normas éticas** derivan de la dignidad y de los derechos humanos y son necesarias para su protección y cumplimiento. Deben poder argumentarse de manera que toda persona inteligente, informada y bienintencionada pueda comprender las razones que las hacen necesarias. En el caso de los derechos humanos, muchos países han incluido su defensa dentro de sus propias leyes.
- **Las leyes** son normas promulgadas por los Estados. En España, las leyes puede elaborarlas el Gobierno, pero tienen que ser aprobadas por las Cortes Generales, que están formadas por los representantes elegidos por el pueblo español. Las Cortes son la autoridad legítima para dictar leyes. Pero una ley, para ser justa, debe estar de acuerdo con los derechos humanos.

Las **normas éticas** provienen de los derechos humanos.

Las **leyes** las dictan los Estados, pero son aprobadas por los representantes del pueblo.

Personajes Rosa Parks

Rosa Parks era una costurera negra que vivía en Montgomery (Estados Unidos). En los autobuses públicos de esa ciudad, los negros solo podían ocupar las últimas filas de asientos, y únicamente si todos los blancos estaban sentados.

Rosa Parks se atrevió a desobedecer una ley injusta, impulsando una rebelión que acabaría con dicha ley.

DOC.

El día 1 de diciembre de 1955, Rosa Parks subió al autobús como todas las tardes de vuelta del trabajo, y se sentó en el sitio obligado. Pero un blanco joven se quedó de pie y le exigió que le dejara el sitio. Era la ley, pero una ley injusta. Esa tarde, Rosa Parks decidió defender su dignidad y decir que no. No iba a levantarse. Se desencadenó un escándalo, el conductor detuvo el autobús, vino la policía, arrestaron a Rosa Parks, y la llevaron a la comisaría.

La comunidad negra se movilizó. Decidieron no usar los autobuses públicos. El boicot duró trescientos ochenta y un días. Iban a pie a todas partes. El 13 de noviembre de 1956, el Tribunal Supremo de Estados Unidos prohibía la segregación en los autobuses de Montgomery. Rosa Parks, una humilde costurera, había triunfado. Personas como Rosa han hecho más habitable el mundo.

14 ¿Por qué resultó beneficiosa la "desobediencia" de Rosa Parks a la norma de los blancos?

15 ¿Cuándo puede ser justo desobedecer una norma?

PARA RECORDAR

Las **normas justas** sirven para resolver conflictos, son dadas por una autoridad legítima y no contradicen los derechos humanos.

Si una ley contradice los derechos humanos, se dice que es legal, pero no justa.

ACTIVIDADES

16 ¿Por qué son necesarias las normas y las leyes?

17 ¿Qué diferencia existe entre una norma legal y una norma justa?

5. El respeto y la autoridad

El respeto

El **respeto** es un sentimiento, cercano al amor y a la admiración, que se dirige hacia alguien porque se reconoce su valía. En uno de los diccionarios más antiguos del castellano (*Tesoro de la lengua castellana*, 1611) se define así: "Es miramiento y reverencia que se tiene de alguna persona, porque miramos a no ofenderle." Cuando la persona admirada está dotada de mérito o autoridad aparece el respeto.

El respeto es el sentimiento adecuado ante la **dignidad humana**. No se trata de una actitud de sumisión, obediencia ciega o miedo, sino del compromiso de no hacer daño, y de cuidar y ayudar a la dignidad de todas las personas.

¿A quién debe dirigirse el respeto? En principio, es un sentimiento dirigido a personas, pero que puede tener como objeto todo lo que tiene valor. La dignidad del ser humano merece respeto. Y también los derechos que derivan de esa dignidad. Para las personas religiosas, Dios merece respeto. También debemos respetar la naturaleza, los bienes públicos; en una palabra, todo lo valioso.

¿Cuál es el comportamiento apropiado hacia lo respetable? Hay una valoración positiva, un propósito de no dañarlo, ofenderlo o destruirlo, y una actitud de atención y cuidado. Tiene una función pasiva (no hacer daño) y una función activa (cuidarlo).

El respeto a lo público

Hay algo que no solemos valorar: los bienes públicos. Estos son, por ejemplo, las calles, los montes públicos, los parques, las playas.

Una frase corriente es "Lo que no es de nadie, no importa a nadie". Pero esto es falso. Debemos respetar los bienes públicos porque son de todos, nos favorecen a todos y cualquier atentado contra ellos nos perjudica a todos. La falta de respeto por los bienes públicos es, en realidad, una falta de respeto hacia el resto de los ciudadanos.

El respeto por los bienes públicos es una muestra de respeto hacia los demás.

¿Qué es la autoridad?

¿Hay que respetar a la autoridad? Este es un asunto complicado. ¿Qué significa la palabra autoridad? ¿Todas las autoridades son respetables? Podemos hablar de dos formas de tener autoridad:

- **Autoridad moral:** es la autoridad de quien posee unos conocimientos y un comportamiento que le hace merecedor de ser respetado, escuchado y obedecido por su competencia y su prestigio. Esta "autoridad moral" no se basa en ninguna ley, sino en la propia valía de la persona.
- **Autoridad legal:** es la autoridad de quien ocupa un cargo que le permite dar órdenes y exigir obediencia según la ley. Esta autoridad puede ser **legítima** o **ilegítima**, dependiendo de la manera en que se ha ocupado ese puesto, y de cómo se desempeña. Un tirano tiene autoridad ilegítima y por eso no debe ser respetado. Un gobernante elegido democráticamente disfruta de una autoridad legítima.

Lo ideal es que toda autoridad legal vaya acompañada de una autoridad moral, pero un gobernante puede perder la autoridad moral si obra arbitraria o inmoralmente. De este modo, puede ocurrir que una autoridad legal no tenga autoridad moral, y esto puede dar lugar a conflictos políticos.

Los padres tienen autoridad legal y legítima. Como tales, tienen la obligación de conseguir autoridad moral ante sus hijos. Y los hijos tienen la obligación legal y moral de respetarlos.

Autoridad legítima:
Es la autoridad del gobernante que ha llegado al poder de manera justa y democrática, y lo desempeña con justicia.

Autoridad ilegítima:
Es la autoridad del gobernante que ha llegado al poder de forma injusta y lo ejerce como un tirano, sin respetar la justicia.

Los alumnos también piden autoridad

A partir de los datos de una encuesta realizada a 1200 alumnos de 1.º a 4.º de ESO, se ha elaborado un informe en el que se recogen las siguientes afirmaciones:

"No se castigan las agresiones y son los propios alumnos los que lo reclaman."

"El desarrollo de una autoridad justa (ni excesiva ni ausente) debe contribuir a las relaciones de convivencia."

Se recomienda "otorgar a la disciplina en el aula el valor instrumental que le corresponde."

(La Vanguardia)

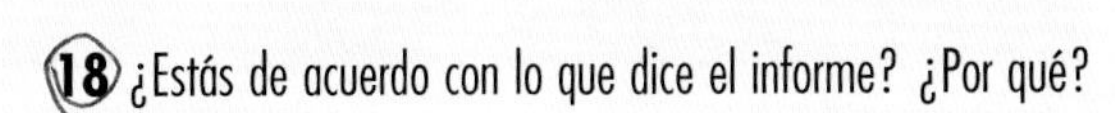

18 ¿Estás de acuerdo con lo que dice el informe? ¿Por qué?

PARA RECORDAR

El **respeto** es el sentimiento que motiva el compromiso de no hacer daño, y de cuidar y ayudar a la dignidad de todas las personas.

Los bienes públicos favorecen a todos los ciudadanos y, por ello, merecen respeto.

Existe una **autoridad moral** (por los conocimientos y el comportamiento) y una **autoridad legal** (por el cargo). La autoridad legal puede ser legítima o ilegítima.

ACTIVIDADES

19 Haz un inventario de las cosas valiosas que conozcas. ¿Te parece que merecen respeto?

20 Identifica por el contexto de cada frase si la palabra "autoridad" se refiere a la autoridad moral o a la autoridad legal:

a) Ese doctor es una autoridad en la materia.

b) El dictador fue la autoridad suprema del Estado.

c) Aquí no hay respeto por la autoridad.

Desmontar prejuicios

En muchas ocasiones, nos hacemos ideas falsas sobre la realidad. Un prejuicio es una opinión, por lo general desfavorable, acerca de personas, cosas o colectivos que se conocen mal y que, por tanto, no está justificada. Los prejuicios desaparecen con dificultad. En primer lugar, porque quien los tiene solo ve aquello que confirma sus prejuicios. Por ejemplo, si cree que los inmigrantes están siempre metiéndose en peleas, se fijará en los casos en que un inmigrante se haya visto implicado en una situación así, pero no en los cientos de casos en que su comportamiento es pacífico.

A continuación, tratamos de desmontar algunas de las ideas falsas que tenemos sobre los inmigrantes. Por ejemplo, ¿sabías que se ha calculado que la mitad del crecimiento de la economía española en los últimos años se debe a los inmigrantes? Los inmigrantes crean mucha riqueza en nuestro país, eso es un hecho.

A. Detectar el prejuicio

Si queremos tener ideas verdaderas y justas, tenemos que saber detectar cuándo nuestras opiniones y las de los demás se basan en prejuicios. Saber distinguir entre lo verdadero y lo falso es vital para comportarnos razonablemente. Es difícil detectar los prejuicios que tenemos sobre cualquier asunto, porque son un tipo de creencias que no solemos analizar. Por eso, es necesario considerar otros puntos de vista.

En el caso de los inmigrantes, a través de los medios de comunicación o en la calle, se transmiten ciertos mensajes que a fuerza de repetirse consideramos verdaderos. Son **prejuicios** de este tipo:

"Los inmigrantes son todos pobres que vienen a España a buscarse la vida, muchos de ellos en pateras, pasando la frontera ilegalmente."

"La inmigración ha traído más inseguridad a las calles de nuestras ciudades. Son los que primero se llevan todos los beneficios sociales."

B. Definir los conceptos

Para desmontar un prejuicio, tenemos que tener muy claros los conceptos a los que nos referimos.

En nuestro caso, debemos definir con claridad el concepto de **"inmigrante"**.

Inmigrante es una persona que llega a un país distinto del suyo de origen para establecerse en él.

Los inmigrantes contribuyen a la riqueza del país en el que viven y trabajan.

C. Buscar la información

Tener información fiable y reflexionar sobre ella, haciendo autocrítica si es necesario, así como ponernos en el lugar de los demás, nos ayudará a solucionar cualquier problema con el que nos encontremos en la vida. Recordemos las tres preguntas: ¿Y tú cómo lo sabes? ¿Y es siempre así? ¿Cómo me sentiría yo en su lugar?

Antes de buscar información, debemos preguntarnos qué necesitamos, pues de lo contrario no sabremos a dónde ir a buscar entre tantos datos.

También podemos averiguar si hay algún caso real que nos ayude a demostrar la falsedad del prejuicio.

1 Establecemos **criterios** para buscar información.

Por ejemplo, ante el prejuicio que nos ocupa, podemos proponernos cuestiones como estas: ¿Todas las personas que viven en nuestro país porque han emigrado del suyo han venido a buscarse la vida cruzando la frontera ilegalmente? ¿Todas las personas que viven en nuestro país porque han emigrado del suyo reciben el nombre de "inmigrantes"? ¿Todos los inmigrantes son pobres? ¿Los inmigrantes reciben beneficios sociales que no merezcan por derecho propio?

2 Buscamos la **información** en fuentes fiables y seguras.

Datos de la ONU sobre la inmigración en España: el 35% son personas de origen europeo; el 30%, de origen latinoamericano, y el 27% personas que vienen de África. En nuestro país viven ciudadanos de 96 países distintos. Los extranjeros suponen un 9,3% de todos los afiliados a la seguridad social, pero son apenas el 1% de los pensionistas.

Datos del Instituto Nacional de Estadística: los europeos comunitarios suponen más del 20% de los residentes extranjeros en España, con comunidades muy numerosas, como la británica (casi 250 000) o la alemana. Muchos de ellos son jubilados que viven en las costas españolas.

3 Recogemos un **caso real** que contribuye a desmentir el prejuicio:

Existen casos de personas famosas que han emigrado de su país para venir a España, y que no encajarían en el prejuicio que tratamos. Por ejemplo, **Samuel Eto'o**, según los prejuicios sobre los inmigrantes, no sería considerado como tal. Pero en realidad sí lo es.

¿Quién es Samuel Eto'o? Nació en Nkon (Camerún) en 1981. Llegó a España cuando el Real Madrid le contrató en la temporada 1997-1998. Para que siguiese formándose, es cedido al Leganés (2.ª división). Luego jugó en el RCD Español y en el RCD Mallorca. Llegó al Barcelona en el verano de 2004 después de unas largas negociaciones con el RCD Mallorca y el Real Madrid, y del pago de un traspaso de 24 millones de euros.

Samuel Eto'o.

D. Conclusión

Establecemos las conclusiones generales que hemos deducido de nuestra investigación y que desmienten las ideas falsas sin demostrar.

No todos los inmigrantes son pobres porque no todos ellos vienen a nuestro país por problemas económicos, aunque sí es el motivo principal: hay también refugiados políticos, deportistas, artistas, jubilados europeos que buscan el sol del Mediterráneo, incluso riquísimos jeques árabes.

Los inmigrantes pagan impuestos como los españoles y, por tanto, tienen derecho también a recibir la protección social. Desgraciadamente, los inmigrantes sin papeles se encuentran en situaciones muy penosas y desprotegidos ante los abusos. En todo caso, merecen nuestra ayuda y compasión.

PROPUESTA DE TRABAJO

Vamos a desmontar las ideas falsas en las que se basa el racismo. Siguiendo el método explicado, realiza los siguientes pasos:

1. **Detecta los prejuicios.** Recopila ideas y generalizaciones preconcebidas (sin demostrar) acerca de las personas de otra etnia, cultura o religión.
2. **Define los conceptos.** ¿Qué se entiende por "raza"? ¿Este concepto tiene un fundamento científico? ¿Qué significa "etnia"? ¿Qué significan exactamente los conceptos que vas a usar para argumentar?
3. **Establece criterios** para buscar la **información** necesaria. Puedes encontrar información en enciclopedias o en lugares "fiables" de internet, es decir, en sitios web respaldados por instituciones o centros oficiales. Ten en cuenta que en internet mucha de la información que circula también puede estar cargada de prejuicios.
4. **Extrae conclusiones** al respecto. ¿Qué había de verdad y de falsedad en el prejuicio común?

La violencia de género

Un ataque a la dignidad

Durante muchos siglos, las mujeres no han sido consideradas iguales a los hombres. Las sociedades modernas se fundamentan en la igualdad y en la no discriminación por razones de raza, sexo, ideología, religión o país de origen.

En nuestra sociedad, ¿crees que las mujeres tienen los mismos derechos que los hombres? La violencia doméstica contra las mujeres muestra de manera terrible que todavía existe una cultura en la que la mujer es poco más que un objeto, y este hecho es un grave atentado contra su dignidad. Los malos tratos a las mujeres nos plantean varias preguntas: ¿Por qué la mayoría de las mujeres maltratadas no lo denuncian? ¿Qué se debe hacer con los hombres que maltratan? ¿Es lo mismo la violencia de una mujer hacia un hombre que la de un hombre hacia una mujer?

Revista de prensa

La ONU alerta contra los escasos avances en la lucha contra la violencia machista

(*El País*)

Naciones Unidas publicó ayer un detallado informe sobre la violencia de género en el que pide a los 192 países miembros que adopten medidas concretas y urgentes frente a lo que califica como "violación generalizada de los derechos humanos". "En todos los países del mundo, la violencia contra la mujer persiste como una lacra que pone en peligro la vida de las mujeres y viola sus derechos", según el secretario general, Kofi Annan.

Violencia de género.

Guatemala. Aumentan los crímenes brutales de mujeres

(*Amnistía Internacional*)

Desde 2001, más de 2200 mujeres y niñas han sido asesinadas en Guatemala. Solo en 2005, murieron más de 665. La mayoría de estos crímenes se caracterizan por una enorme brutalidad.

Muere en el hospital la joven quemada por su marido hace un año

(*El Mundo*)

Una joven de 25 años, a la que su marido quemó tras rociarla con líquido inflamable en Puertollano (Ciudad Real), ha muerto en el Hospital Universitario de Getafe (Madrid), en el que permaneció ingresada desde el día de la agresión. [...] Dos meses antes del suceso, la víctima ya había presentado una denuncia contra su marido por malos tratos en la comisaría local de Policía Nacional, por la que el presunto agresor fue detenido y pasó a disposición judicial, aunque la mujer no solicitó la orden de protección.

Manifestación contra la violencia de género.

Hay que educar en valores de igualdad de género

(*El País*)

Soledad Cazorla, Fiscal Jefe contra la Violencia de Género, considera más importante "educar en valores de igualdad de género" desde la niñez, aunque también reconoce que eso "va a llevar tiempo", pues la sociedad lleva arrastrando el fenómeno de la discriminación de sexos "toda la vida". En cualquier caso, no deja esta labor educativa solo en las manos de los profesores, sino que insta a "una reacción de las familias y de los ciudadanos".

Los datos

La expresión "violencia de género" se refiere a todo acto de violencia que se ejerce contra la mujer por el simple hecho de serlo y que tiene como resultado posible o real un daño físico, sexual, psicológico o emocional, ya sea en la vida pública o privada.

Según Amnistía Internacional, el 70% de las mujeres asesinadas en el mundo lo son a manos de sus parejas o ex parejas. En Rusia, 14 000 mujeres fueron asesinadas por sus parejas o parientes solo en un año. Hay 100 millones de niñas menos en el mundo a causa de abortos selectivos e infanticidios.

El Observatorio de Violencia Doméstica y de Género da un dato terrible: en España, el 97% de las mujeres que sufren violencia a manos de su pareja no denuncian los hechos.

Un Informe del Consejo de Europa afirma que la gran mayoría de mujeres maltratadas desarrollan depresiones y otros trastornos de la personalidad. Tienen entre tres y cuatro veces más posibilidades de necesitar tratamiento psiquiátrico.

La violencia dentro de la propia familia es la principal causa de muertes y discapacidad de mujeres entre 16 y 44 años. Provoca más muertes y daños a la salud que el cáncer o los accidentes de tráfico.

Prejuicios que contribuyen a la violencia de género

Muchas personas culpan a las propias mujeres de la violencia que sufren; piensan que son ellas quienes provocan los malos tratos. Entre los prejuicios más comunes, se encuentran los siguientes:

- "La violencia que sufren las mujeres por parte de sus maridos o compañeros se debe a que estos no pueden reprimir sus instintos biológicos."
- "La violencia doméstica es un asunto de familia y no debe salir de ahí."
- "La mayoría de las violaciones que se producen podrían haberse evitado si las víctimas hubieran vestido de forma menos provocadora o no hubieran ido por zonas y a horas peligrosas."

¿QUÉ PUEDO HACER YO?

INFÓRMATE

1. Haz un seguimiento de los casos de violencia de género que se dan en España. Recoge información de periódicos y prepara un informe.

REFLEXIONA

2. Lee los prejuicios que contribuyen a la violencia de género y reflexiona sobre ellos: ¿Qué cosas te sorprenden o te indignan de ellos? ¿Por qué crees que se mantienen? ¿Hay costumbres sociales que favorecen su pervivencia? Busca argumentos para desmontarlos.

3. ¿Hay circunstancias sociales que favorecen la violencia en general y la de género en particular? ¿Cómo crees que estas circunstancias desfavorables podrían eliminarse o atenuarse?

ACTÚA

4. Los chicos podéis evitar los comportamientos que sean contrarios a la dignidad de las mujeres, empezando por vuestras compañeras de clase. Las chicas podéis hacer un escrito con todo aquello que os parece importante que los chicos respeten en vosotras, con todo lo que os ofende y no os gusta.

5. Redactad en grupo un texto de concienciación contra la violencia de género.

EN SÍNTESIS

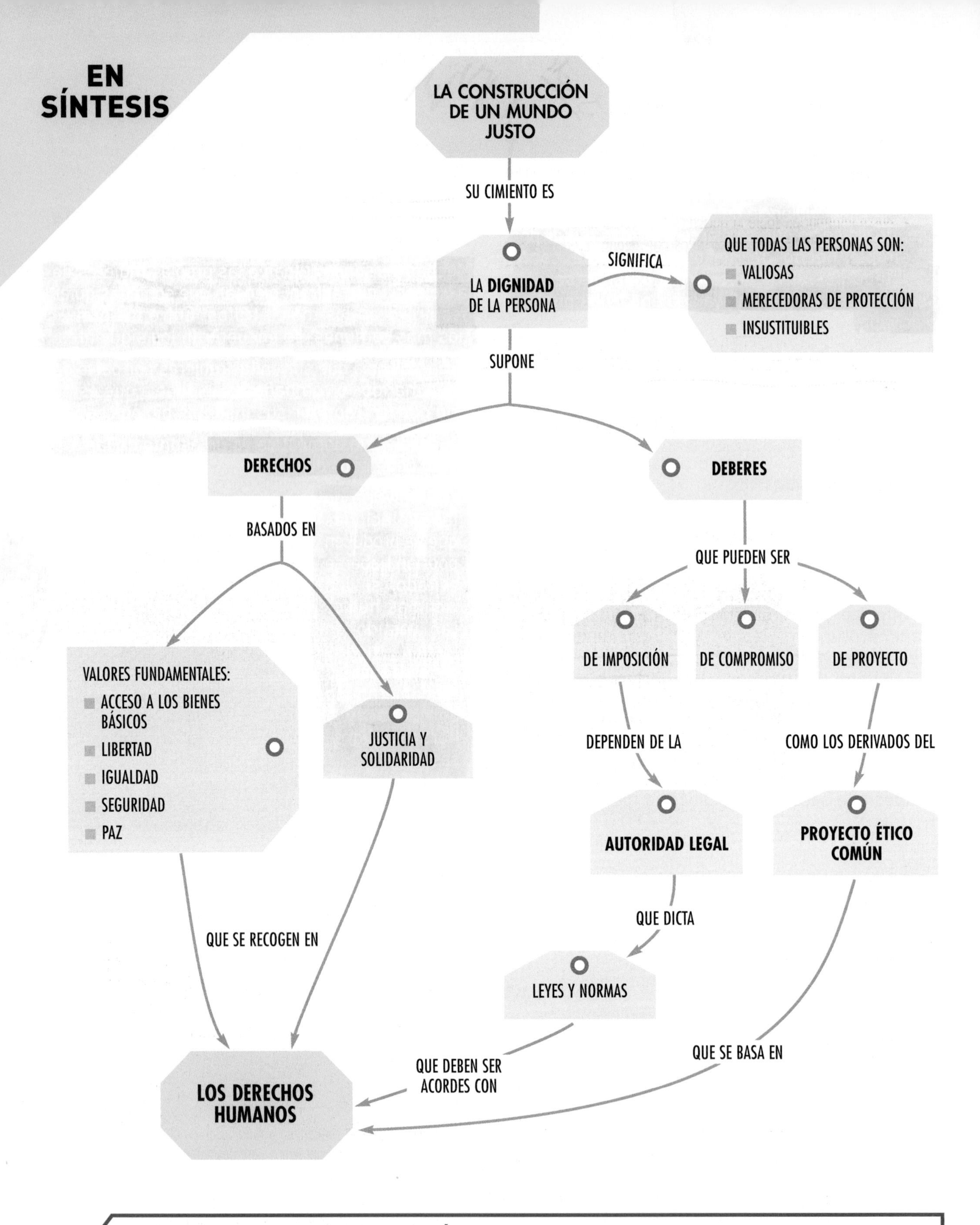

ACTIVIDADES SOBRE LA SÍNTESIS

1 ¿Qué implica la dignidad de la persona?

2 ¿Qué tipos de deberes hay? Explica cada uno de ellos.

3 Copia estas frases en tu cuaderno y complétalas:

– Su dignidad hace a los seres humanos ...., ... y ....
– Para que las leyes sean justas deben estar de acuerdo con ....

ACTIVIDADES

LA DIGNIDAD Y LOS DERECHOS HUMANOS

1 ¿Cuál es el cimiento básico de los derechos humanos? Explica por qué es el cimiento y si afecta a todas las personas por igual.

2 Busca información sobre la Declaración Universal de los Derechos Humanos. Selecciona tres artículos que hagan referencia a la libertad y explica brevemente su significado. ¿Se cumplen en todo el mundo estos derechos?

3 Inventa seis normas justas para la convivencia en una ciudad. Describe las ventajas e inconvenientes de cada una de ellas, y explica por qué te parecen normas justas.

4 Piensa en diez deberes que debes cumplir a lo largo de tu vida. Clasifica cada uno de ellos según sean:
- deberes de imposición
- deberes de compromiso
- deberes de proyecto

Explica por qué corresponden a cada clase.

5 Define los siguientes términos:

- derechos humanos
- norma ética
- impuesto
- dignidad humana

EL RESPETO Y LA AUTORIDAD

6 ¿Cuáles son los bienes públicos? Pon varios ejemplos. ¿Por qué no se suelen valorar? ¿Por qué deben ser respetados?

7 Lee el siguiente texto y explica de qué tipo de respeto se habla y por qué:

> "Debemos unirnos para crear una sociedad global sostenible fundada en el respeto a la naturaleza, los derechos humanos universales, la justicia económica y una cultura de la paz. En torno a este fin, es imperativo que nosotros, los pueblos de la Tierra, declaremos nuestra responsabilidad unos hacia otros, hacia la gran comunidad de la vida y hacia las generaciones futuras".
>
> Preámbulo de la Carta de la Tierra, Unesco.

DESMONTAR PREJUICIOS

8 Aunque desde el punto de vista legal hombres y mujeres son iguales, continúa habiendo diferencias en la distribución del trabajo. En muchos casos, los dos miembros de una pareja trabajan, pero las mujeres continúan ocupándose de la mayor parte de las tareas domésticas y del cuidado de los niños.

Además, con frecuencia, se sigue dando más importancia al trabajo del hombre que al de la mujer. ¿Qué prejuicios intervienen para que se mantenga esta situación? Analízalos y escribe una redacción desmontándolos.

ESPACIO WEB

Pateras, cayucos... un viaje interminable

Diariamente vemos en los medios de comunicación la llegada de gente variada a nuestras costas, aeropuertos, fronteras... ¿A qué vienen? ¿De dónde vienen y qué les espera? ¿Por qué para unas personas se levantan muros y para otras no?

Estudia y profundiza en estas cuestiones a través de las propuestas que, sobre esta unidad, aparecen en la sección "Investiga en la red" de la página web www.librosvivos.net (Tu libro: 113798).

5 ¿Cómo debe ser el buen ciudadano?

responsabilidad

Para ser un buen ciudadano, es necesario ser consciente de los graves problemas que sufre el mundo.

Personas disfrazadas de chimeneas en una campaña de Greenpeace en Filipinas contra el uso del carbón como fuente de energía, por su efecto en el cambio climático.

- *¿Qué impacto crees que genera en la opinión pública y en los gobiernos campañas como esta?*
- *Inventa una campaña similar para concienciar sobre el cambio climático.*

Para construir la casa de todos, para realizar el gran proyecto ético de la humanidad, para conseguir que se respeten los derechos humanos, tenemos que cumplir nuestros deberes con los demás. En esto consiste ser "buen ciudadano".

La sociedad políticamente organizada nos protege, y nosotros colaboramos con ella. Puedo exigir a la sociedad que atienda mis derechos, y la sociedad me responde que yo también tengo que atender a los derechos de los demás.

La sociedad, la casa de todos, tiene como finalidad permitirnos vivir dignamente. Para conseguirlo, los ciudadanos deben tener algunas características necesarias. Tienen que ser responsables, justos y solidarios.

Este es el "triángulo del buen ciudadano".

1. El buen ciudadano y la conciencia cívica

DE PARTIDA Nelson Mandela

Por defender los derechos de los negros en Sudáfrica, fue perseguido, condenado a muerte y encarcelado durante 27 años. Dirigió el movimiento contra el *apartheid* –la ley dictada por los gobernantes blancos que excluía y marginaba a los negros–. Su valentía y su esperanza nunca decayeron. Consiguió que se implantara una legislación justa y fue el primer presidente negro de Sudáfrica. Pero al llegar al poder, no intentó vengarse de quienes le habían perseguido y maltratado durante casi toda su vida, sino que emprendió una campaña de reconciliación nacional, para que negros y blancos pudieran convivir en paz.

Ha escrito: "La bondad es una llama que puede ser ocultada, pero no apagada". Cuando este gran luchador habla de bondad, está hablando de la creación más noble y valiente de la inteligencia humana.

Juicios de valor

Juicio de valor:
Afirmación en la que se declara la bondad (o no) de algo.

¿Qué es ser un buen ciudadano? Para responder a esta pregunta, debemos hacer un juicio de valor. En un **juicio de valor**, decimos si algo es bueno o no.

Alguien podría decir que "lo bueno depende de mis preferencias, y sobre gustos no hay nada escrito". Pero eso no es verdad. Hay que distinguir los gustos o preferencias personales de lo que objetivamente es bueno o malo, nos guste o no.

Por ejemplo: ¿Qué es un buen martillo? Lo primero que necesitamos para hacer un juicio de valor es pensar en la función que ha de cumplir un martillo: clavar. Es bueno el martillo que cumple bien su función. No es bueno un martillo blando, o frágil, o que no se puede manejar.

Hagamos otros juicios de valor. Para ello, nos hacemos las siguientes preguntas: ¿Qué es ser un buen futbolista? ¿Qué es ser un buen conductor? ¿Qué es ser un buen médico? ¿Cómo es un buen juez?

En cada uno de los casos, hay que comenzar señalando la función que tiene que realizar un futbolista, un conductor, un médico o un juez, y averiguar después aquellas facultades, habilidades o comportamientos que debe tener.

Así como un buen profesional es el que conoce su oficio y lo ejerce correctamente, el buen ciudadano es aquel que conoce y cumple con sus deberes cívicos.

El buen ciudadano

Ahora que sabemos cómo hacer juicios de valor, estamos en condiciones de determinar "cómo es un buen ciudadano". ¿Cuál es la función del buen ciudadano? **Convivir** con los demás y **cooperar** para que se realicen los fines de la sociedad: el gran proyecto humano de construir un mundo más justo.

Una persona puede ser un buen futbolista o un buen médico, y un mal ciudadano si no cumple con sus **deberes cívicos**, si carece de **conciencia cívica**.

Un buen ciudadano respeta a los demás, no es violento, paga sus impuestos, participa en actividades comunitarias y en política, y cumple las normas.

Tener conciencia

"Estar consciente" es darse cuenta de la realidad, pero "ser consciente" se refiere a la conciencia moral y cívica.

Siempre que nos enfrentemos a un asunto nuevo resulta inteligente buscar en la memoria ideas o conceptos que ya tenemos, algunas veces sin saberlo. Por ejemplo, el lenguaje diario contiene mucha información que podemos aprovechar. Comparemos las tres frases siguientes:

- "Después del accidente quedó inconsciente." Entendemos por **conciencia** la capacidad de darnos cuenta de lo que nos pasa. Perdemos la conciencia si nos desmayamos, por ejemplo.
- "Pablo es un inconsciente." Ser un **inconsciente** es no darse cuenta de los riesgos o de las consecuencias de un acto.
- "Hitler no tenía conciencia." No tener **conciencia** es ser inhumano y no respetar los derechos de los demás.

Tradicionalmente se ha hablado de "la voz de la conciencia" para mencionar esas advertencias que nos hacemos a nosotros mismos acerca de lo que debemos hacer o no hacer, de lo que debemos admirar o despreciar.

Ser consciente significa percatarse o darse cuenta de algo. La palabra **conciencia** puede usarse en diferentes sentidos según se refiera a:

- la realidad exterior ("estar consciente") y el propio yo (autoconciencia),
- lo bueno y lo malo (conciencia moral),
- los deberes y responsabilidades que tenemos por pertenecer a la sociedad (conciencia cívica).

La conciencia cívica

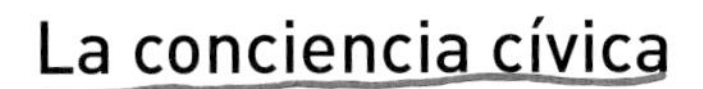

La **conciencia cívica** es la que nos indica cómo debemos comportarnos como **ciudadanos**. No nacemos con ella. Tenemos que aprenderla. Estos son sus elementos esenciales:

- Todo ciudadano debe conocer bien el gran proyecto ético que la humanidad tiene como reto conseguir, la casa común que estamos intentando construir, por qué lo hacemos, cuál es su justificación. La **Declaración Universal de los Derechos Humanos** dice que todos los individuos han de actuar "teniendo constantemente esta Declaración en el espíritu".
- Todo ciudadano debe ser consciente de sus **derechos** y de sus **deberes**, de la relación de reciprocidad en que estamos integrados. Tener la valentía de reclamarlos y la valentía de cumplirlos.
- Todo ciudadano debe fomentar los **sentimientos** que le ayuden a reclamar sus derechos (conciencia de la propia dignidad), a cumplir los deberes (conciencia del deber), a ser sensible ante el dolor ajeno (compasión), y que le adviertan de cuándo no los ha cumplido (remordimiento).

El conocimiento de los derechos y deberes, y la sensibilidad ante los derechos de todos son los elementos fundamentales que deben guiar la conciencia cívica.

PARA RECORDAR

Un buen ciudadano cumple con sus **deberes cívicos** de **convivencia** con los demás y de **cooperación** para que se realicen los fines de la sociedad (el proyecto ético-cívico para toda la humanidad).

La **conciencia cívica** nos indica cómo debemos comportarnos como ciudadanos. Consiste en conocer y actuar siendo conscientes de los derechos y deberes de todos.

ACTIVIDADES

1 ¿Qué características del buen ciudadano encuentras en la vida de Nelson Mandela?

2 Identifica cuáles de los siguientes enunciados se refieren a la autoconciencia, a la conciencia moral o a la conciencia cívica:

a) Hacia los 19 meses de edad, el niño dice la palabra "yo".

b) Una empresa se ha instalado en un país africano para pagar sueldos muy bajos.

c) Mis vecinos han tirado un colchón viejo en el bosque.

3 ¿En qué consiste la conciencia cívica? Explica cada uno de sus elementos.

2. Ser responsable

La **libertad** va asociada a la **responsabilidad** porque es su fundamento. Como somos libres de actuar según nuestra voluntad, debemos "responder" de nuestros propios actos.

Tipos de responsabilidad

¿A qué se refieren los padres cuando dicen: "Lo único que quiero es que seas responsable"? ¿De qué somos responsables? ¿De qué y de quién debemos sentirnos responsables? Hay dos tipos de responsabilidad:

- **Responsabilidad psicológica.** Somos responsables de aquellas cosas que hacemos consciente y libremente. Cuando decimos que un recién nacido, una persona mentalmente enferma o un individuo borracho no son responsables de sus actos, nos estamos refiriendo a este tipo de responsabilidad.
- **Responsabilidad ética.** Es el conocimiento y cumplimiento de los propios deberes y obligaciones. Cada uno es responsable de cumplir sus deberes. Los padres tienen el deber de cuidar a sus hijos y esa es su responsabilidad. El conductor de un autobús es responsable de la seguridad de los viajeros. El profesor es responsable de dar bien las clases, y el alumno, de estudiar. Son los deberes los que indican las responsabilidades.

Llamamos irresponsable a quien sabe lo que hace (responsabilidad psicológica), pero actúa de forma impulsiva o sin prever las consecuencias. Un individuo que, conduciendo a 200 km/h, mata a una persona, actúa irresponsablemente, pero, a la vez, es responsable (responsabilidad ética) de esa muerte y se le puede condenar por ello. El buen ciudadano debe **ser responsable**, es decir, debe saber lo que hace, prever las consecuencias y atender a sus deberes.

Una persona es responsable de las cosas que ha hecho (responsabilidad por acción), pero también de las que no ha hecho si estaba obligado a ello (responsabilidad por omisión). Por ejemplo, alguien que se encuentra con un herido en la carretera y le deja solo, sin atenderle, es responsable (por omisión) por no haberle atendido, pues tiene la obligación moral y legal de darle cuidado.

Ser responsable y tener responsabilidad

4 ¿Tienen responsabilidad ética las personas que aparecen en las fotos?

5 ¿Quién tiene responsabilidad sobre ellos?

La responsabilidad colectiva

Cada uno es responsable de lo que hace. Sin embargo, muchas veces, tenemos además una responsabilidad colectiva. Por ejemplo, cuando compramos ropa que ha sido fabricada por niños, somos parcialmente responsables de que esto suceda. Cuando no participamos en política, no estamos defendiendo la democracia y podemos ser también responsables de las injusticias que se cometan.

Se tiene **responsabilidad colectiva** respecto de aquellas situaciones que no derivan de un acto único, sino de los actos acumulados de muchas personas. Por ejemplo, cuando una sola persona deja algunos restos de basura en un bosque, podemos considerar que no daña gravemente el bosque. Pero cuando lo hacen todos los que pasean por allí, entonces el daño sí es grave.

No se puede decir que haya una única persona responsable del calentamiento del planeta: todos los que consumimos energía en exceso somos responsables. Por eso, debemos ser **consumidores responsables**, para que nuestra forma de vida sea compatible con el respeto a la naturaleza y a todos los habitantes de la Tierra.

El cuidado del medio ambiente es una responsabilidad colectiva.

¿De quién somos responsables?

La responsabilidad se establece en círculos cada vez más amplios, como ocurría con la ciudadanía. Somos responsables:

- **De nosotros mismos, de nuestra salud.** Las prácticas de riesgo que ponen en peligro nuestra vida o nuestra salud son irresponsables. La responsabilidad también es necesaria en las relaciones sexuales, porque un comportamiento irresponsable puede tener consecuencias graves, como embarazos no deseados o enfermedades de transmisión sexual.
- **De nuestra familia.** Además, somos responsables de las personas con las nos une un lazo de afecto o algún deber, es decir, de las personas que tenemos más cerca.
- **De los demás seres humanos.** También somos responsables de nuestros vecinos, de nuestros compatriotas, y, en general, de toda la humanidad. Esta responsabilidad extensa forma parte de nuestro gran proyecto humano.

Por ejemplo, la **responsabilidad vial** es un caso de responsabilidad con respecto a los demás y a uno mismo. Si no actuamos responsablemente en la carretera o en las calles, ponemos en peligro nuestra vida o nuestra salud y la de los demás. La responsabilidad vial es imprescindible para evitar accidentes, tanto por parte de los conductores como de los peatones.

PARA RECORDAR

Ser responsable significa **actuar conscientemente**, teniendo en cuenta las consecuencias, y cumplir los **deberes** respecto de uno mismo o de los demás.

Hay una **responsabilidad individual** (por nuestras acciones personales) y una **responsabilidad colectiva** (en las situaciones que dependen de los actos de muchas personas).

ACTIVIDADES

6 Clasifica las siguientes frases según se refieran a responsabilidad psicológica o ética:

a) Luis es un irresponsable.

b) Comprobar el nivel del combustible es responsabilidad del piloto.

c) Yo no soy responsable de lo que haga mi compañero de clase.

d) Al tener un hijo, los padres se hacen responsables de su educación.

7 El gobierno británico ha decidido castigar a los padres cuyos hijos hayan realizado actos vandálicos. ¿Es esta una medida justa? Cuando tengas hijos, ¿serás responsable de las cosas que hagan tus hijos? ¿Por qué?

8 Cuando tus padres te piden que seas responsable, ¿a qué se refieren en tu caso? ¿Crees que tienen razón? ¿Por qué?

3. Ser justo

Dos pensamientos sobre la justicia

"Donde hay justicia, no hay pobreza."

CONFUCIO

"Cuatro características corresponden al juez: escuchar cortésmente, responder sabiamente, ponderar prudentemente y decidir imparcialmente."

SÓCRATES

9 Explica el significado de cada una de las frases.

¿Qué es la justicia?

El ciudadano justo no es el que sabe lo que es justo, sino el que se comporta justamente. Es muy fácil dar consejos a los demás sobre cómo se debe actuar, y muy difícil aplicarse uno mismo esos consejos.

Todos queremos que nos traten justamente, pero ¿qué es la justicia? Definir la justicia es complicado. Es mucho más fácil percibir lo que es injusto. Podemos verlo con varios ejemplos de comportamientos justos o injustos.

Al evaluar los exámenes, el profesor pone las notas sin leerlos. Es injusto, porque juzga sin conocer los hechos. La justicia implica **conocimiento** de lo que se va a juzgar.

"Sé que usted hizo mejor los ejercicios de la oposición, pero voy a dar la plaza a un hijo mío." Es injusto, porque toma una decisión interesada como parte. Hay que ser **imparcial** al juzgar.

"El policía no me puso la multa porque le caí simpático." Es injusto. Hay que juzgar de forma **objetiva**, por lo que se ha hecho, no por simpatías o antipatías.

"A los aspirantes al trabajo que examiné ayer les di una hora, pero a los de hoy, solo les voy a dar media." Es injusto. Hay que aplicar la misma norma a todos. No se puede cambiar de criterio a lo largo de una misma evaluación. La justicia ha de ser **estable**.

La jueza condenó a quien había roto el escaparate a reponer la luna. Es justo porque le castigó proporcionalmente al daño. La justicia implica **proporción**.

La justicia tiene que estar informada, es decir, tener conocimiento de lo que juzga, y tiene que ser imparcial, objetiva, estable y proporcionada.

Justicia e igualdad

Los antiguos romanos definieron la justicia como "el arte de conseguir lo bueno y lo justo". La justicia es aquella forma de resolver los conflictos que dejaría satisfecha a cualquier persona inteligente que no pensara solo en su interés, sino que fuera capaz de ponerse en el lugar de otro.

La **justicia** se define como la costumbre o la inclinación de dar a cada uno lo que le corresponde. Buscar la justicia es obligación de todas las personas. La mayoría de las religiones también la han considerado la virtud más humana.

La idea de justicia pone a cada uno en su sitio. Todos somos iguales en dignidad; por tanto, en todo lo que tenga que ver con la dignidad, con los derechos humanos, debemos ser tratados como iguales.

La justicia no se cumple cuando hay grandes desigualdades sociales.

Para los derechos humanos, todos somos iguales, pero en nuestro comportamiento somos diferentes. Por eso, sería muy injusto que tratáramos al vago igual que al trabajador, o al asesino igual que a la víctima. ¿Sería justo un profesor que diera a todos sobresaliente? ¿O un policía que pusiese una multa a quien le cayese mal?

La regla de oro de la justicia

La esencia de la justicia está contenida en la llamada "regla de oro": "No hagas a tu prójimo lo que no te gustaría que te hicieran a ti".

Esta norma ha sido reconocida en todas las culturas.

- En el antiguo Egipto, se encuentra la que quizá sea su primera versión: "Actúa con aquel que puede hacer algo por ti, de modo que le induzcas a obrar igual contigo" (*El campesino elocuente*, siglo XIX a. C.).
- En la India: "El conjunto de los deberes es este: no trates al prójimo de tal manera que si tú recibieras un trato semejante, sufrirías" (*Mahabharata*, siglo VI a. C.).
- En China: "No hagas a los demás lo que no quieres que te hagan a ti" (Confucio, *Analectas*, siglo V a. C.); "Esfuérzate en tratar a los demás como querrías ser tratado, y verás que es el camino más corto a la benevolencia" (Mencio, siglo IV a. C.).
- En el judaísmo: "Amarás a tu prójimo como a ti mismo" (Levítico 19,18).
- En el cristianismo: "Así pues, tratad a los demás como queráis que ellos os traten a vosotros" (Mateo 7,12).

A lo largo de la historia, todas las religiones han realizado importantes contribuciones a la idea de justicia.

PARA RECORDAR

La justicia es imparcial, objetiva, estable y proporcionada.

La búsqueda de la justicia es obligación de todas las personas.

La regla de oro de la justicia es "Actúa con los demás como te gustaría que los demás actuasen contigo".

Palabra de sioux

Todas las cosas son nuestros parientes; lo que hacemos a cualquiera, a nosotros lo hacemos. En realidad todo es uno.

ALCE NEGRO
(hombre santo de los sioux)

ACTIVIDADES

10 ¿Cuáles de los siguientes comportamientos te parecen justos y cuáles injustos? Explica por qué.

a) Tomó la decisión rápidamente y sin estudiar el caso porque no tenía tiempo.

b) Como el juez era amigo de uno de los acusados, pasó el caso a otro juez.

c) Le aprobaron el examen porque su padre era amigo del examinador.

11 ¿Por qué sería injusto usar distintos criterios según las personas al aplicar la ley?

12 Explica el sentido de la "regla de oro" de la justicia.

4. Ser solidario

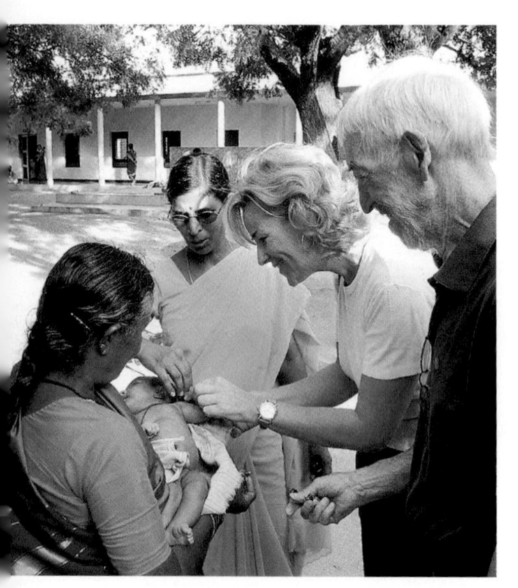

Vicente Ferrer es el fundador de la Fundación y ONG que lleva su nombre, comprometida con el desarrollo de Anantapur, una de las zonas más necesitadas de la India.

"La acción buena nos hace felices. La mala nos destruye."
VICENTE FERRER

La solidaridad

¿No basta con la justicia para resolver todos los problemas? No. Para que la justicia esté bien orientada necesita estar impulsada, completada y dirigida por la solidaridad, por la preocupación por el bien de los demás, por la compasión sentida ante el dolor ajeno.

Una vez más, intentemos recuperar lo que sabemos sobre la solidaridad. Oímos en muchas ocasiones la palabra "solidaridad" o su antónimo: "Me solidarizo con las víctimas del terremoto", "Eres un insolidario", "Hay que usar solidariamente el agua de los ríos".

La solidaridad es:

- Un sentimiento que **nos une** a los demás.
- El reconocimiento de nuestra necesidad de **mutua ayuda** y **respeto**.
- La aceptación de **derechos y responsabilidades comunes**.
- La realización de **actos de cooperación**.

¿Y por qué hay que ser solidario?

La solidaridad es necesaria para realizar el gran proyecto humano, el proyecto común de crear un mundo justo. Los insolidarios se desentienden, quieren aprovecharse de los demás o hacerles daño. Son gorrones o explotadores.

Estamos construyendo una casa común, donde todos podamos vivir confortablemente. Como ocurre con los vecinos, hace falta que todos colaboremos. No podemos resolver nuestros problemas solos.

Volvamos a los ejemplos anteriores: ¿Qué significa "me solidarizo con las víctimas"? Que me siento unido a ellas por un sentimiento de interés, preocupación y compasión. Que acepto la responsabilidad que tengo para intentar ayudar en su tragedia. Que realizo los actos de cooperación o ayuda necesarios.

¿Qué significa "ser insolidario"? Pensar solo en uno mismo. No ocuparse de los demás, negar la ayuda debida, no atender a las responsabilidades y no cooperar.

Decir que uno se solidariza con las víctimas de un desastre no es suficiente: la solidaridad implica actuar.

La solidaridad y la participación

En época de sequía, una persona que tiene mucho dinero riega su jardín gastando mucha agua. Si le decimos que es necesario ahorrar y nos responde: "Tengo derecho a gastar el agua que quiera. Además, pago el recibo". ¿Es una postura solidaria? Lo que hace es legal, pero ¿es solidario?

La guía para ser solidarios se encuentra en el principio de **reciprocidad**: "Haz a los demás lo que te gustaría que ellos hicieran contigo". Cuando estamos en un apuro, nos gusta que alguien nos eche una mano. De modo que, cuando una persona se encuentra sola y desamparada, debemos atenderla; si hay un huracán en un lugar lejano, los países desarrollados deben mandar ayuda. Esto es la solidaridad.

Imaginemos a alguien que pasa por delante de una casa que se está quemando, y les dice a las víctimas del incendio: "Me solidarizo con vuestra desgracia", pero no hace nada para ayudarles. Consideraríamos que esa persona es falsa. Porque la solidaridad verdadera impulsa siempre a **realizar actos de ayuda**.

La necesidad de participar y actuar debe estar motivada por la obligación que tenemos de luchar por un mundo mejor. Si no colaboramos en su realización, estaremos actuando como el que no trabaja y se aprovecha de nuestro esfuerzo cuando hacemos un trabajo de grupo.

ACTIVIDADES

14 Explica las ideas fundamentales que definen la solidaridad.

15 Pon cuatro ejemplos de situaciones de la vida diaria en las que sea necesario adoptar una postura solidaria.

16 Explica por qué las siguientes posturas son insolidarias:

a) "Los problemas que tienen en otros países no son asunto nuestro."

b) "Yo gasto mi dinero en lo que quiero y no tengo obligación de compartir nada."

Otras palabras

La idea de solidaridad tiene una larga historia y su sentido aparece en otras palabras afines.

Buda sentado.

Las religiones orientales, como el budismo, hablan de la unidad de todos los seres y de la necesidad de una "**compasión** universal". Los filósofos antiguos hablaron de "**comunidad** de todos los seres humanos".

En el cristianismo, se habla de "**fraternidad**". Se considera que todos los humanos son hijos de Dios y, por tanto, hermanos.

"Libertad, igualdad y fraternidad" fueron los lemas de la Revolución francesa. La palabra "fraternidad" aparece también en el artículo 1.º de la Declaración Universal de los Derechos Humanos de Naciones Unidas: "Todos los seres humanos (...) deben comportarse los unos con los otros con espíritu de fraternidad".

En árabe, *assabiyah* significa **sentimiento del grupo**, que supone "afecto mutuo y disposición a combatir y luchar unos por otros": una comunidad de sacrificio y riesgo. Además, uno de los pilares de la religión islámica es al *zakât*, la **ayuda material**, que es obligación del rico y "derecho del pobre".

13 ¿Qué otras palabras transmiten una idea similar a la solidaridad? Explica su significado.

PARA RECORDAR

La **solidaridad** es un sentimiento que nos une a los demás; es reconocer que necesitamos su ayuda y que también se la debemos a los otros, que hay unas responsabilidades comunes.

La solidaridad impulsa a realizar actos de ayuda, supone actuar; no basta con quedarse en las palabras.

5. ¿Cómo puedo hacer lo que no tengo ganas de hacer?

La motivación

Estamos llenos de buenos propósitos, dispuestos a hacer las cosas bien, a llegar puntuales a clase, estudiar, llevarnos bien con ese compañero que no nos cae bien, estar de buen humor en casa, pero cuando tenemos que hacerlo se nos quitan las ganas, todo nos cuesta mucho, estamos desanimados, y no nos encontramos con fuerzas para hacer nada de lo que nos habíamos propuesto. Entonces, nos decimos suspirando: "Es que no estoy motivado".

Los jugadores de un equipo pierden porque no están motivados. Los alumnos no estudian porque no están motivados; pero ¿qué es la motivación? ¿Cómo podemos conseguirla?

Se llama **motivación** al deseo de alcanzar un objetivo, a las ganas que movilizan las energías, y parecen eliminar las dificultades, con lo que conseguir una meta resulta más sencillo. Todos estamos motivados para lo que nos resulta agradable.

No tenemos que esperar a que alguien o algo nos motive desde fuera. Todos tenemos más energías de las que creemos, pero en muchas ocasiones nos resulta difícil aprovecharlas. Cuando estamos alegres o animados, nos sentimos capaces de cualquier cosa. Mientras jugamos, no experimentamos cansancio, o no nos importa sentirlo. En cambio, el aburrimiento, la pereza, el pesimismo, nos debilitan.

Por eso es tan importante que sepamos aprovechar bien nuestra energía. Necesitamos aprender a animarnos, sin esperar a que nos animen. Es necesario hacer un esfuerzo, y para eso tenemos que endurecernos un poco, para no huir ante cualquier molestia.

Nuestros motivos más fuertes

Los psicólogos indican que hay tres grandes motivos sociales que nos animan a actuar.

- **Motivo de afiliación:** consiste en ser reconocidos, admirados o queridos por los demás.
- **Motivo de poder:** es el que está presente cuando se busca imponerse a los demás, mandar.
- **Motivo de logro:** cuando se siente que uno es capaz de realizar o conseguir algo.

De estas tres motivaciones, las dos primeras pueden causar problemas si resultan excesivas.

El deseo de ser reconocido puede desembocar en una sumisión a la opinión de los demás. Mucha gente hace cosas incorrectas por vanidad, por conseguir la fama. Puede llegar a convertirse en una obsesión. El afán de poder es una motivación que también puede causar problemas. Hay personas obsesionadas por dominar a los demás.

En cambio, la motivación de logro, el deseo de sentirse dueño de sí mismo, capaz de hacer las cosas, la experiencia de progresar en algo que hacemos, es una motivación muy poderosa y positiva.

¿Qué es la motivación?

La psicología entiende el concepto motivación como el "impulso psicológico" que nos mueve a actuar para hacer realidad nuestros deseos y proyectos.

La palabra "motivación" tiene su origen etimológico en el verbo latino "movere" (mover, poner en movimiento) y en el sustantivo "motio" (movimiento). De estos términos proceden en castellano palabras como "emoción", "conmoción" y sus palabras derivadas.

17 ¿Qué otras palabras en castellano tienen el mismo origen que "motivación"?

¿Cómo nos motivamos?

Los principales modos o recursos para motivarse son:

- **Darse ánimos.** Hay que hablarse a uno mismo, dándose ánimos. Todos somos más capaces de lo que pensamos.
- **Superar un reto.** Cuando una actividad no resulte "motivadora", hay que enfocarla como un reto en el que vamos a demostrar nuestra capacidad. Pongámonos nuestras propias metas.
- **Lograr un premio.** Podemos darnos un premio cuando hayamos vencido alguna dificultad.
- **Buscar un sentido.** Recordémonos a nosotros mismos a menudo por qué queremos hacer una cosa. Necesitamos encontrar un sentido a lo que hacemos. Pensemos en que vamos a dar una alegría a alguien, o tener éxito, o demostrarnos de lo que somos capaces.
- **Acordar un compromiso.** Podemos comprometernos con alguien para hacer una tarea. Así, el compromiso nos ayudará a conseguirlo.
- **Resistir.** Nadie triunfa a la primera. Mao Tse-Tung, líder de la Revolución china, repetía en la primera etapa de su lucha por el poder: "Y así, de derrota en derrota, alcanzaremos la victoria final".
- **Actuar.** Dar vueltas a las cosas no sirve para nada. Hay que reflexionar, claro, pero después hay que actuar. La acción va haciendo las cosas más fáciles, porque desarrolla hábitos. Los neurólogos, que son los especialistas en el cerebro, han descubierto que podemos cambiar nuestro cerebro actuando y aprendiendo cosas nuevas.

La capacidad de motivarnos nos dirige hacia la realización de nuestro proyecto vital.

Ideas que desaniman

Los científicos han señalado que en la adolescencia aparece con mucha frecuencia una "falta de motivación general". Buenos alumnos y alumnas comienzan a desinteresarse por los estudios.

Hay varias razones: la primera es que, en la adolescencia, comienzan a interesar y a preocupar muchas cosas. Además, cambian algunas ideas fundamentales. Por ejemplo, aparece la creencia de que es la capacidad, y no el esfuerzo, la única condición necesaria para el éxito. La falta de capacidad se convierte en una explicación suficiente del fracaso. Se comienzan a hacer juicios falsos: "Yo para esto no sirvo" o "Yo soy así, y no puedo cambiar". Este tipo de comentarios erróneos desaniman y debilitan nuestra capacidad de actuar.

18 Escribe un texto sobre el desánimo y la falta de motivación, con algún ejemplo real que conozcas.

PARA RECORDAR

La motivación es el deseo de alcanzar un objetivo, las ganas que dan energía y parecen eliminar las dificultades para hacer algo. Es mayor cuanta más satisfacción produce la actividad y menor cuanta más molestia exige.

Hay muchas formas de motivarse, pero al final hay que actuar. Al actuar se desarrollan hábitos que hacen que cada vez sea más fácil motivarse.

ACTIVIDADES

19 Explica en qué consiste la motivación. ¿Qué motivos nos impulsan a actuar?

20 ¿Has usado alguno de los métodos de motivación que se explican en esta página? ¿Cuál crees que funciona mejor en tu caso? ¿Por qué?

Tomar decisiones

Saber tomar decisiones es importante para ser libres. En ocasiones, actuamos precipitadamente, sin pensar, impulsivamente. Y luego, casi siempre, nos arrepentimos.

Una persona puede tomar malas decisiones porque no piensa lo que hace: es una persona impulsiva; porque no se le ocurre ninguna alternativa: es una persona con dificultad para deliberar; o porque, aunque sabe lo que quiere hacer, no se decide a tomar la decisión: es indecisa.

A. Saber detener el impulso

Muchas veces tenemos muchas ganas de hacer algo, y pensamos que ser libre es hacer lo que nos da la gana. Si eso fuera verdad, no seríamos realmente libres, porque estaríamos tiranizados por nuestras ganas.

Si tuviera ganas de levantarme, me levantaría. Y si no, no me levantaría. Si tuviera ganas de pegar a alguien, lo haría. Si prefiero quedarme en casa a ir a clase, ¿cómo no lo voy a hacer si es de lo que tengo ganas?

No siempre el impulso es malo. Por ejemplo, ayudar a alguien, o preparar bien la lección, o desear ser un buen jugador de baloncesto, son impulsos positivos. Decimos que hay que detenerlo, que no conviene lanzarnos de cabeza a la acción, para poder tener tiempo de pensar si es lo mejor y lo más inteligente que puedo hacer, en ese momento y en las circunstancias en las que estoy.

Un compañero de un curso superior me amenaza con darme una paliza si no le doy dinero. La única solución que se me ocurre es pegarle yo a él (esta sería la reacción impulsiva), pero no puedo porque él es más fuerte. Por tanto, tengo que hacer lo que me exige.

Además, me siento avergonzado por no saber enfrentarme a la situación, y no me atrevo a hablarlo con nadie.

No hablar con nadie de este tema es siempre la peor decisión.

B. Deliberar

Deliberar es **pensar en las distintas posibilidades** que tengo de actuar o de resolver un problema.

Conviene preparar una lista de todas las posibilidades que se nos ocurran. Casi siempre es una buena idea **pedir consejo o ayuda** a otras personas, sobre todo si tienen más experiencia que nosotros.

Al deliberar, hay que valorar las consecuencias de nuestra decisión teniendo en cuenta las circunstancias reales en que nos encontremos. Lo que puede ser una solución para una persona en una situación concreta, quizá no lo sea para otra.

Es necesario superar esta situación de miedo y bloqueo, y **deliberar**, pensar en posibles soluciones:

1. Intentar convencer al matón de que no es justo lo que hace.
2. Hablarlo con los amigos para ver qué se les ocurre.
3. Comunicárselo al tutor.
4. Amenazar al matón con acudir a la policía.
5. Contárselo a nuestros padres.
6. Plantear el tema en clase, pero explicando solo la situación, sin mencionar el nombre del acosador.
7. Escribir una carta a todos los compañeros, pidiendo su colaboración o explicando el comportamiento del matón.
8. Llamar a alguna de las asociaciones que ayudan en estos casos.
9. Buscar consejo en el Departamento de orientación del centro.

C. Tomar una decisión

Tomar una decisión es difícil, porque muchas veces tenemos miedo de las consecuencias de nuestra actuación. No sabemos qué va a suceder después o cómo van a reaccionar otras personas.

Deliberar supone valorar las soluciones posibles para elegir la mejor. **Decidir** añade algo más: **el propósito de poner en práctica esa solución**. Hay que tener la valentía de superar los obstáculos que nos impiden tomar decisiones, como el miedo a equivocarnos o prescindir de algo.

D. Mantener el esfuerzo para realizar lo decidido

Quien no es capaz de soportar ninguna molestia, quien se rinde enseguida, no es libre, porque no llevará a cabo sus decisiones. Cualquier cosa le hará desistir de sus proyectos. Una vez que se ha tomado la decisión, es necesario seguir siendo valiente para mantenerla.

Hay que ser conscientes de las **dificultades** con las que nos podemos encontrar y planear cómo actuar ante los **problemas** que puedan surgir.

Algunas asociaciones que ayudan en casos de acoso:

- S.O.S. Bullying. Tel. 620 489 332; 609 877 569 (24 horas)
- Línea de ayuda contra el acoso escolar: contacto@protegeles.com
- Fundación ANAR: Tel. 900 20 20 10

Valoramos la decisión que debemos tomar en el caso de abuso. Según la gravedad de las amenazas recibidas y las circunstancias reales de cada situación, se podrá optar por una u otra posibilidad.

Conviene hablarlo primero con otras personas y luego decidir cuál es la mejor solución. La solución consistirá en comunicar el caso a los padres, al tutor o a otras personas del centro o de fuera del centro.

La opción de callar, sufrir el abuso y esperar a que pase no es una solución nunca, pues seguramente volverá a suceder otras veces. Hay que tener valor para enfrentarse a las dificultades que puedan surgir.

PROPUESTA DE TRABAJO

Vamos a tomar una decisión similar desde otra perspectiva.

Supongamos ahora que sabemos que un matón está amenazando a un compañero de clase. No es nuestro amigo, pero nos hemos dado cuenta de que está muy asustado y no se atreve a hacer nada.

Los pasos que debemos seguir para actuar en este caso y tomar una decisión son los siguientes:

1. No actúes impulsivamente. No hay que tomar la decisión sin pensar.
2. Delibera: escribe una lista de las posibles soluciones y explica las ventajas e inconvenientes de cada una de ellas. ¿Cómo actuar en este caso? ¿Qué otras posibilidades se nos ocurren además de las que hemos visto?
3. Decide cuál es la mejor solución, explicando por qué es esa y por qué no lo son las demás. Plantea una primera solución y otras posibilidades posteriores.
4. Redacta un texto en el que valores las dificultades que pueden surgir después de tomar la decisión y los problemas que pueden aparecer, explicando cómo habría que reaccionar en cada caso.

Consumo responsable

Libertad y responsabilidad para consumir

Todos queremos ser libres. Continuamente nos ponemos excusas, porque pensamos que nuestra libertad nos permite todo. Si me gusta jugar a la videoconsola, ¿por qué no comprarme todos los juegos que pueda? Si tengo dinero, ¿por qué no gastármelo en todo lo que me apetezca?

Nos resulta muy difícil poner límites a lo que nos gusta. No gastar más de lo razonable, no consumir más de lo que realmente necesitamos. Se dicen muchas cosas sobre los hábitos de los jóvenes; es cierto que en algunos casos son hábitos claramente perjudiciales, pero se están produciendo cambios positivos, se están adquiriendo hábitos de responsabilidad.

Una imagen de los jóvenes

Muchos mensajes sobre la juventud actual son negativos o no demasiado favorables. Estas son algunas de las opiniones que se suelen expresar sobre las actitudes, intereses y valores de los jóvenes en relación con el consumo.

El 51,4% de los jóvenes de hoy se consideran consumistas.

Político

"Los jóvenes no tienen interés por la política ni compromiso social, solo les interesa el presente; son cómodos y poco responsables."

Experta en salud

"Los jóvenes ya no perciben que las drogas sean peligrosas, asocian drogas a libertad y a diversión. No conocen los efectos del abuso del alcohol o del consumo de drogas."

Socióloga

"Los jóvenes son consumistas porque no tienen desarrollada su identidad, y se identifican con las marcas de los productos que compran."

Experta en publicidad

"Las marcas ya no son una forma de diferenciarse para los jóvenes, sino más bien de expresar su estilo de vida."

Educador

"Los jóvenes tienen demasiados recursos, mucha libertad y pocas obligaciones. Los padres les dan todo lo que piden. Hoy día los jóvenes no tienen ideales, no son rebeldes, simplemente van a su aire."

Derechos y deberes

Todos somos consumidores. En los países desarrollados, donde los mercados están abarrotados de mercancías y se puede elegir, el ciudadano tiene un modo de influir en la dirección de la economía, comprando unos productos en vez de otros.

Hace años, se supo que algunas grandes marcas occidentales fabricaban sus productos en países en desarrollo, empleando niños y sin respetar las regulaciones laborales. La presión de los consumidores –que dejaron de comprar sus productos– obligó a esas empresas a cambiar su comportamiento. El consumidor también tiene sus derechos y sus deberes.

Derechos del consumidor

1. Derecho a la seguridad. Tiene derecho a ser protegido contra productos y servicios que puedan poner en peligro su salud o su vida.

2. Derecho a la información. Debe ser protegido contra la publicidad engañosa, y debe contar con los datos necesarios para poder elegir bien.

3. Derecho a elegir. Se deben impedir los monopolios, es decir, que un producto o un servicio lo proporcione una única empresa.

Para defender los derechos de los consumidores, existen "asociaciones de defensa del consumidor", a las que conviene acudir cuando surja algún problema.

Deberes del consumidor

1. Debe ser inteligente. Es posible hacer un "test de inteligencia del consumidor". Es inteligente el que compra solo lo que necesita y no algo innecesario porque está rebajado. El que no se deja influir por lo que la publicidad le ha dicho que compre. El que compra lo que realmente necesita, sin pretender presumir o dar envidia al vecino, sin gastar por encima de sus posibilidades económicas.

2. Debe ser responsable. ¿Con quién? Con el medio ambiente y con el resto de los ciudadanos. El consumo de energía o de agua es responsabilidad de todos, porque son bienes escasos.

3. Debe ser ético. Nuestras decisiones de consumo pueden contribuir a crear un mundo más justo. Eso supone apoyar los sistemas de "comercio justo" que ayudan a los productores de países en desarrollo, y premiar a las empresas que ayudan a esos países o establecen normas que los favorecen. En cambio, no se deben consumir productos fabricados en situaciones injustas.

¿QUÉ PUEDO HACER YO?

INFÓRMATE

1. Trabajando en grupos, preparad una pequeña encuesta en vuestra clase sobre hábitos de consumo entre los compañeros. Podéis valorar los siguientes aspectos del 1 (mínimo) al 10 (máximo): a) Importancia concedida a las marcas; b) Importancia que se le da a la publicidad; c) Preocupación por el consumo excesivo. Comenta los resultados. ¿Coinciden con la imagen que se suele tener de la juventud?

2. Busca información en internet o en la prensa sobre el consumo entre los jóvenes. Prepara un trabajo en el que se recoja esa información y escribe tus comentarios sobre la misma.

REFLEXIONA

3. ¿Estás de acuerdo con las opiniones y mensajes que aparecen en la página anterior sobre cómo son los jóvenes? Explica en cada caso por qué.

ACTÚA

4. Para cada uno de los siguientes casos, escribe, al menos, tres propuestas que vayan en la dirección de lograr un consumo más responsable:

a. Cambios que habría que poner en marcha en la sociedad de consumo en general.

b. Cambios que deberíamos aplicarnos cada uno en nuestros hábitos personales de consumo.

EN SÍNTESIS

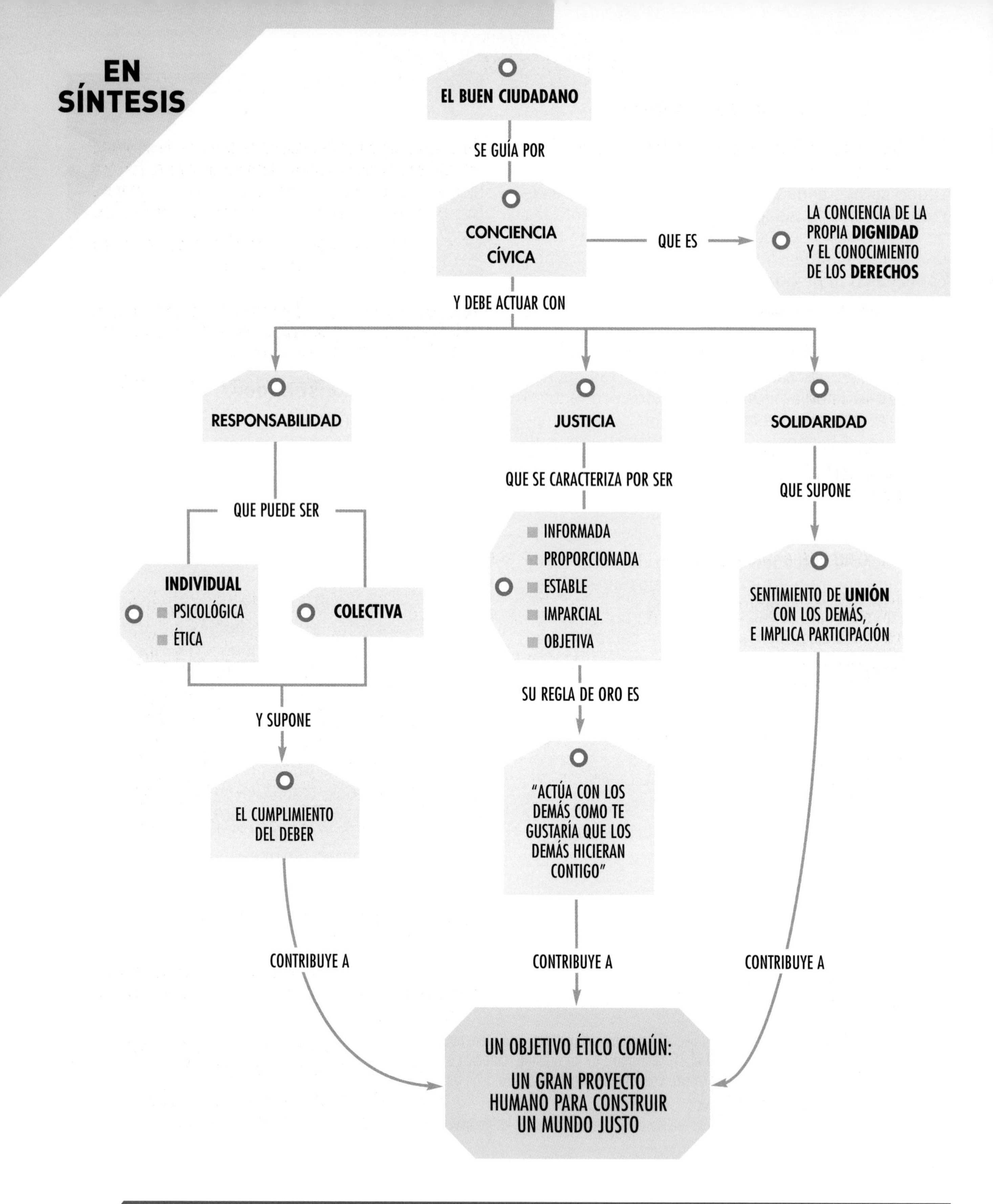

ACTIVIDADES SOBRE LA SÍNTESIS

1 Explica brevemente qué características debe tener la justicia.

2 ¿Cuál es el fundamento de la solidaridad?

3 ¿Qué es la conciencia cívica? ¿En qué consiste?

4 ¿Cuáles son las tres características del buen ciudadano?

ACTIVIDADES

¿CÓMO DEBE SER EL BUEN CIUDADANO?

1 ¿Qué tres características debe reunir el buen ciudadano? Explica cada una de ellas.

2 Define los siguientes conceptos:

– responsabilidad ética
– responsabilidad colectiva
– consumo responsable

3 Hasta finales del siglo XVII, se consideraba que los animales eran responsables de los daños que causaban. En 1692, se juzgó y condenó a muerte a una yegua que había matado de una coz a una persona.

¿Por qué esta sentencia nos resulta extraña? ¿Quién puede ser responsable? ¿Por qué ahora no se considera responsables a los animales?

4 La Constitución española reconoce el derecho a la propiedad privada, pero al mismo tiempo afirma que la propiedad privada tiene una "función social", es decir, que no es un derecho absoluto, sino que tiene que colaborar a la realización de otros derechos.

¿Con qué característica del buen ciudadano relacionarías esta "función social" de la propiedad? ¿Por qué?

5 Desde los años noventa, en África central se ha favorecido a las multinacionales que explotan allí algunas materias primas (oro, diamantes, maderas preciosas, cobre...).

¿Cómo han influido en la pobreza de esta zona? ¿Cuál sería, en tu opinión, una posición solidaria al respecto?

¿CÓMO PUEDO HACER LO QUE NO TENGO GANAS DE HACER?

6 ¿Cuáles son los tres grandes motivos que nos animan a actuar? Explica cada uno de ellos y los peligros que pueden conllevar si resultan excesivos.

7 Escribe una narración en la que cuentes un caso (real o imaginario) de la lucha de una persona consigo misma para lograr motivarse a la hora de cumplir con una obligación.

Explica primero la situación. Escribe las cosas que se le pasan por la cabeza a esa persona para evitar o retrasar su obligación. Puedes escribir los diálogos que esa persona tiene consigo misma o con otras.

TOMAR DECISIONES

8 Explica cuáles son los pasos que hay que seguir para tomar una decisión ante un problema.

Pon un ejemplo de un problema al que te puedas enfrentar en tu vida diaria (en clase, en tu casa, en la calle, etc.) y aplica el procedimiento de toma de decisiones.

Explica las distintas posibilidades que se te pueden plantear y cómo decidirías cuál de ellas es la más apropiada.

Describe las ventajas e inconvenientes de cada una de las opciones que se te hayan ocurrido como posibles soluciones.

ESPACIO WEB

Comercio justo y consumo sostenible. ¿Quién paga la cuenta?

Conocer nuestros hábitos de consumo y sus repercusiones sociales y ambientales es fundamental en nuestro comportamiento ciudadano.

En la página web www.librosvivos.net (Tu libro: 113798), dentro de la sección "Investiga en la red" de esta unidad, encontrarás propuestas y recomendaciones para profundizar en la práctica del consumo responsable.

¿Quién soy yo?

UNIDAD

6

– *¿Qué significa para ti el "conocimiento de ti mismo"?*

– *¿Es fácil conocerse a uno mismo?*

Hasta aquí, hemos estudiado el marco ético y legal que ayuda a crear una sociedad justa, y que se concreta en los derechos humanos. Estos aseguran las condiciones legales necesarias para que cada uno de nosotros construya su proyecto de vida y busque su felicidad. Abren el campo de juego y señalan las reglas imprescindibles, pero somos nosotros los que tenemos que jugar. Y podemos hacerlo bien o mal.

Cada edad tiene sus posibilidades y sus problemas. Es importante conocer los recursos y las dificultades que tenemos para elaborar nuestros proyectos personales de felicidad, dentro del marco de seguridad, oportunidades y responsabilidades que marca el proyecto de construir un mundo justo, el gran proyecto humano.

1. La psicología en el proyecto de una sociedad justa

DE PARTIDA La convivencia en la "casa común"

Hemos estudiado los planos de la "casa común" donde podríamos vivir todos, es decir, el proyecto ético para construir una sociedad justa. Hemos, incluso, redactado el reglamento de la comunidad (los derechos humanos), el manual del "buen vecino" (basado en los principios de responsabilidad, justicia y solidaridad).

Pero luego, ya instalados en esta casa, tenemos que aprender a vivir confortablemente. Sin embargo, a menudo surgen problemas de convivencia a causa de los sentimientos y la conducta de los miembros que viven en un mismo espacio, ya sea una casa o toda la sociedad.

¿Qué tal me llevo conmigo mismo?

La adolescencia es una época de grandes decisiones. Y para tomarlas bien conviene conocerse, saber con qué recursos se cuenta, y descubrir el mejor **modo de orientar nuestra vida** para conseguir ser felices.

La **psicología** estudia cómo funcionan nuestros sentimientos, nuestras motivaciones, nuestra personalidad, nuestra inteligencia y el modo en que aprendemos, y también el modo en que nos relacionamos con nosotros mismos y con los demás. Nos ayuda a superar problemas que pueden afectarnos muy profundamente. Su objetivo es cuidar el equilibrio y la salud de las personas.

Psicología:
Ciencia que estudia la actividad mental y el comportamiento de las personas.

Para poder decidir qué orientación damos a nuestra vida, es preciso conocernos a nosotros mismos. Nos pasamos la vida hablándonos, comentándonos todo lo que nos pasa, juzgando a los demás y a nosotros, animándonos o desanimándonos.

Para conocernos y poder mejorar, tenemos que saber cómo nos hablamos a nosotros mismos, si les damos muchas vueltas a los problemas o nos vemos muchos defectos, si nos echamos la culpa de todo lo que nos pasa o se la echamos siempre a los demás.

En ocasiones nos resulta difícil saber cómo somos, porque cambiamos en cada situación.

¿Qué es la personalidad?

La **personalidad** es el modo estable que tiene una persona de pensar, sentir y comportarse.

Muchas de las cosas que pensamos de nuestros amigos y amigas o de nosotros mismos tienen que ver con la personalidad: así, decimos de alguien que es optimista, pesimista, introvertido, extrovertido, tímido, nervioso, tranquilo, activo, pasivo, estable o cambiante.

En nuestras relaciones con los demás, también definimos nuestra personalidad.

¿Podemos elegir nuestra personalidad?

La personalidad tiene tres niveles, que conviene distinguir:

- **Personalidad recibida.** Los niños no nacen iguales. Se diferencian en sexo, en capacidades mentales y en temperamento. El **temperamento** es el modo de reaccionar que tiene el niño. Puede ser tranquilo o nervioso, activo o retraído, sociable o inhibido.

  En un niño sano, las capacidades mentales y el temperamento pueden cambiar a través del proceso educativo. Los niños nerviosos pueden tranquilizarse, los que sean lentos en aprender pueden adquirir mayor rapidez, y los tímidos pueden volverse más sociables. Por eso es muy importante la educación en los primeros años.

- **Personalidad aprendida.** A partir de la personalidad recibida, comenzamos a aprender cosas que van configurando nuestro **carácter**, es decir, el conjunto de nuestras cualidades personales.

  Una persona puede acostumbrarse a ver el aspecto bueno de todas las cosas: adquiere un carácter optimista. Otra se acostumbra a responder a todas las situaciones con violencia: adquiere un carácter agresivo. Otra aprende a desconfiar de sus capacidades y a temer a la gente: adquiere un carácter inseguro o tímido.

  El carácter es una segunda naturaleza, decían los filósofos antiguos, porque es un conjunto de hábitos muy difíciles de eliminar, aunque se pueden cambiar.

- **Personalidad elegida.** Aprovechando las posibilidades de los dos niveles anteriores, podemos **decidir qué hacer con nuestras vidas**, el tipo de proyecto que vamos a emprender, los objetivos que nos vamos a marcar, los principios por los que nos vamos a guiar. Esta es la personalidad elegida, que es nuestra verdadera personalidad. Los otros dos niveles no hemos podido elegirlos. Cuando llegamos a la adolescencia, somos ya de una manera determinada, nos guste o no. Pero podemos cambiar.

Temperamento:
Conjunto de cualidades o de características innatas de la personalidad.

Carácter:
Conjunto de hábitos o cualidades de una persona que definen su forma de ser, de pensar o de hacer las cosas.

PARA RECORDAR

La **psicología** estudia cómo funcionan nuestros sentimientos, motivaciones, personalidad e inteligencia, y además analiza el modo en que aprendemos y nos relacionamos con los demás y con nosotros mismos.

La **personalidad** es el conjunto de cualidades que constituyen la forma de ser una persona, el modo que tiene de pensar, sentir y comportarse. El conocimiento de uno mismo es necesario para poder orientar bien nuestras vidas.

ACTIVIDADES

1 ¿Qué estudia la psicología?

2 ¿Qué es el carácter? ¿Es posible cambiarlo o, al menos, moderarlo?

3 ¿Qué nivel de nuestra propia personalidad podemos elegir? ¿Qué beneficios puede reportarnos elegir bien la propia personalidad?

Formar parte de un grupo

La identidad es un elemento importante en la construcción de la personalidad. Las personas no estamos solas. Inevitablemente, tenemos que referirnos a un grupo del que formamos parte. A menudo, suele decirse de alguien que "pertenece a un grupo". Esto no es cierto: no pertenecemos a nadie, porque somos libres. Habría que decir más bien "somos parte de un grupo".

Formamos parte de una nación, de una cultura, de una religión, y como parte de los mismos, adquirimos una identidad nacional, cultural, religiosa, etc. Cada una de estas identidades forma parte de nuestra personalidad.

La **identidad** es el sentimiento de formar parte de un grupo, ya sea religioso, nacional, cultural, etc., y es una parte importante de nuestra personalidad.

La identidad sexual

Sexualmente somos machos o hembras. Pero culturalmente, en cada momento histórico, ha existido un **modelo de ser hombre** y un **modelo de ser mujer**. Nuestro comportamiento social suele estar orientado por estos modelos.

Autonomía:
Capacidad de una persona por la que tiene la libertad e independencia para decidir sus proyectos, gestionar sus recursos y determinar en qué va a emplear sus energías.

¿Cuáles han sido estos modelos en el pasado? En las sociedades patriarcales tradicionales, los papeles estaban muy definidos. El hombre era el jefe de la familia, la única autoridad, quien debía proteger a la familia y aportar los medios económicos. El puesto de la mujer era el hogar y el cuidado de los hijos. Estaba bajo la autoridad del marido. Este modelo era discriminatorio para la mujer y, por eso, era injusto.

¿Cuál es el **modelo actual** de hombre y de mujer? En la actualidad, en los países desarrollados, hombres y mujeres son iguales ante la ley, teóricamente pueden trabajar en las mismas cosas, reciben la misma educación, y deben tener los mismos derechos y oportunidades, aunque de hecho no siempre es así.

Lo importante es que mujeres y hombres tengan la **autonomía** y los recursos suficientes para vivir su masculinidad o su feminidad. En esto, como en todo, el marco que limita las opciones es el marco ético, es decir, los derechos humanos.

Una parte importante de la identidad corresponde a la **orientación sexual**. Se llama "heterosexual" a aquella persona que se siente atraída por personas del otro sexo. Y se llama "homosexual" a la persona que se siente atraída por personas del mismo sexo.

La homosexualidad ha sido severamente juzgada durante gran parte de la historia. Y en la actualidad, la legislación de algunos países sigue condenándola. Sin embargo, tenemos la obligación ética de respetar la dignidad de todas las personas, reflejada en la Constitución y las leyes españolas, que prohíben toda discriminación por razón de sexo o de orientación sexual.

La mujer y el hombre tienen los mismos derechos y deben tener las mismas oportunidades.

La identidad religiosa

La religión es una dimensión muy importante en la vida de las personas. Uno de los derechos humanos fundamentales protege la **libertad de conciencia**, es decir, afirma que cada persona puede tener la religión que desee.

España tiene una Constitución laica, lo que significa que no hay una religión oficial del Estado, aunque tradicional y culturalmente la religión católica ha sido la mayoritaria.

Aunque en el pasado se han producido distintos conflictos por diferencias de identidad religiosa, en este asunto, como en todos los conflictos humanos, nuestro proyecto ético común propone la solución adecuada: **las religiones deben respetarse entre sí** y todos los ciudadanos -sean creyentes o no lo sean- deben respetar las creencias y los ritos de todas las religiones, siempre que estas no vayan en contra de los derechos humanos.

Los creyentes de una religión se sienten vinculados por el sentimiento de formar parte de una comunidad con las mismas creencias y normas morales.

La identidad nacional

Nos sentimos identificados con una tradición, una lengua, una cultura, y formamos parte de una comunidad nacional, cultural o lingüística. Nuestra **identidad nacional** es el sentimiento de formar parte de esta comunidad nacional.

Como ciudadanos de un Estado y de una nación, sentimos que nuestra responsabilidad con nuestros conciudadanos es más exigente que con los ciudadanos de otros Estados, pero no son responsabilidades excluyentes, sino cooperadoras. Porque los Estados tienen como finalidad ser instrumentos políticos para la realización del proyecto ético común, del gran proyecto humano.

La identidad humana

Como miembros de la humanidad, como seres humanos, tenemos una identidad de orden superior: la **identidad humana**. Cada vez que apelamos a los derechos humanos estamos reconociendo nuestra ciudadanía universal. De esta participación derivan nuestros derechos, y no al revés. No tenemos derechos por ser hombres o mujeres, cristianos o musulmanes, vascos o castellanos, sino por ser personas.

La **dignidad** del ser humano, que compartimos todos, es el fundamento de todos los derechos. Todos los demás derechos tienen que acomodarse a estos derechos fundamentales.

PARA RECORDAR

Tenemos distintas formas de identidad, según sean distintos los sentimientos de pertenecer a grupos, creencias o modos de sentir (identidad sexual, identidad nacional, identidad religiosa).

La identidad que debe prevalecer sobre todas ellas es la **identidad humana**, porque se basa en el rasgo común que todas las personas poseemos: la **dignidad**. Los derechos humanos se fundamentan en ella.

ACTIVIDADES

4 ¿Qué es la autonomía? Indica qué sentido tiene esta palabra en las frases siguientes:

a) Pedro es un trabajador autónomo.

b) El buzo llevaba una escafandra autónoma.

c) La Rioja es una comunidad autónoma.

5 Recuerda lo que has estudiado en Historia de la Edad Media y Edad Moderna. ¿Qué conflictos históricos tuvieron su origen en diferencias de identidad religiosa?

6 ¿Por qué puede haber problemas de identidad nacional? ¿Hay una identidad de mayor alcance que la nacional?

3. La afirmación de uno mismo

Inteligencia:

Facultad de comprender, conocer y dirigir bien el comportamiento. Significa la capacidad para adaptarse a nuevas situaciones, utilizando para ello el conocimiento acumulado. Se entiende como una capacidad de aprendizaje y de aplicación de lo aprendido.

La inteligencia y las posibilidades

La inteligencia nos sirve para **conocer** la realidad, el funcionamiento de las cosas y sus propiedades. Pero tiene otra función esencial: **inventar**, pensar en cosas que podrían existir, pero que aún no existen. Nos permite descubrir, crear posibilidades, es decir, nos indica que podemos hacer cosas nuevas.

Cada uno de nosotros tiene **recursos** que puede utilizar para crear posibilidades. A veces, somos más conscientes de nuestras debilidades que de nuestras fortalezas. Hacemos un retrato en negativo. Y esta actitud nos debilita todavía más. Cuando uno se siente incapaz, puede acabar siendo incapaz. Por eso, necesitamos todos animar a los demás y ser animados por los demás.

No se trata de afirmar continuamente "qué bien haces todo", porque a veces no es verdad. Se trata de aplaudir o aplaudirnos cuando hayamos hecho algo bien, y de decirnos "podías hacerlo mejor" cuando lo hacemos mal. Resulta muy útil conocerse a uno mismo. Para ello conviene responderse a cuatro preguntas:

- ¿Cuáles son mis mejores cualidades?
- ¿Cuáles son mis peores defectos?
- ¿Cómo podría aumentar mis cualidades?
- ¿Cómo podría disminuir mis defectos?

A partir de los recursos que tenemos, podemos hacer **proyectos** diferentes para nuestra vida. Podemos ser vagos y dejar que los demás decidan por nosotros, o podemos esforzarnos en conseguir algo, emprender un plan que valga la pena, en resumen, decidir nuestro proyecto de vida: "Quiero ser esto y quiero ser de esta manera". Si tenemos el proyecto de estudiar medicina, empezaremos a descubrir posibilidades interesantes o útiles para ese proyecto.

¿Es el ser humano perezoso por naturaleza?

Erich Fromm, un famoso psiquiatra, escribió en 1974 un brillante artículo titulado "¿Es el ser humano perezoso por naturaleza?". En él decía que al ser humano le gusta la actividad, el sentirse útil y capaz. Necesita crear cosas, porque de lo contrario se siente mal, desdichado y enfermo. La idea de que somos perezosos y malos le parecía una excusa inventada por los tiranos para justificar la mano dura:

"Si hay jefes e instituciones que quieren dominar al ser humano, su arma ideológica más eficaz será convencerle de que no puede confiar en su propia voluntad. El autodesprecio es el comienzo de la sumisión".

7 ¿Qué se ha querido justificar con la creencia de que el ser humano es perezoso por naturaleza?

8 ¿Cómo es el ser humano, según Erich Fromm?

La asertividad

Con frecuencia, tenemos un proyecto, tomamos una decisión, pero luego no nos atrevemos a mantenerlo ante los demás.

Llamamos **asertividad** a la manera apropiada de afirmarnos ante otros. Es importante saber cómo hacerlo, porque hay que huir de dos posibilidades extremas que son negativas: afirmarse ante los demás agresivamente o dejarse llevar por los demás, comportarse pasivamente. La asertividad consiste en afirmar nuestra postura, nuestra personalidad, nuestros proyectos de una manera justa. Hay tres formas de ponerla en práctica:

- **Dejar que los demás sepan cómo nos sentimos y lo que pensamos**, de manera que no se sientan ofendidos, pero que nos permitan expresar nuestro punto de vista.
- **Saber decir "no"**, con firmeza, sin molestar pero sin temer molestar. Casi todos hemos sido alguna vez un poco tímidos y nos ha costado decir que no cuando nos han pedido algo. Sin embargo, no hay más remedio que aprender a hacerlo cuando es necesario, cuando sabemos que debemos decir no.

  Es una condición indispensable para conseguir la autonomía, la libertad responsable. Hace falta un cierto entrenamiento. Lo pasaremos mal al principio, pero la alegría de ver que progresamos nos dará ánimos para seguir.
- **Saber defender nuestros propios derechos**, y también los derechos de los demás. Es una condición impuesta por algo que no debemos olvidar: la conciencia de nuestra propia **dignidad**.

  El modo de vida noble y deseable que estamos intentando construir se basa en la idea de dignidad, en que reconozcamos, respetemos y protejamos la dignidad de los demás, y también la nuestra propia.

  A veces nos despreciamos, pensamos que somos un desastre, y este sentimiento nos debilita. Muchos de los jóvenes que quedan enganchados a la droga sienten un enorme desprecio hacia sí mismos y un deseo inconsciente de hundirse cada vez más.

  Por eso es necesario exaltar la dignidad de todas las personas, no solo con palabras, sino con actos: el respeto, la ayuda, la solidaridad. A pesar de las dificultades, de los errores, de nuestros defectos, debemos sentirnos orgullosos de nuestra dignidad. Es la más profunda razón de nuestra **autoestima**.

Hay que aprender a decir "no" cuando es necesario.

Autoestima:
Apreciación y valoración generalmente positiva de uno mismo.

ACTIVIDADES

9 ¿Qué es la inteligencia? Busca en un diccionario los distintos significados de esta palabra.

10 ¿Cómo podemos combatir los obstáculos que dificultan la asertividad?

11 Indica cuáles de estas actitudes se corresponden con una autoestima alta o baja, y di si te parecen positivas o no:

a) Siento temor cuando tengo que tomar una decisión.
b) Quiero disponer de mi tiempo y pongo límites a quienes no respetan esto.
c) Mis opiniones son firmes y no voy a cambiar nada de lo que pienso.
d) Cambio mis opiniones sin temor si me doy cuenta de que no eran correctas.

PARA RECORDAR

La **inteligencia** es el conjunto de facultades que nos permite aprender, descubrir, crear e inventar posibilidades.

Conocer y fortalecer nuestras **buenas cualidades** es una condición necesaria para concebir y emprender nuestro propio proyecto vital.

La **asertividad** es la manera apropiada de afirmarnos ante los demás sin agresividad, pero sin sumisión. Para ello, tenemos que saber expresar nuestro punto de vista, defender nuestros derechos y aprender a decir "no" cuando es necesario.

4. El mejor proyecto

Nuestro proyecto de vida nos ayuda a alcanzar la felicidad.

La felicidad

Para alcanzar la felicidad es necesario elegir el **proyecto de vida** más adecuado. Este proyecto es una creación personal que debe respetar los valores éticos comunes. Nuestro carácter, nuestra situación, parecen impedirnos muchas cosas. Pero la inteligencia puede descubrir posibilidades donde parece no haberlas. En nuestra búsqueda de la felicidad contamos con:

- **Un marco político:** como ya hemos visto, muchas constituciones reconocen el "derecho a buscar la felicidad". Todo el sistema de derechos y las redes de ayuda intentan facilitar esa tarea.
- **Un proyecto de vida:** cada uno de nosotros tenemos que buscar la felicidad eligiendo nuestra profesión, decidiendo si fundar o no una familia, valorando distintas opciones en nuestra vida, guiados por unos principios éticos.
- **Unos valores éticos:** este proyecto que hemos creado tiene que moverse dentro del respeto a los derechos ajenos y, por tanto, dentro del marco de los derechos humanos.

Dos componentes de la felicidad

Se entiende por felicidad el estado de satisfacción y plenitud que alcanzamos cuando no echamos nada gravemente en falta para desarrollar nuestro proyecto de vida. ¿Y qué es lo que necesitamos? Fundamentalmente dos cosas:

- **El bienestar**, sentirnos bien, tener una convivencia agradable, sentirnos seguros.
- **Experimentar que progresamos**, es decir, que mejoramos, que realizamos una actividad que amplía nuestras posibilidades; sentirnos capaces de hacer cosas excelentes. Cada uno de nosotros necesita saber que su vida es valiosa e insustituible, que puede crear. Crear, conviene no olvidarlo, es hacer que exista algo que antes no existía.

Una metáfora

Así como un buen timonel dirige el rumbo de su navío, así nuestra voluntad puede dirigir nuestro proyecto de vida.

Un barco de vela es como es, y el tiempo también. Sopla un viento determinado, y el navegante no puede cambiar el oleaje. ¿Quiere eso decir que el barco va a ir donde el viento quiera? No, mientras haya en el barco un buen patrón y el timón funcione. Entonces, el barco irá adonde el patrón quiera. Solo necesita una cosa: "fijar el rumbo". A partir de ese momento, va a aprovechar a su favor el viento, las olas, las mareas: todo.

Los navegantes saben "navegar a barlovento". Es decir, navegar contra el viento. Parece imposible. ¿Cómo va a ir un velero contra el viento, si es empujado por el viento? El navegante es muy inteligente: avanza en zigzag, y así se va acercando a su meta. Muchas veces debemos navegar así en nuestras vidas.

12 ¿Qué se nos quiere decir con esta metáfora? ¿Qué representa aquí el mar? ¿Y el barco? ¿Y el timonel?

La felicidad individual vista desde el proyecto ético

Ya sabemos que la búsqueda de la felicidad personal nos lleva a diseñar y trabajar por realizar una sociedad más justa. No nos va a asegurar la felicidad a cada uno, pero nos va a proporcionar el marco en el que podamos intentar conseguirla en buenas condiciones. La felicidad personal, es decir, el proyecto que elaboramos cada uno de nosotros, debe cumplir dos condiciones:

- **Ser compatible con la felicidad de los demás.** La felicidad personal no puede consistir en aprovecharse de otros, o en tiranizarlos. Ese es un proyecto de felicidad incompatible con la felicidad de los demás, y, por tanto, rechazable.
- **Ser cooperador con la felicidad de los demás.** Esta condición va un poco más allá que la anterior. No solo exige que la felicidad individual sea compatible con la de los otros, sino que les ayude a lograrla. Vivimos en una sociedad donde debemos todos ayudarnos y comportarnos solidariamente para poder construir un mundo más justo.

Personajes *Helen Keller y Ana Sullivan*

DOC

Helen Keller nació en 1880. Fue un caso extraordinario de superación de dificultades. Cuando tenía 19 meses, sufrió una enfermedad que la dejó sorda y ciega. Como no podía oír, tampoco pudo aprender a hablar. Sin embargo, llegó a ser una persona muy culta, y una conferenciante y escritora conocida en todo el mundo. ¿Cómo lo consiguió? Sentía, como todos nosotros, la necesidad de comunicarse, de hablar, pero no podía. Esto la sumía en una total desesperación, que exteriorizaba con ataques de furia.

Afortunadamente, entró en su vida una profesora, Ana Sullivan. Había sido ciega, estudió en un colegio para ciegos, pero tuvo la suerte de recuperar la vista años después. Fue la maestra perfecta para una niña como Helen. Consiguió lo que nadie esperaba; que aprendiera el lenguaje de los sordomudos, y que desarrollara su inteligencia de modo admirable. En esta galería de retratos, se unen dos personalidades extraordinarias: Helen Keller y Ana Sullivan. Demuestran que la cooperación puede hacer milagros.

Sobre la vida de Helen Keller y su profesora se realizó una película en 1962: El milagro de Ana Sullivan.

13 ¿Cuál fue el proyecto de Helen Keller? ¿Qué condiciones de su personalidad le permitieron realizarlo?

14 Busca información en una enciclopedia o en internet sobre Helen Keller y Ana Sullivan. ¿Por qué fueron ambas personalidades extraordinarias?

PARA RECORDAR

Para ser felices, necesitamos los bienes indispensables, sentirnos amados, seguros, y también forjarnos un proyecto de vida personal y noble en el que mejorarnos a nosotros mismos.

Nuestra búsqueda de la felicidad personal debe enmarcarse en el proyecto ético común y ser, por tanto, compatible y cooperadora con la felicidad de los demás.

ACTIVIDADES

15 ¿Qué condiciones debemos tener en cuenta al buscar nuestra propia felicidad?

16 ¿Cómo definirías la felicidad? ¿Crees que puede haber distintos modos de entenderla? Justifica tu respuesta.

5. El miedo y la valentía

Miedo lógico:

El que está producido por un peligro real.

Miedo irracional:

El que es contrario a la razón y no está producido por un peligro real.

Nuestro enemigo el miedo

El miedo es uno de los sentimientos que más nos condicionan la vida y con el que tenemos que aprender a convivir. Algunas de las cosas a las que solemos tener miedo son, por ejemplo: no gustar, la soledad, la oscuridad, alguna persona en concreto, fracasar, los gritos, el dolor, la muerte. El miedo es beneficioso cuando nos alerta de un peligro, ya que de esta manera podemos hacer lo necesario para evitarlo. Pero con frecuencia sentimos miedo a cosas que no son realmente peligrosas.

Hay, por tanto, **miedos lógicos** y **miedos irracionales**. Es lógico que tengamos miedo a un león o a un huracán, pero no a pasar por debajo de una escalera, o a decir "no" cuando un amigo nos pide algo que no queremos hacer.

El miedo lógico nos advierte de un peligro real para que podamos librarnos de él, para luchar o huir de las causas reales que lo provocan. El miedo irracional, al contrario, nos deja indefensos. Estos miedos irracionales son muy persistentes, precisamente porque no responden a un peligro real. Por ejemplo, quienes tienen mucho miedo a viajar en avión lo siguen teniendo aunque sepan que es más seguro que viajar en coche.

Estas son algunas actitudes para luchar contra el miedo irracional:

- **Enfrentarse al miedo.** No somos nuestro miedo. Cuando nos identificamos con un miedo irracional, sentimos vergüenza, nos lo guardamos para nosotros y no pedimos ayuda. Esto hace que la sensación de miedo se agrande, en vez de disminuir.
- **Ser realistas.** Distingamos entre lo que creemos que pasará si hacemos algo y lo que realmente pasa cuando lo hacemos. Son "falsas creencias" sobre nosotros mismos o sobre la realidad, que nos impiden hacer lo que queremos.
- **Reconocer la situación.** No dejemos que el miedo invada nuestra conciencia. Si no hacemos algo porque nos da miedo, reconozcamos que es por eso y no busquemos excusas.
- **Fortalecerse.** Podemos aumentar nuestros recursos. Estar en buena forma física, hacer ejercicio, es un buen antídoto contra el miedo y la angustia. Es necesario aprender a aguantar el cansancio o el malestar. Con el entrenamiento, se adquiere resistencia.
- **Hablar con nosotros mismos.** Como un atleta que debe animarse a sí mismo antes de dar el salto. La forma en que nos hablamos nos ayudará a movilizar nuestras energías frente al miedo.
- **Ser racionales.** Debilitemos a nuestro enemigo: si aprendemos a reconocer las creencias falsas en las que se basa el miedo y las rebatimos con argumentos racionales, habremos ganado gran parte de la batalla.
- **Buscar apoyos.** Es difícil combatir el miedo en soledad. La red de afectos (amigos, familia, profesores...) es una gran ayuda, es la solución más inteligente. Muchos de los miedos nos alejan de la gente, y el afecto y la cercanía son el mejor remedio.

Los miedos irracionales a veces son difíciles de combatir, pero hay actitudes que ayudan a luchar contra ellos.

La valentía

Mientras que el miedo es un sentimiento, la **cobardía** y la **valentía** son actitudes y modos de actuar. Ya hemos visto que en muchas ocasiones no podemos evitar sentir miedo, pero lo que sí está en nuestra mano es actuar de forma cobarde o valiente.

La cobardía es la gran aliada del miedo, es la falta de ánimo y de valor que nos somete a él. Su contrario es la valentía, la forma de actuar que gana la batalla al miedo.

Ser valiente significa no colaborar con el miedo. La valentía consiste en el vigor y el arrojo para actuar, para emprender acciones justas o desarrollar proyectos o tareas valiosas superando el miedo al fracaso o al esfuerzo. El valiente también tiene miedo, pero logra superarlo.

Cobardía:
Actitud de quien se rinde ante el miedo, por falta de ánimo o de valor.

Valentía:
Actitud de quien se enfrenta al miedo, actuando con vigor y decisión.

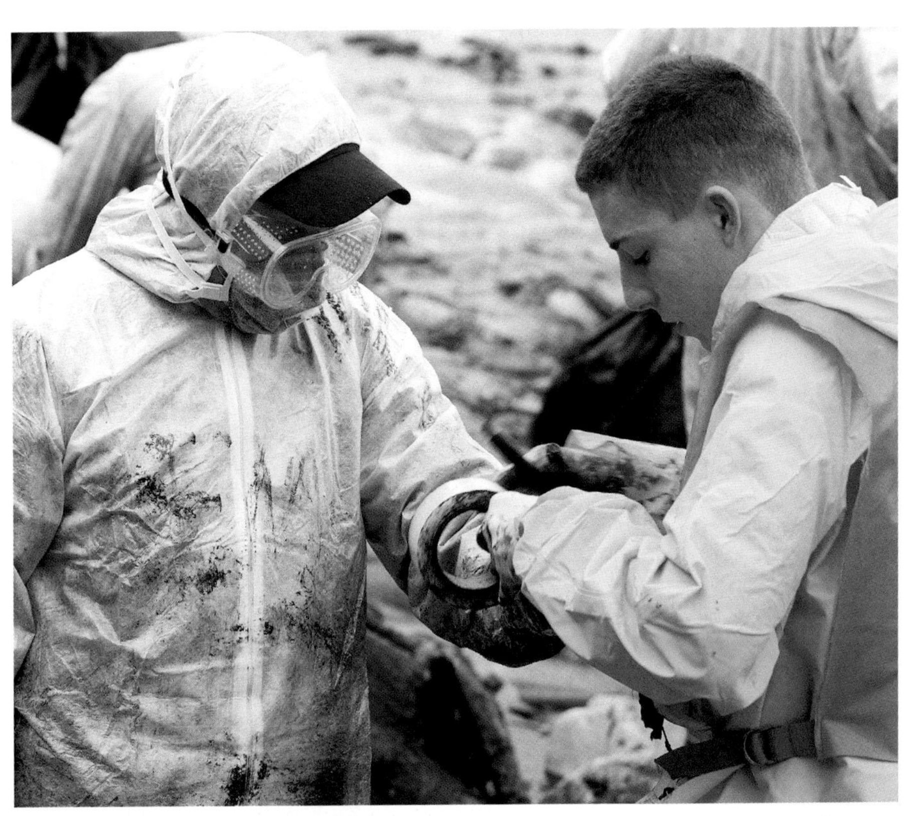

La valentía es la actitud que se sobrepone al miedo para emprender acciones justas o valiosas.

PARA RECORDAR

Existen **miedos lógicos** y **miedos irracionales**. Los miedos lógicos se refieren a peligros reales y pueden ser beneficiosos, ya que nos hacen estar alerta y defendernos del peligro o huir de él. Los miedos irracionales son muy persistentes y no atienden a razones, por eso hay que combatirlos y, para esto, hay que conocerlos bien.

La **cobardía** es la falta de ánimo o de valor que impide superar los miedos.

La **valentía** consiste en no dejar que el miedo o la pereza nos impidan emprender acciones justas o proyectos valiosos. Para ser valientes es importante fortalecernos.

ACTIVIDADES

17 ¿Cómo definirías el miedo? Cita algunas cosas, materiales o inmateriales, que provocan miedo a la mayoría de la gente.

18 Imagina que, en el viaje de fin de curso, a tu grupo de amigos le ha sido asignada una habitación de hotel con el número 13. Tus amigos hacen presión para cambiarla, y amenazan con no ir al viaje por miedo a que ocurra una desgracia. ¿Qué argumentos usarías para disuadirles?

19 Un amigo tuyo está angustiado porque un quiromántico, al "leerle las manos", le ha dicho que iba a ocurrirle una desgracia. ¿Qué argumentos usarías para quitarle su miedo?

Analizar la publicidad: crítica de los "modelos" de éxito

La publicidad tiene una regla: ser masiva y constante, para que el mensaje se recuerde. A través de la publicidad, se transmiten ideas sobre cómo somos, que no siempre son verdaderas. Cuando recibimos muchos mensajes sobre cómo tenemos que ser, se crea un modelo de éxito social. Como resultado, hemos aprendido a juzgar a la gente por su aspecto externo, por lo superficial. Enseguida nos fijamos en las marcas de la ropa, o en el móvil o el reloj. Se trata de estereotipos, ideas preconcebidas sobre cómo son las personas, que se basan en el aspecto externo.

El problema surge cuando esto nos impide saber quiénes somos en realidad o qué es lo verdaderamente valioso. Analizar los modelos estéticos y modelos de éxito que transmite la publicidad nos puede ayudar a detectar algunos problemas y tratar de encontrar soluciones. Nos centraremos en el caso del aspecto físico y el grave problema de la anorexia.

A. Detectar el modelo que transmite la publicidad

Los modelos que transmite la publicidad son, en unos casos, estéticos (apariencia física de las personas) y, en otros casos, modelos de éxito social (en relación con el nivel económico y social).

En primer lugar, debemos centrarnos en un caso concreto y recopilar ejemplos de publicidad que transmitan un modelo determinado.

En el caso de los modelos estéticos, la publicidad suele transmitir un "ideal" de belleza que se caracteriza por la extremada delgadez. Si hojeamos una revista de moda, todas las modelos están muy delgadas. Lo mismo los chicos. La sociedad actual tiene un ideal de belleza exagerado. Las mujeres deben ser extremadamente delgadas para ser consideradas guapas, los hombres deben ser altos, musculosos y también delgados.

La publicidad ha impuesto un modelo estético de extrema delgadez.

B. Analizar el modelo y los problemas que genera

En muchos casos, los "ideales" que transmite la publicidad han sido aceptados por la mayoría de las personas, sin darse cuenta de que no tienen por qué ser universales (es decir, duraderos y válidos para todo el mundo) ni de los problemas a que pueden dar lugar.

Es necesario hacer un ejercicio de **análisis crítico** de dichos "ideales", y documentarnos sobre los problemas que pueden aparecer por la aceptación de esos modelos.

Podemos presentar algún caso real recogido de los medios de comunicación que muestre el tipo de problemas que genera el modelo imperante.

Este modelo de belleza está dando lugar a serios problemas. La anorexia es uno de los más graves. En los años noventa, comenzó a hablarse de esta enfermedad. Chicas y chicos muy jóvenes dejaban de comer porque se veían gordos.

El problema empieza por algo muy sencillo: una persona no se siente bien con su cuerpo, se ve gorda. Se compara con sus amigos y cree que debe ponerse a dieta para perder peso. La dieta empieza a ser una obsesión. La comida se convierte en algo repugnante, evita comer y, en algún caso, llega a vomitar después de las comidas. El trastorno se convierte en una enfermedad.

Un caso real: Nieves Álvarez

(Aula de *El Mundo*)

Nieves Álvarez fue la primera modelo que reconoció haber sufrido anorexia en su adolescencia.

"Era una niña tímida, tranquila y feliz, a la que le encantaba zamparse bocadillos gigantescos con su hermano a la hora de merendar. Pero, un día, comenzó a encontrarse gorda. Como siempre quiso ser modelo, y como siempre tuvo una tremenda fuerza de voluntad, Nieves se puso a régimen. Adelgazó, se recluyó en su mundo –no salía, se encerraba en su habitación para aprenderse las lecciones con puntos y comas y, antes de dormir, hacía cientos de abdominales hasta quedar rendida–..., y enfermó. Lo peor es que no solo perdió la salud y la cordura, sino que arrastró a toda su familia."

Nieves dice: "La culpa la tenemos todos, ya que es la sociedad que hemos construido la que ha impuesto este prototipo de belleza y éxito: si estás delgada, triunfas. Pero todo tiene un límite y habría que empezar a valorar más la eficacia de las personas y su interior que el simple envoltorio".

C. Buscar alternativas al modelo

En este sentido, debemos tener en cuenta que todas las personas somos igual de valiosas. Nuestra dignidad no tiene nada que ver con un modelo concreto (ni estético ni social). No podemos valorar algo que nos esclaviza.

Por otra parte, el arte de otras épocas y la cultura de otros pueblos nos proporcionan muchos ejemplos de modelos estéticos diferentes.

El ideal de belleza física ha cambiado a lo largo de la historia. Es también distinto según las culturas. No vale para todas las personas ni es duradero. Puede ser modificado.

Hay campañas publicitarias que presentan un ideal de belleza alternativo.

D. Conclusiones

Resumimos las **ideas principales** y extraemos una **conclusión** que sirva para tomar conciencia del problema y para adoptar una posición distinta a la que promueve la publicidad.

Hemos creado una idea distorsionada de la belleza que hace sufrir a algunas personas, e incluso puede llevarlas a la enfermedad. Hay otros modos de belleza interior y exterior.

PROPUESTA DE TRABAJO

Además de los modelos estéticos, la publicidad transmite modelos de éxito social. En la sociedad actual, el modelo de éxito es la persona que tiene mucho dinero, es muy joven, gasta mucho y puede comprar lo más caro.

El "consumismo", la tendencia a comprar más de lo que realmente necesitamos, se ha convertido en una obsesión para muchas personas.

Analiza este modelo de éxito social y busca alternativas, siguiendo los pasos que hemos visto:

1. **Detecta el modelo** en la publicidad o en los medios de comunicación. Busca ejemplos de casos concretos que representen este modelo y explica en qué coinciden con él.
2. **Analiza el modelo** y reflexiona sobre los **problemas** que puede generar.

   ¿Es un modelo accesible a todo el mundo? ¿En qué situación se pueden encontrar las personas que aspiran a este modelo, pero no tienen medios económicos?

   ¿Qué problemas pueden aparecer a causa de la presión por consumir, por tener más cosas?
3. **Busca alternativas** al modelo. ¿Hay otros modelos de éxito en la vida? ¿Qué valores son importantes para el éxito personal? ¿Qué consideras lo más valioso en una persona?
4. **Escribe las conclusiones** a las que hayas llegado, exponiendo las ideas principales de cada paso.

Las drogas frente a la libertad

¿Por qué las drogas son un problema?

Sabemos que las drogas son sustancias que dañan gravemente la salud física y, sobre todo, la salud psíquica. El café, el tabaco y el alcohol son drogas legales. ¿Por qué se prohíben unas drogas y otras no? Las drogas que están prohibidas son las que tienen un efecto muy intenso sobre nuestro comportamiento.

Hay dos razones en contra de las drogas. La primera tiene que ver con la **salud**. El abuso puede provocar graves trastornos fisiológicos o psicológicos. Pero, desde el punto de vista ético, hay una razón todavía más profunda. Las drogas que **alteran la responsabilidad y la libertad** son intrínsecamente malas porque eliminan estos dos elementos fundamentales para la convivencia justa.

Revista de prensa

El consumo de drogas en el mundo

(*Departamento de Información Pública, Naciones Unidas*)

"Más de 200 millones de personas en todo el mundo hacen un uso indebido de las drogas. Esto provoca un incremento desmesurado del gasto sanitario, además de suponer la desintegración de las familias y el deterioro de las comunidades. El uso de las drogas por vía intravenosa, en particular, está activando en muchas partes del mundo la rápida propagación del VIH/SIDA y la hepatitis.

Hay una relación directa entre las drogas y el incremento de la delincuencia y la violencia. Los cárteles de la droga socavan gobiernos e introducen la corrupción en actividades económicas legales. Con ingresos procedentes del tráfico ilícito de drogas, se financian algunos de los conflictos armados más sangrientos.

Los costes financieros son abrumadores. Se gastan sumas enormes para reforzar las fuerzas policiales, los sistemas judiciales y los programas de tratamiento y rehabilitación. Los costes sociales también son estremecedores: violencia callejera, guerras entre bandas, miedo, deterioro urbano y vidas destrozadas."

Edad media de inicio en el consumo de drogas

Droga	Edad (años)
Tabaco	13,2 años
Bebidas alcohólicas	13,7 años
Cannabis/marihuana	14,7 años
Cocaína y alucinógenos	15,8 años

Edad (años): 0 2 4 6 8 10 12 14 16 18 20

Fuente: *Encuesta Plan Nacional sobre Drogas*

Encuesta Plan Nacional Sobre Drogas, 2004, población escolar de España entre 14 y 18 años.

Se multiplica por cuatro el consumo de cocaína entre los adolescentes en la última década

(*El Mundo*)

"En la última década se ha duplicado el consumo de cannabis entre los adolescentes de 14 a 18 años y se ha multiplicado por cuatro el de cocaína en la misma franja de edad, ha señalado la ministra de Sanidad. La ministra ha incidido en que es "especialmente preocupante que un 87% de los adolescentes considere fácil conseguir bebidas alcohólicas, un 64%, cannabis, y un 53,8%, tranquilizantes."

El plan contra la droga en los institutos arranca con cinco detenidos en Cádiz

(*El País*)

"Más de 3000 policías y guardias civiles vigilan desde hoy los alrededores de determinados colegios e institutos de toda España para impedir el tráfico de drogas a pequeña escala y el consumo de estupefacientes entre los jóvenes. Esta misma mañana se han producido las primeras detenciones. Se trata de cinco personas, que han sido arrestadas a las puertas de un instituto en Cádiz."

La realidad de una droga

¿Qué es la marihuana?

Lo que llamamos marihuana son las flores, tallos, semillas y hojas secas de la planta del cáñamo (*Cannabis Sativa*). Esta planta contiene una sustancia, el THC (tetrahidrocannabinol), que afecta al funcionamiento del cerebro.

Cuando una persona fuma marihuana, el THC pasa al riego sanguíneo a través de los pulmones, llega rápidamente al cerebro y ocasiona una actividad muy elevada en las neuronas de las áreas cerebrales que se ocupan del placer, la memoria, el pensamiento, la concentración, las percepciones sensoriales y el movimiento coordinado. El THC "se cuela" en el cerebro, como si fuese una molécula producida por el cuerpo, y produce una reacción anómala en todo el sistema nervioso.

¿Qué efectos inmediatos produce?

Problemas de memoria y aprendizaje, percepción distorsionada, dificultad para pensar y solucionar problemas, pérdida de concentración y aumento del ritmo cardíaco.

¿Qué pasa cuando se deja de tomar?

Quienes fuman marihuana habitualmente, cuando dejan de hacerlo, padecen un estrés elevado; cambia la actividad de las neuronas, por lo que se altera el estado de ánimo (irritabilidad, agresividad) y la persona siente la necesidad de volver a fumar marihuana.

¿Qué efectos tiene sobre la salud?

Durante la primera hora después de haber fumado marihuana, el riesgo de tener un ataque al corazón se multiplica por cuatro, debido a los efectos que esta droga tiene sobre la presión arterial y el ritmo cardíaco, y porque reduce la capacidad de la sangre para transportar oxígeno. El humo de la marihuana es entre un 50 y un 70% más carcinógeno (provoca cáncer) que el del tabaco. El THC debilita el sistema inmunológico. Sobre nuestra salud psíquica, los efectos son: depresión, ansiedad y trastornos de personalidad, cuando se consume crónicamente. Disminuye la capacidad de aprender y de recordar información, porque el THC daña las áreas cerebrales encargadas de la memoria. Y produce un síndrome de abstinencia, igual que otras drogas.

Fuente: Instituto Nacional sobre el Abuso de Drogas, Estados Unidos.

¿QUÉ PUEDO HACER YO?

INFÓRMATE

1. Busca información sobre el efecto de las drogas en la salud física y psíquica. Preparad, en grupos, murales sobre cada una de las siguientes drogas: cocaína, heroína, drogas de síntesis o de "diseño", alcohol. Recoged datos sobre sus efectos (inmediatos y a largo plazo), sobre la dependencia que crea su consumo y sobre el modo en que alteran la libertad y la responsabilidad.

REFLEXIONA

2. ¿Existe relación entre drogas e infelicidad? ¿Con qué consecuencias negativas está relacionado el consumo de drogas? ¿Los aparentes "beneficios" (relajación, experiencias psíquicas...) compensan los perjuicios?

ACTÚA

3. Realiza una campaña de información en tu centro sobre las drogas para que se conozca cuáles son sus verdaderos efectos. Presentad los murales informativos que habéis realizado en clase.

4. Preparad y redactad en grupo un documento en el que se declare vuestro centro "libre de drogas", para que no se vendan ni se consuman drogas en su entorno.

EN SÍNTESIS

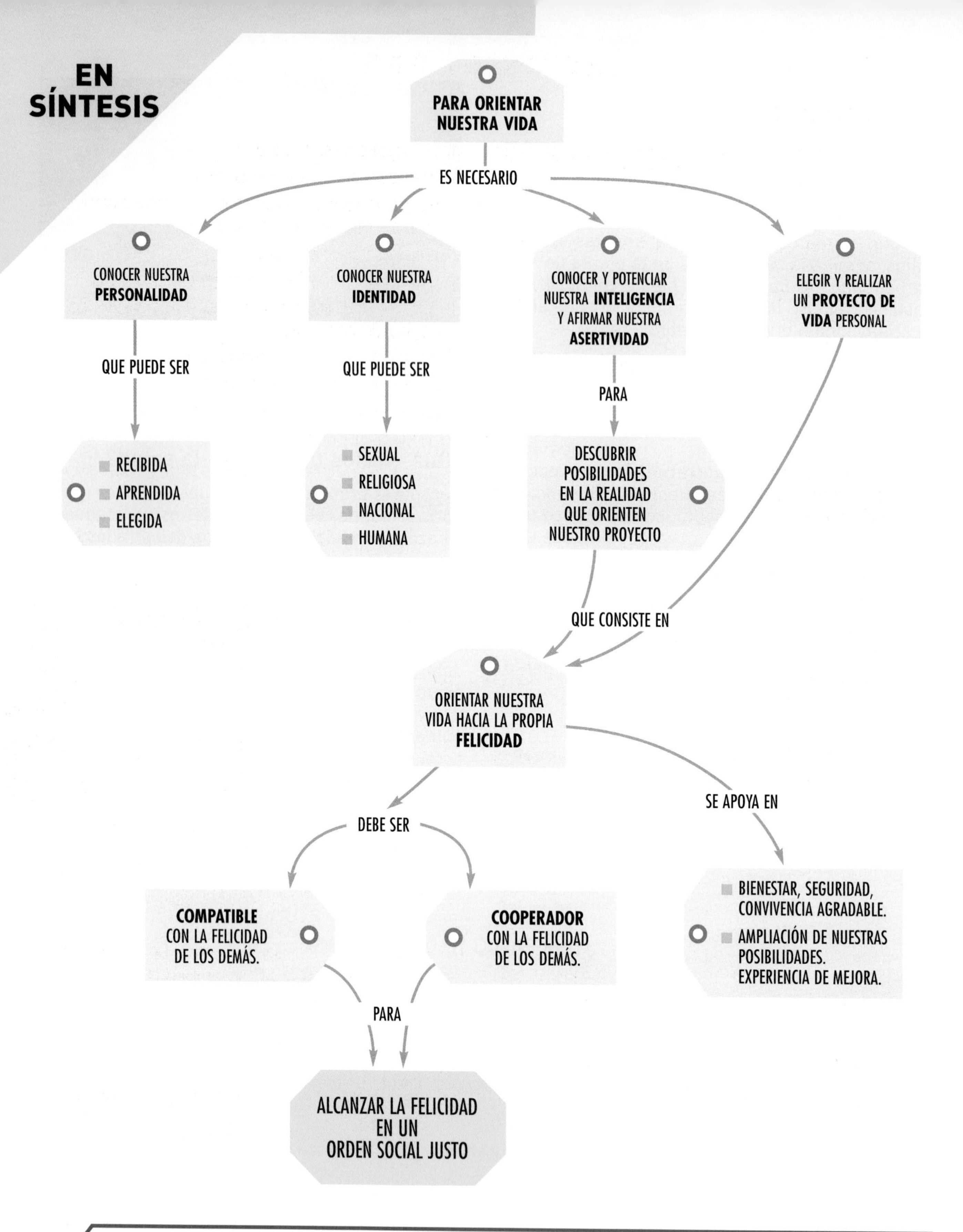

ACTIVIDADES SOBRE LA SÍNTESIS

1 ¿Cómo debemos orientar nuestra vida? ¿Qué aspectos debemos conocer y poner en marcha?

2 ¿Qué quiere decir "hacer nuestro proyecto de vida"?

3 ¿Cómo debe ser nuestra propia felicidad para que no sea egoísta?

4 ¿Qué apoyos necesitamos para alcanzar la felicidad?

ACTIVIDADES

¿QUIÉN SOY YO?

1 Estas son las características generales que algunos psicólogos atribuyen a los tipos de personalidad A y B.

Personalidad A	Personalidad B
- Impaciente, irritable. - Necesidad de afirmarse a través de logros personales. - Le cuesta controlarse. - Tendencia a la dominación. - Competitivo. - Agresivo.	- Tranquilo. No se irrita con facilidad. - No necesita de actitudes compensadoras para reafirmarse. - Autocontrol. - Nivel de autoestima normal.

Indica qué comportamiento de entre los siguientes encajaría en el primer tipo, cuál en el segundo, y cuál sería propio de un equilibrio entre ambos:

a) Ser propenso al enfado o a la ira.

b) Tendencia a terminar las frases de otros.

c) Sentirse tranquilo cuando hay que hacer tareas mecánicas en las que no haya que pensar demasiado.

d) Tener confianza en los demás.

e) Considerar que es intolerable tener que esperar una cola.

f) Sentirse irritado cuando los demás hacen algo que uno hace mucho más rápidamente.

g) Intentar dominar siempre la conversación.

i) Irritarse cuando alguien nos contradice.

j) Ponerse plazos realistas para organizarse el trabajo.

k) Cumplir las tareas con tranquilidad.

l) Sentir malestar e irritación cuando algún compañero saca mejor nota.

EL MIEDO Y LA VALENTÍA

2 Lee los siguientes textos e identifica en qué casos se expone un ejemplo de miedo racional y en qué casos se trata de un miedo irracional.

a) Antonio consultó a una adivina y esta le profetizó que se enamoraría de una chica morena que le causaría un gran daño. Desde entonces evita a las chicas morenas.

b) Carla trabajaba en un supermercado. Cuando entraron unos atracadores armados con pistolas, tuvo miedo y se tiró al suelo.

c) María ha puesto una denuncia a su ex pareja por maltrato, ya que él la ha amenazado y agredido varias veces. Vive con un temor constante y apenas se atreve a salir de casa.

d) En la Edad Media, en Europa hubo una epidemia conocida como la "peste negra" por la que murieron muchas personas. Se contagiaba a través de las ratas. Como en aquella época no se sabía que eran las ratas las que transmitían esta enfermedad, se culpó a los gatos, se temió su presencia, relacionándola con la brujería, y se llevó a cabo un exterminio de estos animales (con lo cual aumentaron las ratas). ¿Cómo calificarías este miedo?

LOS MODELOS DE ÉXITO Y LA PUBLICIDAD

3 Analiza críticamente varios anuncios de coches que hayas visto en televisión, revistas o vallas publicitarias. Redacta un texto explicando cuáles son los modelos de éxito que transmiten. ¿Qué razones en pro y en contra encuentras para aceptar tales modelos? ¿Hay modelos alternativos justos y válidos? ¿Cuáles son? ¿Cuáles consideras preferibles? Razona tus argumentos.

ESPACIO WEB

¿Esto es vida?

A menudo somos víctimas de nuestra imagen, dejándonos influir por la publicidad, los amigos y amigas y los compañeros de clase. ¿Cómo reforzar nuestra identidad y libertad personal?

En la sección "Investiga en la red" de esta unidad, dentro de www.librosvivos.net (Tu libro: 113798), podrás realizar actividades y trabajar según la guía que se propone sobre los temas de la identidad y la libertad personal.

UNIDAD 7

La convivencia con los cercanos

¿Qué será?

Yo soy la bala perdida.
Esta noche me voy a bailar.
Yo soy un "viva la vida",
pero siempre digo la verdad.
Que las cosas que yo quiero
no se compran con dinero.
Por la tierra, por el cielo,
busco un sentimiento nuevo.
¿Qué será de mi amor,
qué será de los dos,
de los sueños de un mundo mejor?

(AMARAL)

La amistad es uno de los vínculos más fuertes con otras personas.

– *Explica la postura que tiene ante la vida el protagonista de la letra de esta canción. ¿A qué se refieren los versos "Que las cosas que yo quiero no se compran con dinero"?*

Nuestra relación con las personas que nos rodean se da en grados más o menos estrechos de proximidad. Nuestra intimidad es lo que consideramos más propio, más personal, más reservado. Aplicado a las relaciones designa a las que mantenemos con aquellas personas que están afectivamente más cercanas a nosotros, aquellas cuyos comportamientos o sentimientos nos afectan más profundamente, con las que compartimos nuestros pensamientos y sentimientos más personales: amigos, pareja, familia.

Las relaciones íntimas nos proporcionan grandes satisfacciones, las necesitamos, pero también pueden provocar malentendidos, enfrentamientos y conflictos. En la adolescencia, se forma un importante triángulo afectivo: yo-familia-amigos. Los adolescentes van buscando su independencia, lo que a veces produce recelos y miedos en los padres.

1. La amistad

DE PARTIDA

Una amistad literaria

El escritor argentino Jorge Luis Borges ha sido uno de los más grandes autores en lengua castellana. En 1932, conoció a otro escritor, Adolfo Bioy Casares, también argentino, y comenzó entre ellos una amistad que duró cincuenta años, y que se considera "la amistad vital y creativa más productiva en el mundo literario".

Los dos escritores trabajaban juntos en una editorial y en la revista *Sur*, escribieron varias obras en común, como *Cuentos de H. Bustos Domecq*, pero sobre todo conversaban mucho, muchas veces de libros y autores, pero también sobre filosofía, sobre la vida política de Argentina, sobre amigos comunes, etc. Los dos se sintieron unos privilegiados por vivir esta amistad a lo largo de tantos años.

Jorge Luis Borges.

La **identidad** es la conciencia que tiene una persona de ser ella misma y distinta a las demás.

Un **grupo** puede diferenciarse de los demás por unas señas de identidad propias (atuendo, lenguaje, comportamiento, ideología, etc.).

Los amigos

Los niños nacen en el círculo de afectos de la familia. Pero muy pronto establecen vínculos con otros niños. Es el paso de las relaciones familiares a unas relaciones más amplias. Una de las cosas más importantes de la escuela son los amigos. Si alguien no tiene amigos, se siente muy desdichado.

La adolescencia es el momento de las amistades. Aparece "el mejor amigo" o "la mejor amiga". El adolescente busca su identidad, la manera de afirmar su personalidad e independencia, y los amigos le ayudan a hacerlo. Con ellos se habla de las cosas que más interesan en ese momento. El grupo, la pandilla, empieza a tener mucha importancia en su vida.

Es inevitable que nos llevemos mejor con unos compañeros que con otros, pero es muy importante que no marginemos o excluyamos a nadie. Sentirse aislado es una experiencia muy dolorosa. Cada vez que se consigue que no se margine a nadie, se colabora de una manera noble y buena a crear un mundo mejor.

Actitudes positivas para hacer amigos

- Ser como somos: con nuestras cualidades y nuestros defectos.
- Escuchar a los demás, pero sin dejar de escucharnos a nosotros.
- Buscar las cosas divertidas o interesantes que podemos compartir.
- No creer que los otros siempre son mejores o más listos, guapos y fuertes que nosotros (ni tampoco lo contrario).
- Mantener nuestras opiniones e ideas dentro del grupo de amigos.
- Buscar la comprensión, más que la crítica.
- Compartir lo que tenemos, expresar lo que sentimos.
- Atrevernos a decir que algo no nos gusta; no hacer lo que no queremos hacer.
- Ayudarles cuando lo necesitan y dejar que nos ayuden.
- Confiar en la gente y en nosotros mismos.

1 Ponte en la situación de alguien que tiene dificultad para hacer amigos. ¿Cuál de estas actitudes te parece más útil? ¿Por qué?

¿Qué es un buen amigo?

Con el grupo, los adolescentes se sienten más cómodos y libres que con sus padres. A menudo piensan: "Mis amigos me entienden, mis padres no". Y, sin embargo, en muchas ocasiones el grupo puede ejercer una **presión excesiva**, y tiranizar a quien quiera pertenecer a él. Alguien se impone y coacciona a los otros. Un grupo donde se exige sumisión y donde se limita la libertad, es un mal equipo. Es mejor prescindir de él.

No es lo mismo pertenecer a un grupo que a otro, tener unos amigos que otros. Unos van a ayudarnos, nos van a hacer más capaces de resolver problemas. Otros, en cambio, van a meternos en problemas, a hacernos más difícil la vida.

Nuestra **felicidad**, nuestro progreso va a depender en parte de las **relaciones** que tengamos con otras personas. Por eso es tan importante saber elegir los amigos. ¿Es un buen amigo el que te anima a hacer algo que te perjudica, o intenta obligarte para que lo hagas, chantajeándote con su amistad? Claramente no, porque cuando nos importa una persona, no quieres para ella ningún mal. De manera que un **buen amigo** es el se preocupa realmente por **nuestro bien** y nos ayuda a conseguirlo.

La adolescencia y la juventud es la época de ir construyendo la propia libertad. Y en ocasiones hay que rebelarse contra la tiranía del grupo. No se puede contentar siempre a todo el mundo. Una persona libre es la que es capaz de decir "no".

A veces, el grupo de amigos puede ejercer presión y limitarnos la libertad.

Una cita

"La ley de la amistad dice: A los amigos solo hay que pedirles cosas buenas".

CICERÓN

La amistad y la ética: responsabilidad, justicia, solidaridad

¿Cómo debe ser la amistad para que colabore a construir un mundo mejor, la "casa común" de la humanidad? La amistad es muy valiosa y por eso hay que cuidarla. Ya conocemos el "triangulo del buen ciudadano": ha de ser responsable, justo y solidario. Este triángulo se puede aplicar también a la amistad.

- **Responsable:** el amigo es responsable del amigo, debe ayudarle, no debe hacer nada que pueda perjudicarle.
- **Justo:** el amigo debe comportarse justamente con su amigo, sin pedirle cosas injustas, sin abusar de él. No es buen amigo el que impone un trato desigual, el que pretende hacer su voluntad sin respetar a los otros. La justicia también exige ayudar a crecer; los amigos triunfan juntos, progresan juntos.
- **Solidario:** los amigos se aprecian y se sienten afectados por lo bueno y lo malo que le pasa al otro, se alegran con sus alegrías y se entristecen con sus penas.

PARA RECORDAR

La amistad ayuda a forjar la identidad, la personalidad y la independencia. Para ello, es necesario escoger bien a los amigos y saber mantener la libertad en el grupo.

La amistad es muy valiosa. Debe ser responsable, justa y solidaria; esto es, el amigo debe asumir que está implicado en la felicidad de su amigo, y tratarlo justa y solidariamente.

ACTIVIDADES

2 ¿Por qué es tan importante el grupo de amigos durante la adolescencia?

3 ¿Cómo podemos reconocer a un buen amigo? ¿Y a un buen grupo de amigos?

4 En las siguientes situaciones, ¿qué actitud debe mantener cada personaje para defender su libertad?

a) María viste hoy de una manera que no agrada a sus compañeras; nota que la miran de un modo extraño, como si la criticaran.

b) Arturo no quiere jugar a tirarse al mar arriesgadamente desde un peñasco como hacen sus amigos, por lo que estos le dicen: "No queremos gallinas en nuestro grupo".

2. La sexualidad

Las religiones han dado normas morales para sus fieles también en asuntos sexuales. Regulan las relaciones de pareja y el matrimonio.

El deseo sexual y las relaciones sexuales tienen mucha importancia en nuestras vidas. Somos personas con un cuerpo sexuado. Hombres o mujeres.

En la adolescencia, muchas veces se recibe gran parte de la información sobre estos temas de los amigos o de los medios de comunicación. También comienza en esta etapa la preocupación por el propio cuerpo, por la apariencia física, por si se consigue tener éxito o por el miedo al fracaso.

La sociedad y la sexualidad

Todas las sociedades han establecido normas morales y jurídicas para regular la sexualidad. ¿Por qué se han tenido que establecer reglas para algo tan natural? Fundamentalmente por tres razones:

- **La relación entre sexo y procreación.** Engendrar un niño es algo muy serio, que no se puede hacer de una manera irresponsable. Este es el primer motivo que ha dado lugar a las normas morales sobre la sexualidad. Tratan de proteger los derechos del niño.
- **La necesidad de controlar la fuerza del impulso sexual.** La sexualidad animal es descontrolada. Sigue la fuerza del instinto. En cambio, la sexualidad humana es responsable. Una persona que se dejara llevar por sus deseos, sin pensar en otra cosa, no respetaría los derechos de los demás. Es lo que sucede, por ejemplo, con los violadores o con los que abusan sexualmente de otras personas.
- **La importancia afectiva de la sexualidad.** A diferencia del resto de los seres vivos, en el ser humano, la sexualidad tiene un esencial componente afectivo. Es un asunto muy íntimo, que no se puede forzar.

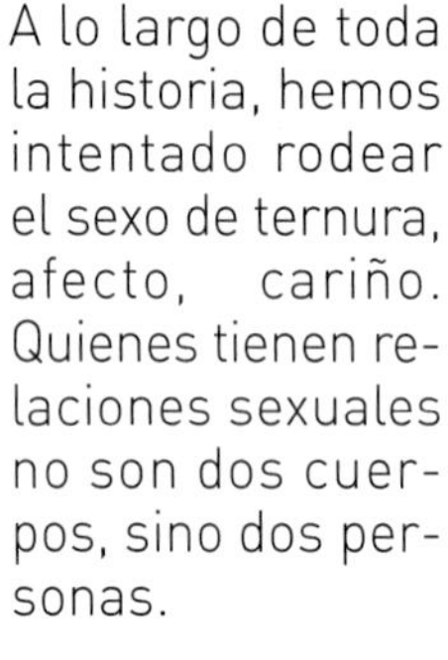

A lo largo de toda la historia, hemos intentado rodear el sexo de ternura, afecto, cariño. Quienes tienen relaciones sexuales no son dos cuerpos, sino dos personas.

El **sexo** es el mecanismo de reproducción de todos los seres vivos (incluidos los humanos). Es también el conjunto de caracteres físicos que diferencian a hombres y mujeres.

La **sexualidad** es un concepto más amplio, que abarca sexo y afectividad. Incluye la capacidad de las personas para expresar sentimientos más profundos, como el amor.

En la sexualidad humana se incluye también la capacidad de expresar sentimientos de afecto, ternura y amor.

La sexualidad y el proyecto ético común

Los padres suelen estar preocupados por la sexualidad de sus hijos por distintos motivos. A todos les preocupa que puedan contraer una enfermedad de transmisión sexual o que sus hijas puedan quedar embarazadas. También temen que tener relaciones sexuales y sentimentales sin estar emocionalmente maduros pueda ser perjudicial para su educación y su futuro.

¿Qué principio debería guiarnos en la sexualidad? En este asunto, como en todos los demás, es necesario guiarse por los valores de responsabilidad, justicia y solidaridad.

- **Sexo responsable.** La responsabilidad significa que las relaciones sexuales deben ser libres, y conscientemente aceptadas, es decir, conociendo las consecuencias de la acción. Se ataca a la libertad no solo en los casos de violación o abuso, sino también cuando hay ignorancia o coacción de cualquier tipo.
- **La justicia y el sexo.** La justicia tiene que ver con el respeto a los demás. Resulta claramente injusta la actuación de una persona que se aprovecha de otra para tener satisfacción sexual, por ejemplo, engañándola, o haciéndole promesas que no va a cumplir.
- **La solidaridad y el sexo.** Los seres humanos han vinculado el sexo y los sentimientos. Los animales, mientras tienen relaciones sexuales, están dominados por los instintos, manejados por un mecanismo que no entienden. La sexualidad humana está orientada al establecimiento de fuertes vínculos afectivos entre los seres humanos y a la procreación.

Las relaciones sentimentales suponen un parte muy importante de nuestra vida afectiva.

Justicia debe entenderse como el reconocimiento de que los demás tienen la misma dignidad y los mismos derechos que nosotros, y que, por tanto, deben respetarse.

En el contexto de esta unidad, esto implica que nunca debemos anteponer nuestros deseos personales a la dignidad de otra persona.

Embarazos no deseados

Según las estadísticas, como promedio, un 8% de las mujeres jóvenes españolas han tenido un embarazo no deseado.

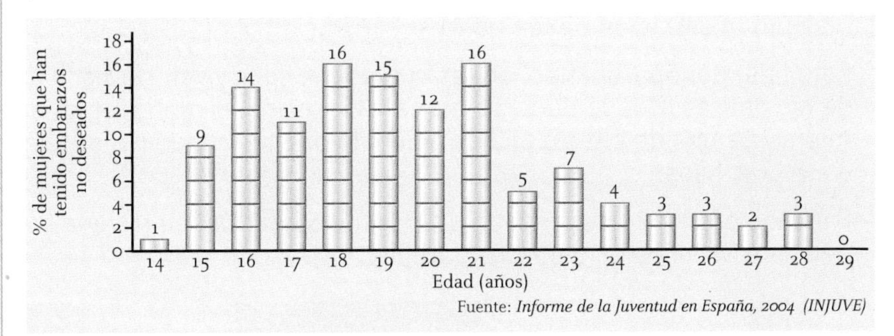

Fuente: *Informe de la Juventud en España, 2004 (INJUVE)*

5 ¿En qué edades son más frecuente los embarazos no deseados? ¿Puede un embarazo no deseado alterar el proyecto de vida de una persona?

PARA RECORDAR

La sexualidad humana, además de a la procreación, está orientada al establecimiento de relaciones afectivas y sentimientos profundos, como el amor.

Nuestro comportamiento respecto a la sexualidad debe ser siempre responsable, justo y solidario.

ACTIVIDADES

6 ¿Por qué todas las sociedades han establecido normas morales para regular la sexualidad?

7 En una discoteca, un chico ve a una chica que le atrae y que ha bebido. Piensa que así podrá aprovecharse y tener relaciones sexuales con ella. ¿Cómo calificarías esta actitud?

La familia, núcleo de la sociedad

En todas las encuestas de contenido sociológico que se hacen en nuestro país, la gran mayoría de encuestados dicen que la familia es lo más importante de su vida. La Constitución dice que "los poderes públicos aseguran la protección social, económica y jurídica de la familia" y la "protección integral de los hijos", que son todos iguales ante la ley.

La familia es el **núcleo** de la sociedad. Todas las personas que tienen lazos de sangre constituyen una única familia, pero la palabra suele utilizarse para designar el grupo formado por los padres y los hijos que no se han independizado y formado su propia familia.

La familia patriarcal y extensa incluía a varias generaciones, además de tíos y primos.

Patriarca:
Persona más respetada en un grupo o familia por su edad y sabiduría y que por ello ejerce la autoridad. En las familias tradicionales, este lugar lo ocupaba el hombre (padre de familia).

Formas de unidad familiar

La familia ha adoptado diferentes formas a lo largo del tiempo y en las distintas culturas:

- **La familia patriarcal** y **extensa** era el modelo tradicional hasta el siglo XIX en las sociedades occidentales, y ha seguido existiendo en otras culturas. Bajo un mismo patriarca, que ejercía su autoridad, vivían juntas varias generaciones. Era una forma jerárquica de organización familiar, que exigía la sumisión de todos los miembros al cabeza de familia (el padre o el abuelo) y donde las mujeres solían tener un papel secundario.
- **La familia nuclear** es el modelo de familia occidental desde hace dos siglos. El núcleo familiar está compuesto por los padres y los hijos que viven con ellos. En la actualidad, las familias son menos autoritarias, más igualitarias y más pequeñas, porque el número de hijos ha disminuido mucho, y la convivencia con otros miembros de la familia –abuelos, por ejemplo– resulta más difícil por cuestiones económicas, laborales o de espacio.

  A partir de la familia nuclear, han aparecido nuevas formas de familia, según la situación de los padres:

  - Familias monoparentales, en las cuales los hijos viven solo con uno de los padres. Puede deberse a una separación, divorcio, al fallecimiento de uno de ellos o a la decisión de una persona sola de tener o adoptar hijos.
  - Familias reconstituidas tras un divorcio o separación, en las que pueden convivir hijos de distintas parejas.

La familia nuclear está compuesta por los padres y los hijos que viven con ellos.

La familia como derecho y como proyecto

Nuestra Constitución considera que fundar una familia es un **derecho**. Nadie tiene, sin embargo, la obligación de formarla. Hay muchas personas que deciden permanecer solteras o no tener hijos. Formar una familia es realizar un proyecto libremente elegido.

Un **proyecto** es una idea que intentamos realizar. Quien tiene un proyecto debe saber lo que quiere conseguir y estar dispuesto a poner los medios, la energía y la tenacidad suficiente para lograrlo. Los proyectos no se realizan solos.

Un proyecto de familia exige tomar una serie de decisiones. Para conseguirlo, casi siempre hay que prescindir de algo. Cuando dos personas deciden fundar una familia, saben que establecen un **compromiso** que implica obligaciones, libremente asumidas. La única razón para que lo hagan es que esperan conseguir satisfacciones y felicidad.

Nadie forma una familia para ser desdichado. No solo los padres, también los hijos deben sentirse partícipes de ese proyecto, del que pueden todos recibir grandes beneficios afectivos, sociales y materiales.

Con frecuencia, sin embargo, suelen aparecer conflictos en las familias, que hacen sufrir a todos sus miembros, y que en algunos casos conducen a la ruptura. Las separaciones y los divorcios plantean muchos problemas a padres y a hijos, que todos deberían esforzarse en resolver de la forma más responsable, justa y solidaria.

Un **proyecto** personal es una reflexión y un compromiso de acción sobre cómo queremos ser y vivir en el futuro. Se trata de anticipar con el pensamiento la propia vida y decidir aquí y ahora cómo queremos que sea, poniendo los medios para ello.

Fundar una familia implica obligaciones libremente asumidas. Se emprende para iniciar un proyecto en el que sus miembros puedan ser felices.

PARA RECORDAR

La familia es el núcleo de la sociedad.

La familia extensa y patriarcal suponía una estructura jerárquica. La familia nuclear actual tiene menos miembros, adopta diferentes formas y es menos jerárquica.

La decisión de fundar una familia es un proyecto de vida que debe asumirse libre y responsablemente. Lograr una convivencia feliz implica a todos sus miembros.

ACTIVIDADES

8 ¿Te gustaría fundar tu propia familia? ¿Cómo te gustaría que fuese?

9 ¿Cuáles son las diferencias fundamentales entre las familias de antes y las actuales?

10 ¿Crees que hay aspectos que valdría la pena preservar de la familia extensa? Razona tu respuesta.

Las funciones de la familia

La familia desempeña un conjunto de funciones fundamentales para la vida de sus propios miembros y para toda la sociedad.

- **La función reproductora.** Los seres humanos tenemos una infancia larga y desvalida, lo que exige una larga permanencia con los padres. Una familia es un conjunto de personas unidas por parentesco de sangre, y tiene por ello su origen en la procreación. Todas las sociedades han establecido normas o costumbres para que los niños nazcan protegidos por una estructura familiar.
- **La función educativa.** En la familia, se inicia el aprendizaje humano, y en ella se adquieren los primeros hábitos y valores. Aunque la familia ha ido traspasando a la sociedad su función educativa y la escuela tiene cada vez más importancia, los padres son los primeros responsables de la educación de sus hijos.
- **La función afectiva.** Dentro de la familia, entre padres, hijos, hermanos, se establecen lazos afectivos muy fuertes. Las familias que funcionan bien son una fuente de seguridad, de apoyo afectivo y de satisfacción para todos sus miembros.
- **La función económica.** La familia ha tenido siempre la función de ayudar a la supervivencia o bienestar económico de sus miembros.
- **La función asistencial.** Tradicionalmente, las familias, y sobre todo las mujeres, se han encargado de cuidar de las personas mayores. En la actualidad, parte de esos cuidados se reciben fuera de la familia (asistencia social, voluntariado, etc.). En España se ha aprobado la Ley de Dependencia, para ayudar a las familias que tienen personas a su cargo, es decir, personas que necesitan una ayuda especial, por edad o por enfermedad o discapacidad.

Educar procede del latín "educare", y en esta lengua tenía el sentido de "conducir" y "sacar afuera" o "criar".

Por eso, cuando decimos que los padres deben educar a sus hijos, significa que deben "conducirlos" por la senda que les permita desarrollar sus facultades y asimilar las formas y comportamientos adecuados para relacionarse con los demás miembros de la sociedad.

La Convención sobre los Derechos del Niño

En 1989, la Organización de Naciones Unidas (ONU) aprobó la "Convención sobre los Derechos del Niño", que comienza así:

"Convencidos de que la familia, como grupo fundamental de la sociedad y medio natural para el crecimiento y el bienestar de todos sus miembros, y en particular de los niños, debe recibir la protección y asistencia necesaria para poder asumir plenamente sus responsabilidades dentro de la comunidad; reconociendo que el niño, para el pleno y armonioso desarrollo de su personalidad, debe crecer en el seno de la familia, en un ambiente de felicidad, amor y comprensión, los Estados han convenido en reconocer los siguientes derechos del niño."

11 España ha firmado esta Convención, pero otros países no lo han hecho. Busca en internet cuáles son y analiza cuáles pueden ser sus motivos.

12 ¿Por qué decidió la ONU reconocer los derechos del niño?

La familia, base de nuestra felicidad

Queremos construir una "sociedad feliz", la casa de todos, un mundo deseable, y para conseguirlo necesitamos, en primer lugar, que las familias sean felices. Todo lo que ocurre en las familias tiene una gran influencia a lo largo de nuestra vida.

Una familia feliz es la que consigue que todos sus miembros puedan vivir cómodamente y desarrollen sus capacidades personales, ayudándose mutuamente a ser felices. Y para conseguirlo, se necesita la colaboración de todos. Que todos formen un buen equipo.

La gran familia humana

La familia es el símbolo de la convivencia ideal, basada en el amor y en la mutua ayuda. Por eso, en distintos lugares y situaciones se ha usado como imagen para referirse a toda la humanidad:

- En la Declaración Universal de los Derechos Humanos se habla del "respeto inherente a todos los miembros de la familia humana".
- El lema de la Revolución francesa fue "igualdad, libertad y fraternidad", que hace referencia a la "hermandad" de todas las personas.
- En muchas religiones también se defiende que todos los seres humanos son miembros de una misma familia, como por ejemplo en el cristianismo, que considera que todas las personas son hermanos porque tienen un padre común: Dios.

Para conseguir una "casa feliz" para toda la humanidad necesitamos que las familias sean felices.

PARA RECORDAR

La familia desempeña diferentes funciones, como la función reproductora, educativa, afectiva, económica y asistencial.

Para la construcción de un mundo justo es necesario que las familias sean felices, es decir, que vivan en un clima de afecto y mutua ayuda para el desarrollo de sus miembros.

La importancia de la familia

Para los adolescentes, la familia es el principal lugar de comunicación y relación.

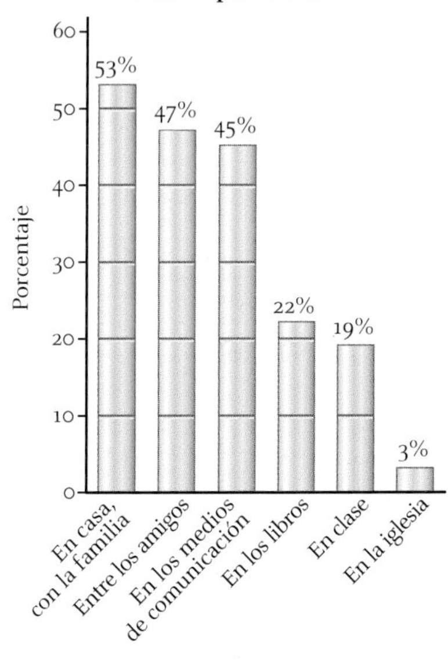

13 Según la encuesta, en la familia se habla de las cosas más importantes de la vida. ¿Estás de acuerdo? Explica tu respuesta.

ACTIVIDADES

14 Resume brevemente cada una de las funciones de la familia.

15 ¿Cómo crees que debe ser una familia feliz?

A menudo, se transmite una imagen conflictiva del adolescente, que no suele ser real.

Las familias y los adolescentes

Las familias experimentan cambios con el paso del tiempo. La llegada del primer hijo supone un primer cambio radical. Una pareja, que hasta ese momento tenía mucha libertad, porque no había contraído responsabilidades hacia una tercera persona –el niño–, tiene que reorganizar su modo de vida. Durante la infancia, la relación de los niños con sus padres suele ser sencilla, ya que los niños dependen completamente de ellos. Cuando los hijos llegan a la **adolescencia**, se produce un nuevo reajuste.

A menudo, se transmite una imagen conflictiva del adolescente, que con frecuencia no es real. Las encuestas dicen que la mayoría de los adolescentes se lleva bien con sus padres. Es cierto que aparecen problemas, porque la adolescencia es la época en que el ser humano aprende a ser libre, a ser más independiente, a construir su propia personalidad. Esto puede producir tensiones con los padres, que tienden a ser más prudentes.

Estilos educativos

Los padres tienen su propio estilo de educar. Los expertos han señalado cuatro **estilos** distintos:

- **Estilo autoritario.** Es exigente, rígido, con poca comunicación afectiva entre padres e hijos. Los padres exigen una obediencia rigurosa, donde se tienen muy poco en cuenta las opiniones o sentimientos de los hijos.
- **Estilo responsable.** Es exigente, pero cálido. Los padres saben que es preciso poner límites, pero expresan con claridad el cariño por los hijos. Están abiertos a la comunicación y al diálogo, pero son conscientes de que su responsabilidad les exige ser firmes en cosas importantes. Distinguen muy bien entre lo negociable y lo innegociable.
- **Estilo permisivo.** Cálido, pero no exigente. Permiten al niño o al adolescente hacer lo que quiera. Suelen fomentar la aparición de adolescentes seguros de sí mismos, pero egocéntricos, con dificultad para someterse a reglas, y para colaborar.
- **Estilo negligente.** Los padres no se hacen cargo de la educación de sus hijos y omiten las responsabilidades que esta conlleva. A menudo, creen que solo la escuela y los profesores deben educar a sus hijos y educan más por omisión que por acción.

Egocéntrico:

Persona que se cree el centro de atención de todos.

El diálogo es necesario para la educación de los hijos.

La familia: sentimientos, derechos y deberes

Todos los miembros de una familia han de comportarse de un modo responsable, justo y solidario con los demás miembros.

- **Responsabilidad.** Tanto los padres como los hijos tienen sus propias responsabilidades. Los padres deben atender a las necesidades físicas, afectivas y educativas de sus hijos. Tienen el deber de fomentar ese ambiente de felicidad, amor y comprensión del que habla la Convención sobre los Derechos del Niño. Los hijos, por su parte, tienen la responsabilidad de respetar a sus padres, cumplir con sus obligaciones y colaborar en las tareas de la casa que sean comunes.
- **Justicia.** Parece que la justicia es algo muy frío que solo afecta a las relaciones con los extraños, porque con los próximos basta con el amor. Sin duda alguna, el verdadero amor es generoso y, por tanto, suple con creces a la justicia, pero conviene recordar siempre que dentro de la familia hay que ser justos, respetar los derechos de los demás, y no aprovecharse del trabajo de los otros.
- **Solidaridad.** El sentimiento de solidaridad es muy intenso dentro de la familia. Pero de nada vale sentir mucho cariño por alguien si no se demuestra con actos. La solidaridad se demuestra con el "cuidado". Hemos de cuidar, proteger, y ayudar a ser felices a todos aquellos con los que tenemos lazos de solidaridad. En la familia, debemos cuidar unos de otros. Por ejemplo, actualmente, el cuidado de los ancianos se hace muchas veces fuera del hogar, pero incluso en esas circunstancias quedan vigentes las obligaciones familiares. Las personas ancianas pueden sentirse muy solas, y necesitan sentir que las quieren.

ACTIVIDADES

16 ¿Qué situaciones propias de la adolescencia pueden provocar tensiones entre el adolescente y sus padres? ¿Cuál te parece la mejor manera de resolverlas?

17 ¿Qué estilo educativo te parece mejor? Razona tu respuesta.

18 El artículo 376 del Código Civil promulgado por Napoleón decía: "Si el niño tiene menos de 16 años, el padre podrá hacerle detener durante un tiempo no superior a un año; y a este efecto, el presidente del Tribunal del distrito deberá atender su petición, expidiendo una orden de arresto". ¿Crees que esta norma era justa? ¿Por qué?

Un retrato de la adolescencia

"La independencia del joven requiere un adiestramiento complicado y doloroso. Es muy difícil que este pueda encontrarse a sí mismo sin que exista un intento de lucha por ser autónomo y único. Esta lucha quizá resulte a los padres exagerada y brutal. La alergia a los padres es un sentimiento frecuente durante la adolescencia que hace sufrir a ambas partes. Los progenitores, como es lógico, no pueden entender las causas de tan súbito rechazo, pues ellos siguen siendo los mismos, su modo de actuar idéntico y el ritmo del hogar permanece igual."

ALEJANDRA VALLEJO-NÁJERA, psicóloga

19 ¿Qué crees que significa la expresión "alergia a los padres"?

20 ¿Estás de acuerdo con este retrato de los adolescentes? Razona tu respuesta.

PARA RECORDAR

La adolescencia es una etapa de construcción de la personalidad y de inicio de la independencia. Este proceso exige ser vivido con inteligencia y obliga a reajustar la relación entre padres e hijos.

Todos los miembros de la familia deben comportarse de un modo responsable, justo y solidario.

6. Los sentimientos en la convivencia íntima

La convivencia familiar es una fuente de sentimientos muy profundos, que pueden provocar mucha felicidad o mucha desdicha. Vamos a estudiar algunos de ellos.

- **El apego** es el cariño o afecto hacia alguien o algo. Durante los primeros años de vida, se establecen unos vínculos emocionales muy fuertes entre padres e hijos. En el seno de la familia, el apego entre padres e hijos y entre los hermanos da lugar a vínculos que duran toda la vida.

  El ideal es que se forme un "apego seguro", que va a ayudar a todo el desarrollo emocional. Los hijos necesitan saber que se les quiere incondicionalmente.

- **El amor a los padres.** Los hijos quieren a sus padres, desean estar con ellos, sentirse amados e importantes en el hogar, pero a la vez esta imagen de amor, candidez y dependencia, a ciertas edades, como la adolescencia, les incomoda. Les resulta difícil comprender que amar a los padres no tiene nada que ver con ser infantil.

  Cualquier gesto de cariño o ternura les recuerda que son dependientes y vulnerables, y no les gusta, porque precisamente están intentando conseguir otra imagen. El amor hacia los padres va cambiando con la edad: hay amores de niño, de adolescente, de adulto, de anciano.

- **El amor a los hermanos.** Los sentimientos entre hermanos pueden ser excelentes o conflictivos. Proporcionan un eficaz entrenamiento para la convivencia. Tienen que compartir muchas cosas (espacio, juguetes, tiempo), deben colaborar en actividades diversas, y pueden ser una fuente de seguridad.

  Pero en ocasiones, aparecen sentimientos dolorosos. En primer lugar, la envidia. Es frecuente en niños pequeños, cuando tienen un nuevo hermano. La **envidia** es un sentimiento que provoca mucho malestar y altera todas las emociones. Consiste en entristecerse por el bien ajeno. El envidioso siente que otra persona, en este caso el hermano, le está arrebatando algo que cree que le pertenece, por ejemplo, el cariño de sus padres.

  A veces, aparece una **rivalidad** entre hermanos que hace muy difícil la convivencia. Es muy frecuente que quien tiene estos sentimientos se avergüence de ellos. Nadie reconoce: "Yo soy un envidioso". Sin embargo, no somos responsables de nuestros sentimientos, sino de lo que hacemos con ellos.

  Las nuevas relaciones pueden dar lugar a nuevos sentimientos. Los cambios que la familia ha experimentado (separaciones, divorcios, familias reconstituidas) han hecho más complejo el mundo de los sentimientos íntimos y se han creado nuevos modos de relación. Todas estas situaciones pueden ser difíciles y es necesario que todos los implicados colaboren en conseguir una relación responsable, justa y solidaria.

A menudo los niños pequeños pueden sentir celos y malestar ante la llegada de un nuevo hermano.

La lealtad y el amor

En la adolescencia, los sentimientos hacia otras personas, externas a nuestra familia, adquieren mucha importancia.

- **La lealtad y la fidelidad.** Cuando decimos como elogio que una persona es "legal" nos referimos a que es de fiar, que no va a engañarnos y que podemos contar con ella, es decir, que es **leal**. La lealtad es la característica de los amigos. Consiste en comportarse con rectitud, sin traiciones, sin engaños.

  La **fidelidad** consiste en cumplir las promesas y los compromisos. Se es fiel a la palabra dada, se es infiel cuando no se cumple. Es inmoral hacer una promesa que no se va a cumplir.

- **El amor.** La palabra "amor" tiene muchos significados y usos. Uno de los objetivos de la educación emocional es aprender a analizar lo que sentimos. El amor es el sentimiento que nos hace desear el bien de la persona amada.

¿Cómo sabe alguien si está enamorado?

Las respuestas más habituales de los adolescentes a esta pregunta son las siguientes:

1. **Porque le gusta mucho la otra persona.** Sin embargo, que alguien nos guste no significa que le amemos.

2. **Porque piensa continuamente en ella.** Pero estar obsesionado con una persona no significa quererla. La persona que tiene miedo a otra y que piensa en ella sin cesar no la quiere. Y el celoso o la celosa que hace la vida insoportable a la otra persona, ¿realmente la ama?

3. **Porque está muy triste cuando está lejos de esa persona.** Esta respuesta parece acercarse más. Sin embargo, se puede echar mucho en falta a una persona cuando está lejos, pero no aguantarla cuando está cerca, aburrirnos con ella o incluso llegar a discutir cuando estamos juntos.

4. **Porque está muy contento cuando está cerca.** Esto va mejorando. Pero ¿es suficiente? Hace poco se conoció el caso de un hombre que había raptado a una niña porque, según él, estaba enamorado de ella, y que la había mantenido secuestrada muchos años. Es obvio que no la amaba realmente.

5. **Porque para ser feliz necesita que la otra persona sea también feliz.** Este es el significado más profundo de la palabra "amor". Sabemos que queremos a una persona cuando su felicidad nos importa mucho; tanto, que no podemos ser felices si ella es desgraciada. Y eso nos obliga a hacer todo lo posible para conseguir su felicidad.

Nadie que hace a otra persona desgraciada voluntariamente puede decir que la quiere.

21 ¿Qué sentimientos pueden confundirse con el amor? ¿Por qué?

PARA RECORDAR

La convivencia íntima es una fuente de sentimientos muy profundos que se gestan en la infancia y se manifiestan de distintos modos a lo largo de la vida de las personas.

El amor es el sentimiento que nos hace desear el bien del otro.

La lealtad consiste en comportarse rectamente, sin engaños. La fidelidad supone cumplir las promesas hechas.

ACTIVIDADES

22 ¿Crees que es el mismo amor el que tiene un niño pequeño por sus padres que el que tiene un adolescente o una persona ya adulta hacia ellos? Razona tu respuesta.

23 Comenta esta frase: "Cuando un hombre se da cuenta de que su padre tal vez tenía razón, normalmente tiene un hijo que cree que está equivocado" (Charles Wadsworth).

Analizar los problemas de la comunicación

La comunicación se da cuando un mensaje pasa de un emisor a un receptor. En el lenguaje hablado, el mensaje está contenido en las frases que se dicen, pero de una manera diferente a como el agua está contenida en una botella, pues si entregamos una botella a alguien, le entregamos también el agua que hay en su interior. En cambio, al decir una frase, el mensaje puede transmitirse mal. Lo que hay en una frase son pistas para que el oyente reconstruya lo que el hablante ha querido decir. Siempre estamos interpretando lo que oímos o leemos. Interpretamos de acuerdo con lo que sabemos, con las circunstancias en que estamos o con nuestras simpatías o antipatías.

Cuando el receptor interpreta algo distinto a lo que el emisor quiso decir, pueden surgir problemas de comunicación o malentendidos. Los malentendidos surgen cuando una persona dice algo, y la otra entiende una cosa diferente. Las causas que provocan incomprensión en un diálogo pueden ser varias, por lo que también habrá distintos modos de resolución.

A. Causas de los problemas de comunicación

1 Algunas personas son **susceptibles**, es decir, propensas a interpretar todo lo que se hace y dice como algo que les ofende.

- ¿Qué tal me sienta?
- Debías probarte una talla mayor.
- ¡O sea, que estoy como una vaca!
- ¡Yo no he querido decir eso!

2 El **fanatismo** hace que algunas personas defiendan sus creencias de forma intolerante y exaltada. Esto les lleva a una actitud cerrada porque no escuchan las razones de los demás.

B. Análisis y resolución

1 La inseguridad o la carencia de afecto, pueden crear en algunas personas esta susceptibilidad. Temen ser poco valoradas o que los demás piensen mal de ellas, por lo que, en estos casos, conviene demostrar que no se tiene esta actitud y que la persona nos merece aprecio.

Una **frase de elogio en algún aspecto positivo** que le haga sentir bien consigo misma sería muy apropiada. Esta sería otra orientación del diálogo:

- ¿Qué tal me sienta?
- Debías probarte una talla mayor.
- ¡O sea, que estoy como una vaca!
- No, mujer, te quedará menos ajustado y estarás más cómoda. Además, el rojo te sienta muy bien.

2 Es muy difícil comunicarse con una persona fanática, ya que a menudo sostiene posiciones que no son racionales y, por eso mismo, no acepta razones.

Para evitar caer en el fanatismo, es necesario **ponerse en el lugar de la persona** contra la que se siente el rechazo fanático, para que los sentimientos muevan a una reflexión que las razones no pueden iniciar.

A. Causas de los problemas de comunicación

3 Malinterpretar la intención o el estado emocional de la otra persona

La predisposición a sentirnos ofendidos puede llevarnos a adoptar una **actitud defensiva** de entrada. Entonces resulta muy difícil mantener un diálogo.

La comunicación también se realiza a través de los gestos y el tono de voz.

4 Confundir la comprensión con la justificación

Debemos **comprender** lo que dice una persona, es decir, esforzarnos en entender lo que dice. Pero a continuación debemos considerar si tiene la razón, si es verdad lo que afirma, es decir, debemos **evaluarlo**.

- No deberías dejar los ejercicios para el último día. Luego no te da tiempo.
- No te preocupes. Yo me organizo.
- Te lo digo por tu bien. Recuerda lo que te pasó la última vez.
- ¡Siempre estás criticándome!

B. Análisis y resolución

3 A veces, el modo como nos sentimos con nosotros mismos puede hacer que creamos que lo que nos dicen o hacen tiene la intención de ofendernos, cuando es muy probable que no sea así. Es muy difícil mantener un diálogo cuando uno de los participantes está a la defensiva.

Una persona no se comunica solo con palabras, sino también con el tono de la voz, los gestos, la expresión del rostro y la mirada. Debemos ser conscientes de todo esto para comprender el estado de ánimo de los demás y excusar algunas actitudes que pueden ser debidas a una situación concreta.

4 Cuando alguien ha hecho algo que no está bien, podemos comprender porqué ha actuado así, pero eso no significa que aprobemos lo que ha hecho si ha actuado injustamente.

En el diálogo del ejemplo, podemos comprender la respuesta del hijo que está sentado, pero no se trata de una reacción justa, porque la intención de la madre era ayudar.

PROPUESTA DE TRABAJO

En grupos de tres o cuatro, vamos a escribir diálogos o escenas que nos permitan analizar distintos problemas de comunicación.

1. Redactad, en grupo, cuatro diálogos o escenas en los que se produzcan malentendidos o problemas de comunicación entre los personajes que participan. Para inventar los diálogos, podéis pensar en situaciones de la vida real, que hayáis vivido, en escenas de películas o en relatos.
2. Elaborad una ficha en la que se expliquen las causas del problema de comunicación que se da en cada uno de ellos. ¿Corresponde con alguno de los casos explicados?
3. Proponed para cada caso una resolución positiva del diálogo u otra orientación del mismo, en la que se evite el malentendido.
4. Presentad al resto de la clase los diálogos que habéis escrito. Primero representáis las escenas, y luego explicáis las causas del problema de comunicación y vuestra propuesta de una resolución positiva.

Los jóvenes y la familia

¿Qué es lo más importante para los jóvenes?

De las últimas investigaciones que se han hecho, se puede concluir que los jóvenes españoles dan una gran importancia a la familia y a los amigos, que se reconocen prácticos y poco comprometidos socialmente, pero al mismo tiempo son idealistas. Dedican una gran cantidad de tiempo y energías a divertirse.

¿Cómo son nuestras familias?

El diálogo y la negociación están cada vez más presentes en las relaciones familiares.

Padres e hijos en la España actual

(Estudio de la Fundación La Caixa)

"La familia negociadora se caracteriza por unas relaciones intergeneracionales mucho menos jerarquizadas que en el pasado, con unas normas de convivencia mucho menos rígidas, que son, además, cuestionadas de forma sistemática por los hijos en una estrategia de búsqueda de cuotas de autonomía cada vez mayores.

Para reclamar esta autonomía, los hijos exigen, además, un tratamiento en plano de igualdad al de sus padres, cuestionando la legitimidad de las normas establecidas al pedir, de forma sistemática, la justificación de las mismas."

La salud de la familia es la de sus miembros

(Revista Consumer Eroski)

"Una familia es una unidad que no puede ser reducida a la suma de las características de las partes, sino que es un conjunto de interacciones de personalidades y circunstancias. Cuando su funcionamiento es adecuado, promueve el desarrollo integral de sus miembros y les procura un estado de salud favorable. Por el contrario, cuando una familia arrastra una marcha inadecuada se convierte en un factor de riesgo y propicia la aparición de síntomas y enfermedades en sus miembros.

Hasta ahora, ese proceso se concebía de forma lineal: había una causa o un causante que provocaba un efecto. Pero este enfoque no es correcto. Hay que romper con ese error y asumir que en una familia con problemas no hay un culpable, sino que los conflictos se deben a deficiencias en la interacción familiar."

Una familia no es solo una suma de personas, sino el conjunto de interacciones entre ellas y sus circunstancias.

La familia es una institución presente en todas las sociedades.

Marco de referencia sobre la familia

(Instituto de Política Familiar)

"La familia es una sociedad natural, que existe antes que el Estado o cualquier otra comunidad, y que posee derechos propios e inalienables. Por este motivo, constituye la célula básica de la sociedad y se conforma en elemento angular del desarrollo social.

La familia, como síntesis de los impulsos humanos más profundos (sociabilidad, afectividad, etc.), no es creación de ninguna época humana, sino patrimonio de todas las edades y civilizaciones. La familia es mucho más que una unidad jurídica, social y económica, ya que hablar de familia es hablar de vida, de transmisión de valores, de educación, de solidaridad, de estabilidad, de futuro, en definitiva de amor."

Los datos

Lo más importante en la vida para los jóvenes españoles es la **familia**, y a continuación la **salud** y los **amigos**. Otros aspectos importantes en la vida son (por este orden): trabajo, tiempo libre y ocio, ganar dinero, llevar una vida moral digna y tener una vida sexual satisfactoria. A continuación, se consideran importantes los estudios, la formación y la competencia profesional.

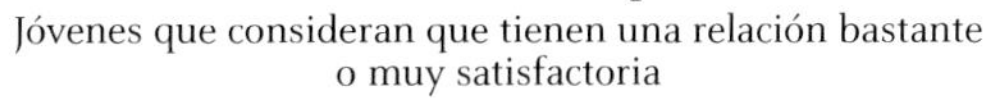

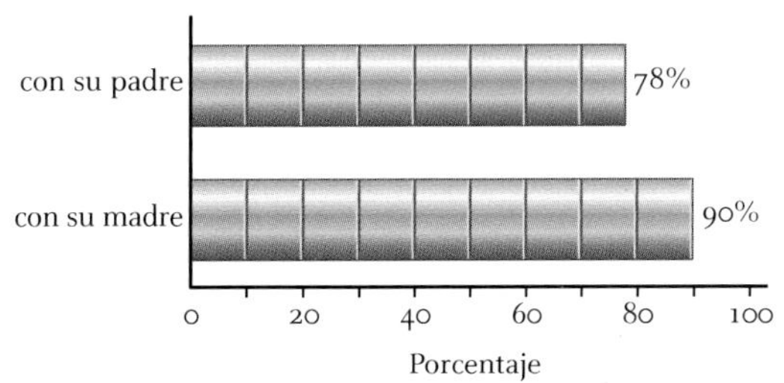

Mejoran las relaciones familiares

"Parece que la familia no solo mantiene una buena salud en las relaciones paterno-materno filiales, sino que incluso se va configurando como un ámbito mejor de esas relaciones, lo que indica la persistencia y el robustecimiento del hogar familiar como un lugar de relaciones humanas satisfactorias para sus miembros."

Fuente: *"Jóvenes españoles 2005", Fundación SM*

Autovaloración de los jóvenes

	Porcentaje
Consumistas	60%
Rebeldes	54%
Piensan solo en el presente	38%
Independientes	34%
Egoístas	31%
Con poco sentido del deber	27%
Leales en la amistad	26%
Con poco sentido del sacrificio	25%
Solidarios	23%
Tolerantes	20%
Trabajadores	20%
Generosos	13%
Maduros	11%

0 20 40 60 80 100

Porcentaje

Los jóvenes actuales son un fiel reflejo de la sociedad en la que viven.

¿QUÉ PUEDO HACER YO?

INFÓRMATE

1. Busca información sobre chicos y chicas adolescentes que hayan destacado en algo que sea digno de imitarse. Puedes tomar ejemplos de épocas pasadas o de la actualidad. ¿En qué destacaron y cómo? ¿Cómo influyeron sus respectivas familias en sus méritos? ¿En qué casos han supuesto una ayuda, un obstáculo, o han sido indiferentes?

REFLEXIONA

2. ¿Cómo es la impresión que, en general, tienen los adultos de la juventud actual? ¿Coincide con la opinión que tienen los jóvenes sobre sí mismos? ¿Crees que es una impresión justa? ¿Por qué crees que es así?

3. ¿Deben compartir los padres y los hijos la autoridad y las responsabilidades en la familia? ¿Por qué?

ACTÚA

4. En grupos, organizad una exposición en vuestra aula, con carteles o murales, sobre los derechos y obligaciones que corresponden a padres y madres, por un lado, y a hijos e hijas, por otro.

EN SÍNTESIS

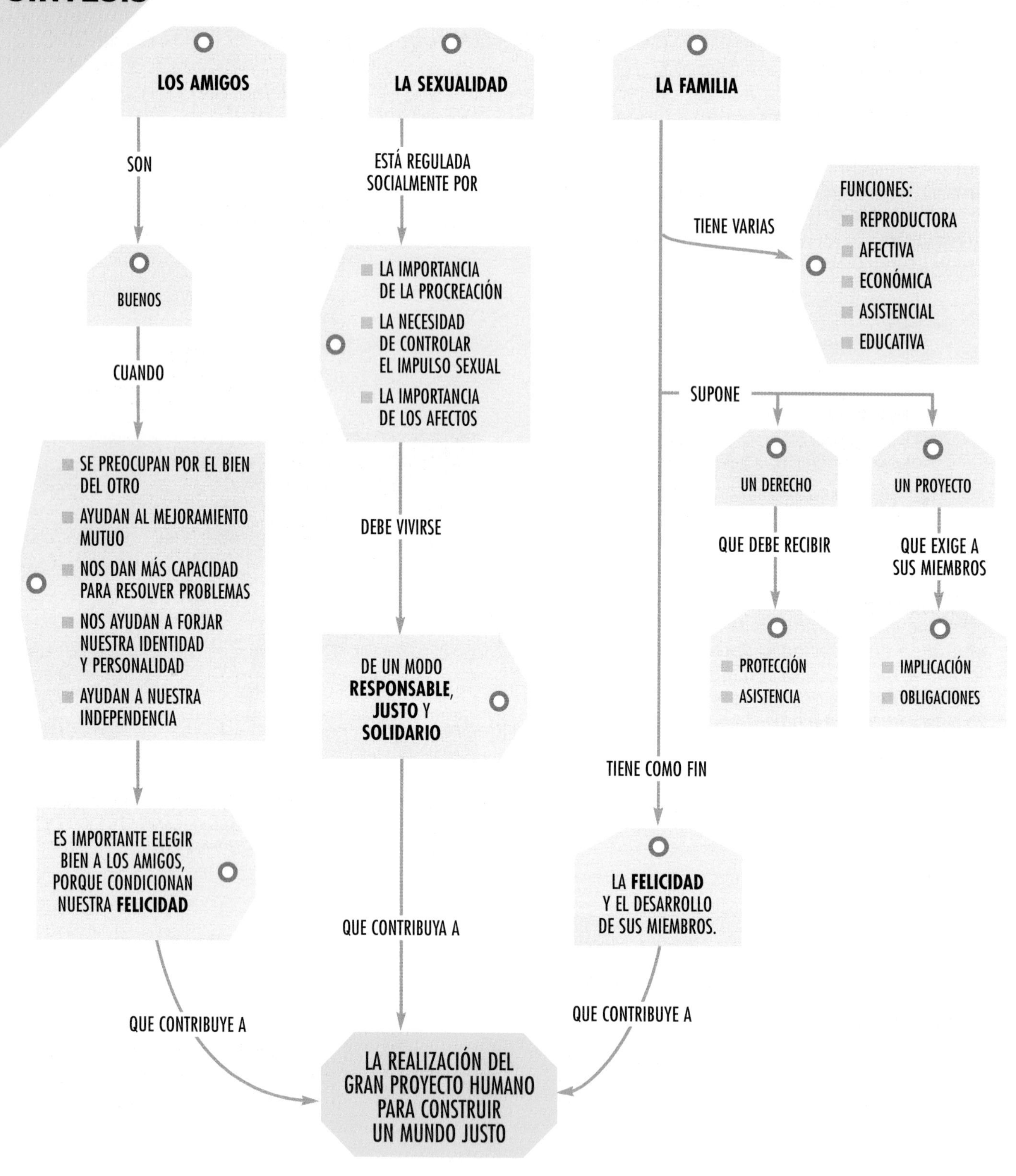

ACTIVIDADES SOBRE LA SÍNTESIS

1 ¿Por qué es importante elegir bien a los amigos?

2 ¿Qué principios deben guiar la vida sexual de las personas? ¿Por qué?

3 ¿Qué fin tiene la familia? ¿Qué significa que la familia sea un derecho y un proyecto?

4 ¿Qué exige a sus miembros el proyecto de crear una familia?

ACTIVIDADES

LA CONVIVENCIA CON LOS CERCANOS

1 Lee los siguientes enunciados y di qué comportamientos y actitudes son apropiados para tener amigos y cuáles no:

a) Es mejor tener cierta desconfianza hacia los que se llaman amigos. Seguro que en el fondo sus intenciones no son buenas.

b) A los amigos hay que mostrarles claramente cuáles son sus defectos y habilidades.

c) Confío en mis amigos, aunque luego quizá alguno no corresponda a esa confianza.

d) Quiero que mi mejor amiga sienta cuánto me necesita y se dé cuenta de que depende de mí.

e) Me he enfadado con Carlos porque estoy harto de que sus notas sean mejores que las mías. Seguro que estudia para tener mejores resultados y humillarme, en lugar de hacer que seamos lo más iguales posible.

f) Estoy contenta de ver tan feliz a mi amiga Ana, ya que ha encontrado un chico que de verdad la quiere.

g) Necesito la ayuda de mi amigo Ignacio para resolver mi problema, pero no quiero que sepa que le necesito, ya que me parece humillante recurrir a la gente.

2 Describe cinco problemas habituales en un grupo de amigos y explica qué actitudes y comportamientos ayudarían a resolverlos.

3 Describe cinco situaciones en las que un grupo de amigos puede forzar la conducta o las decisiones de uno de sus miembros. ¿Cómo crees que debería actuar esta persona para mantener su libertad en cada uno de los casos?

4 Observa la imagen y di qué actitudes y personalidades te sugieren los rostros. ¿Cuáles de estas actitudes y personalidades crees que favorecen la libertad de los miembros del grupo? ¿Cuáles crees que los dificultan o impiden?

LOS SENTIMIENTOS EN LA CONVIVENCIA ÍNTIMA

5 La vuelta a casa por la noche ha sido un tema conflictivo desde siempre. Preparad un debate en dos grupos. Uno defendiendo las posturas de los padres y otro las de los hijos. ¿Cómo puede llegarse a unas normas justas?

6 Escoge una película en la que el tema principal sea el amor. Imagina y redacta una continuación de esta película a lo largo del tiempo, imaginando qué diferentes formas puede adoptar este sentimiento.

ANALIZAR LOS PROBLEMAS DE LA COMUNICACIÓN

7 Analizar y resolver malentendidos.

a) Organizad grupos de tres o cuatro personas. Cada grupo redacta con el mayor realismo posible un problema de comunicación que haya surgido anteriormente entre los amigos o en el aula.

b) A continuación, elaborad una o varias propuestas sobre el modo en que debería haber discurrido la conversación para resolver el problema o malentendido.

ESPACIO WEB

Dime con quién andas y te diré quién eres

Sigue adelante trabajando sobre la amistad, los grupos de amigos y las relaciones familiares con las propuestas que aparecen en la página web www.librosvivos.net (Tu libro: 113798).

En la sección "Investiga en la red" de esta unidad, podrás analizar los niveles de comunicación en las relaciones interpersonales de amistad, de compañerismo, de pareja y en la familia a través de textos, refranes y cómics.

UNIDAD 8

La convivencia con los demás ciudadanos

Las fortalezas del mundo rico contra la inmigración

Los inmigrantes enriquecen nuestra sociedad. ¿Por qué algunos países consideran la inmigración como una amenaza? ¿Conoces las causas históricas de la riqueza de los países desarrollados y de la pobreza de los países en desarrollo?

- *¿Crees que crear barreras contra la inmigración es compatible con los derechos humanos?*

La convivencia se da en círculos concéntricos. El más próximo es la convivencia íntima, familiar; después, la convivencia con los vecinos y los conciudadanos; más allá, con los compatriotas y, por último, con la humanidad entera. En esta unidad, vamos a estudiar cómo debería ser la convivencia con los que no pertenecen a nuestro círculo íntimo: desde los vecinos de nuestra casa o barrio hasta el conjunto de ciudadanos y residentes en nuestro país.

Las normas éticas que hemos estudiado deberían regir todas las relaciones de convivencia. Sin embargo, como en la práctica no siempre es así, existe un marco legal que obliga a cumplirlas.

1. La convivencia en la localidad

DE PARTIDA La urbanidad

El diccionario de la Real Academia Española define "urbanidad" como "cortesanía, comedimiento, atención y buen modo".

Estos términos, un poco anticuados, hacen referencia a algo que debemos considerar muy actual: los buenos modales, las fórmulas de cortesía, el modo de comportarse en público, de saludar, de comer, no son un detalle sin importancia o una antigualla. Son nuestra tarjeta de presentación, lo que va a decir a los demás si somos personas bien educadas o no. Son algo importante para la convivencia y para las posibilidades que se nos presenten en nuestro futuro.

Los **vecinos** comparten un mismo espacio, usan instalaciones o servicios comunes, y tienen un trato continuo. Entre personas que viven tan cerca sin ser amigos, ni familia, teniendo costumbres, modos de ser y educación diferentes, es fácil que surjan conflictos.

Para hacer más agradable la convivencia, y evitar roces o molestias, todas las sociedades han creado algunas normas para convivir. De la palabra latina "urbs" (ciudad), ha derivado la palabra **urbanidad**, que es el conjunto de comportamientos que hay que observar para vivir en sociedad.

Las normas de urbanidad cambian de un país a otro, pero todas tienen las mismas funciones: respetar la intimidad de los demás, respetar las condiciones higiénicas que afectan a todos, hacer más amable la convivencia, evitar choques o espectáculos desagradables. Por urbanidad, no hacemos nuestras necesidades fisiológicas en la calle, procuramos evitar conductas groseras, ruidosas, dejamos la basura en los contenedores en vez de tirarla a la calle, o seguimos unas normas al comer, para no provocar repugnancia.

Los espacios compartidos

Siempre compartimos espacio con los demás. Incluso cuando una persona está encerrada en su habitación, está escuchando los ruidos que hacen otros o les está obligando a escuchar los que ella produce.

En las casas, hay **zonas comunes** que son espacios de convivencia que hay que proteger y cuidar, en todos los aspectos. En los edificios, ocurre lo mismo. Las escaleras, ascensores, portales, son de la comunidad, y las instalaciones, los servicios, el cuarto de la calefacción, los contenedores de basura, también lo son. En la ciudad o en el pueblo, hay muchos espacios comunes, que todos podemos utilizar: calles, plazas, fuentes, parques, servicios públicos, mobiliario urbano.

Cuando no se cuidan esos **espacios compartidos**, la calidad de vida se deteriora. Todos resultamos perjudicados. También aquí se vuelven a repetir los círculos de pertenencia y de responsabilidad. Tengo que cuidar mi vivienda, la casa donde convivo con otros vecinos, el barrio, la localidad. Colaborando con los demás, salgo beneficiado yo mismo. Se llaman conductas incívicas las que no respetan el espacio público ni a sus usuarios.

En los espacios comunes de convivencia hay que respetar las normas básicas de civismo.

Soy ciudadano del mundo, pero vecino de mi localidad

Somos seres humanos, miembros de la familia humana, ciudadanos del mundo. Pero también somos vecinos de nuestra ciudad o pueblo. En realidad, somos las dos cosas a la vez: somos ciudadanos del mundo con domicilio en una localidad concreta.

Estamos enraizados en una cultura, en una lengua, en una localidad, en un país. Pero para ejercer la ciudadanía universal es necesario sentirse responsable de la localidad en la que habitamos.

Muchas veces parece que tenemos muchísimo interés por lo que les pasa a gentes que están muy lejos, pero no nos preocupamos nada de los que están muy cerca. ¿Cómo puedo sentirme ciudadano del mundo desde mi domicilio en mi pueblo o ciudad?

Es necesario que participemos y nos impliquemos para construir un mundo más justo para todos, pero cada uno podemos hacerlo desde el sitio en que vivimos, proponiendo formas de colaborar a esa gran tarea.

La organización política y administrativa de un país debe servir de intermediaria entre los derechos humanos y los individuos concretos. Tiene como último objetivo facilitar la felicidad de los ciudadanos. Una parte importante de esa organización política es la **administración municipal**. Los vecinos eligen a sus representantes municipales, que forman el consistorio y nombran a un alcalde. Además, hay **asociaciones vecinales** que se encargan de defender los intereses del barrio o de la localidad. Intentan así mejorar el entorno en que viven los vecinos.

Una reivindicación vecinal

En el barrio de Barajas, en Madrid, existía una antigua vía de tren que había sido utilizada para transportar combustible al aeropuerto. El ayuntamiento quiso convertirla en una vía rápida para tráfico de vehículos, pero los jóvenes del barrio consideraron que eso era perjudicial para el barrio y fundaron la asociación "Raíles Verdes". Tras cinco años de presiones y protestas, consiguieron que el ayuntamiento convirtiera ese espacio en un paseo donde la gente pudiese caminar o montar en bicicleta.

Los vecinos, si no se resignan y se unen en sus reivindicaciones, pueden conseguir muchas cosas como esta.

1 ¿Qué funciones tienen las asociaciones vecinales?

PARA RECORDAR

Toda forma de organización social humana requiere la convivencia entre sus miembros. Para que esta sea favorable, son necesarios el civismo y la urbanidad.

El **civismo** es la cualidad que se manifiesta en el respeto y el cuidado de los espacios comunes.

La **urbanidad** es el conjunto de comportamientos respetuosos hacia los derechos de los demás ciudadanos y hacia su bienestar.

ACTIVIDADES

2 ¿Qué espacios comunes usas normalmente en tu ciudad o pueblo? ¿Están en buen estado?

3 Investiga si en tu localidad o en tu barrio existe alguna asociación vecinal. ¿Qué actividades organiza? ¿En cuál podrías participar?

Un modo de ganarse la vida y algo más

Se entiende por **trabajo** el esfuerzo necesario para producir algún bien, ya sea un bien material o un servicio a la comunidad. El trabajo es imprescindible para la supervivencia.

Los animales también trabajan para cavar sus madrigueras o construir sus nidos. Repiten milenio tras milenio los mismos actos. En cambio, los seres humanos estamos inventando siempre nuevos útiles, objetos y técnicas. Nuestros antepasados tuvieron que recolectar frutos, cazar, cultivar la tierra. Cada familia tenía que hacerlo todo: conseguir alimentos, fabricar las herramientas necesarias, tejer las telas, hacer los vestidos. Pero, con el tiempo, las personas se fueron especializando en distintas actividades.

De este modo se ha llegado a la actual **división del trabajo**. Unas personas cultivan, otras fabrican herramientas, otras cuidan de la salud de los demás, otras comercian.

Los seres humanos podemos considerar el trabajo como una tortura o como una manera de hacer cosas valiosas, de investigar, de crear o de mejorar la vida de todos. El trabajo es un modo de ganar dinero, pero es también una manera de **colaborar con los demás**, de **desarrollar las propias habilidades**. Cada uno de los bienes y servicios de que disfrutamos se basa en el trabajo de alguien.

La escuela como centro de trabajo

Los adultos van a trabajar, y los niños y jóvenes también. La escuela es el lugar de trabajo de la gente joven. Estos últimos podrían replicar que no se les paga un sueldo, pero esto no es verdad. Todos los ciudadanos se comprometen a pagar a cada estudiante de enseñanza secundaria 4000 euros al año. Lo que ocurre es que no se lo pagan en dinero, sino en clases, profesores, libros. Y cuando cada joven se haga adulto, tendrá que hacer lo mismo que los adultos de hoy: dar una parte de su propio sueldo para que niños y adolescentes, a los que no conoce, puedan estudiar.

Un centro escolar, igual que un equipo de fútbol, pretende conseguir el éxito de todos. Gana todo el equipo o pierde todo el equipo. Para conseguir ganar, tiene que haber un espíritu de **colaboración**. Las relaciones entre los compañeros son imprescindibles para conseguir buenos resultados: el fracaso de algunos es el fracaso de todos.

Tres modos de pensar sobre el trabajo

DOC.

Cuenta una leyenda medieval que un hombre se encontró con tres canteros, cada uno de los cuales estaba picando una piedra de gran tamaño.

–¿Qué estás haciendo? –preguntó al primero. –Estoy aquí, sudando de tanto pegar golpes a esta piedra.

–¿Y tú que haces? –preguntó al segundo. –Estoy dando forma a esta roca para hacer un bloque cuadrado.

–¿Y tú? –preguntó al tercero. –¡Estoy construyendo una catedral!

4 ¿Qué sentido le dan a su trabajo los distintos personajes del texto? ¿Cuál te parece mejor? ¿Por qué?

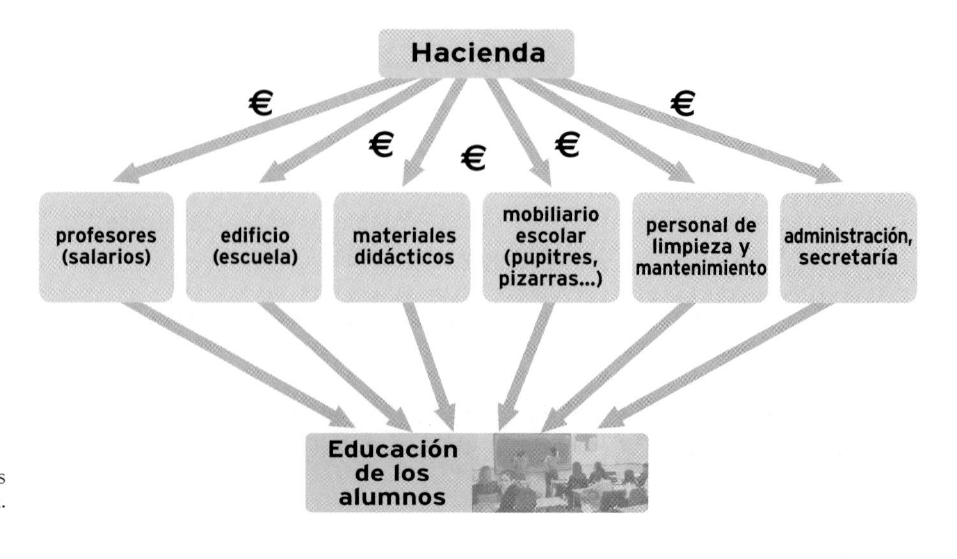

Con los impuestos de todos se paga la educación.

El trabajo: un deber y un derecho

Todos tenemos el **deber** de trabajar, porque es el modo de producir y aumentar el bienestar de todos. Se puede trabajar produciendo bienes, o dentro del hogar, ocupándose de las tareas domésticas; dando clases o atendiendo a enfermos. El que pudiendo trabajar no lo hace se está aprovechando del trabajo de los demás.

Pero, además de un deber, el trabajo es un **derecho**. Los seres humanos necesitamos ganarnos la vida trabajando. Cuando alguien no tiene trabajo, se encuentra en una situación desesperada. Por eso, la Declaración de los Derechos Humanos lo considera un **derecho fundamental**. Por desgracia, el derecho al trabajo no significa que todas las personas tengan asegurado un puesto de trabajo, sino que los Estados deben hacer todo lo posible para lograrlo.

Una de las tareas de nuestro proyecto ético común consiste en mejorar las condiciones de los trabajadores. Durante siglos, apenas hubo regulaciones en el trabajo. Los horarios eran muy largos, no había vacaciones pagadas, ni jubilaciones. El que contrataba podía exigir lo que quisiera. Siempre habría un trabajador dispuesto a hacer el mismo trabajo por menos dinero.

En la actualidad, en todos los países desarrollados, hay leyes que protegen al trabajador. Los **sindicatos**, que son las organizaciones de trabajadores para la defensa de sus derechos, han tenido mucha importancia a la hora de conseguir esas mejoras.

Los sindicatos luchan por la mejora de las condiciones laborales de los trabajadores.

El trabajo en la Declaración de los Derechos Humanos

Artículo 23

1. Toda persona tiene derecho al trabajo, a la libre elección de su trabajo, a condiciones equitativas y satisfactorias de trabajo, y a la protección contra el desempleo. **2.** Toda persona tiene derecho, sin discriminación alguna, a igual salario por trabajo igual. **3.** Toda persona que trabaja tiene derecho a una remuneración equitativa y satisfactoria, que le asegure, así como a su familia, una existencia conforme a la dignidad humana, y que será completada, en caso necesario, por cualesquiera otros medios de protección social. **4.** Toda persona tiene derecho a fundar sindicatos y a sindicarse para la defensa de sus intereses.

Artículo 24

Toda persona tiene derecho al descanso, al disfrute del tiempo libre, a una limitación razonable de la duración del trabajo y a vacaciones periódicas pagadas.

5 ¿Se cumplen en el mundo estos derechos? ¿Y en España? ¿Conoces casos en los que no sea así?

PARA RECORDAR

El **trabajo** es el esfuerzo necesario para producir todo lo que se necesita para la supervivencia, la mejora de las condiciones de vida y la creación de todo lo valioso y bello. También el estudio es un trabajo.

Es necesario el trabajo de todos para contribuir a la realización del proyecto ético común. El trabajo es un **deber** y un **derecho**.

ACTIVIDADES

6 ¿Para qué se ha desarrollado la división del trabajo a lo largo de la historia? ¿Qué sucedería si no existiera tal división del trabajo?

7 ¿Son todos los trabajos necesarios para la supervivencia, el bienestar y la mejora? Razona la respuesta.

3. La emigración y la interculturalidad

La emigración

Cuando en un país no hay trabajo, la miseria se extiende como una plaga. Entonces, sus habitantes tienen que **emigrar**, trasladarse a otro lugar para encontrar trabajo. Es una situación dolorosa, porque significa dejar su casa, su familia y marcharse a un país extraño. A nadie le gusta, pero en muchas ocasiones la situación es tan desesperada que incluso se arriesgan a morir por conseguir un trabajo.

Hasta hace pocos años, miles de españoles también se vieron obligados a emigrar por motivos económicos o políticos. Durante el siglo XIX y gran parte del XX, emigraban a América y a Europa en busca de trabajo, o exiliados por motivos políticos.

Ahora, España es un país rico, y recibe **inmigrantes**. El país necesita de ellos porque contribuyen al crecimiento de la población y a su rejuvenecimiento. Además, enriquecen culturalmente nuestro país.

Los inmigrantes nos ayudan, y con su trabajo también ayudan a sus familias y a sus países de origen, porque mandan allí parte de sus ingresos.

En la actualidad, en España hay alrededor de cuatro millones de inmigrantes, es decir, cerca de un 10 % de la población, lo que hace que en nuestras ciudades convivan personas de muy distintas culturas. Hablan otras lenguas y tienen diferentes religiones y costumbres.

A veces, a causa de estas diferencias culturales, la **convivencia** resulta difícil. Los seres humanos tendemos a desconfiar y a temer lo que no conocemos, por lo que pueden surgir actitudes racistas y xenófobas, es decir, movimientos de rechazo a los extranjeros. Estas actitudes son contrarias a los derechos humanos, ya que todos somos iguales en dignidad, aunque pertenezcamos a culturas distintas.

Emigración:
Movimiento de población que consiste en la salida de personas de un lugar para establecerse en otro.

Inmigración:
Movimiento de población que consiste en la llegada de personas a un lugar para establecerse en él.

Multiculturalidad en los centros de enseñanza

Todas las personas tienen derecho a la educación, que se financia con los impuestos de todos, también de los inmigrantes.

La inmigración también ha producido cambios en los centros de enseñanza. En muchos de ellos, conviven alumnos de distintos países. Por ejemplo, en un colegio de Pamplona en el que están matriculados 219 alumnos, 93 de ellos son españoles y el resto proceden de 18 países de América, Europa y África. Tienen creencias y costumbres diferentes, y piensan de manera distinta.

Esta situación de multiculturalidad, es decir, de convivencia entre culturas distintas, debe entenderse como un fenómeno enriquecedor, pues se establecen contactos con otras culturas, costumbres y lenguas.

8 ¿Qué beneficios pueden resultar para todos de la multiculturalidad en las aulas? ¿Qué problemas es frecuente que surjan? ¿Cómo podrían resolverse de un modo justo, responsable y solidario?

La convivencia con otras culturas

Para convivir con personas de diferentes culturas hay que tener en cuenta cinco actitudes (que podríamos denominar el método de las cinco «ces»):

- **Conocer.** Debemos informarnos sobre las demás culturas, sobre su historia y sus valores. También es necesaria una información adecuada sobre sus costumbres y comportamientos, sin dejarnos llevar por simpatías o antipatías.
- **Comprender.** Significa ponerse en su lugar, intentar ver las cosas desde su punto de vista. Entender la situación en la que se encuentran, lejos de su país.
- **Comunicarse.** Es una obligación para todos. Con frecuencia se produce un aislamiento que no es bueno: los extranjeros tienden a reunirse con los de su comunidad, porque les resulta más fácil.
- **Confiar.** Para que las relaciones sean francas y sinceras, es necesario que haya confianza por las dos partes en las posibilidades de una convivencia constructiva.
- **Cooperar.** La cooperación es el gran vínculo de unión. Cuando estamos construyendo algo común, todos nos sentimos muy cercanos unos de otros. Debemos ser conscientes de que estamos construyendo un mundo más justo y que este objetivo es tarea de todos.

La construcción de un mundo habitable y justo es un objetivo **transcultural**. Por eso, todas las culturas y sus particularidades son respetables, siempre y cuando estén de acuerdo con los derechos humanos. Las que van en contra de estos, las que aceptan la esclavitud, el trabajo infantil, la discriminación racial o religiosa, no son aceptables.

La cooperación es un vínculo fundamental para lograr la convivencia.

Transcultural:

Que es común a varias culturas. Por ejemplo, los derechos humanos son transculturales.

Historia de un emigrante

DOC

Rachid es un muchacho marroquí, nacido en Salé, una ciudad cercana a Rabat, la capital de Marruecos. Era el quinto de siete hermanos. A los 12 años decidió ponerse a trabajar para ayudar a sus padres. Trabajaba ayudando a descargar cajas en el mercado de verduras, por una propina. Allí escuchó a chicos que venían de España en vacaciones: "Allí trabajas y te pagan al final de mes. ¡Se vive muy bien!". "Desde ese momento decidí venir a España", cuenta. "Lo intentábamos colándonos en los camiones que traían mercancías. Aprovechábamos cuando se paraban en un semáforo para subir sin que nos vieran. Algunos de mis compañeros murieron. Tardé cuatro años en conseguir llegar a España".

9 ¿Qué condiciones de vida crees que hay en los países de origen para que algunos emigrantes arriesguen su vida para venir a España?

PARA RECORDAR

La **emigración** es consecuencia de la falta de trabajo y de las condiciones económicas o de la situación política en los países de origen.

La presencia de inmigrantes en los países de acogida, como el nuestro, supone que debemos aprender a convivir con personas de otras culturas.

ACTIVIDADES

10 ¿Por qué motivos tienen que emigrar los habitantes de un país? Cita dos motivos y explícalos.

11 Recuerda lo que has estudiado en Ciencias Sociales. ¿Qué ventajas obtiene el país que recibe inmigrantes? ¿Qué problemas se pueden presentar?

4. La marginación

Tipos de marginación

Se llama "marginados" a aquellos seres humanos que no pueden disfrutar de los bienes que la sociedad ofrece. Son excluidos o discriminados por varios motivos:

Marginar:

Aislar a una persona o a un grupo del resto de la sociedad, o ponerlas en condiciones sociales, políticas o legales de inferioridad.

- **Marginación económica.** Excluye a un grupo de personas o a países enteros, que no pueden alcanzar un nivel de vida aceptable. La pobreza es la gran marginación. Ser pobre significa no tener acceso a la educación, la higiene, la sanidad o al trabajo digno.
- **Marginación social.** Hay colectivos que, por no practicar las mismas costumbres que rigen la sociedad, pueden ser vistos con desconfianza o con desprecio. Carecen, además, de la posibilidad de hacerse oír. Es el caso de los parias en la India (personas consideradas de una casta o grupo social inferior), de las mujeres en muchos países donde sufren discriminación, o de personas con discapacidades.
- **Marginación jurídica.** Se da cuando las leyes de un país tratan de manera distinta a las personas por su forma de pensar, su sexo o etnia. Hacen que la marginación social sea más grave todavía. Por ejemplo, en algunos países, las leyes discriminan y marginan a las mujeres o a ciertas minorías culturales. Estas discriminaciones y prohibiciones son contrarias a los derechos humanos, y por eso son injustas.

Por nuestro compromiso con el proyecto ético común, con el gran proyecto humano, tenemos que oponernos a toda marginación. Todos los seres humanos somos iguales en derechos, y es tarea de todos nosotros ayudar a que realmente este principio se cumpla en la práctica. Para ello, también nosotros, en la vida diaria, no debemos marginar a ninguno de nuestros compañeros o vecinos.

El agua

Carecer de agua potable es una radical marginación que impide una vida digna.

12 Comenta la foto, ¿qué situación refleja? ¿Qué crees que debería hacerse o cambiarse para conseguir que todos los seres humanos tuvieran acceso al agua potable?

Refugiados y desplazados

Las **guerras** o las **persecuciones políticas** hacen que muchas personas tengan que huir de sus países. En 1950, la ONU creó un organismo para ocuparse de los **refugiados**. Se llama ACNUR (Alto Comisionado de Naciones Unidas para los Refugiados).

Con más de 6600 personas trabajando en su organización, ACNUR da protección y asistencia no solo a los refugiados. También atiende a las comunidades que sufren los efectos de los movimientos de refugiados, e incluso a los que han vuelto a su lugar de origen, pero siguen necesitando ayuda para reconstruir sus vidas. En muchos casos, se trata de **desplazados**, es decir, de personas que se han visto obligadas a abandonar sus hogares, pero que no han conseguido la protección de las leyes internacionales.

Desde su creación, este organismo ha ayudado a iniciar una nueva vida a más de 50 millones de personas en todo el mundo. En la actualidad, atiende a unos 20 millones de personas en más de cien países. Hay cerca de dos millones de desplazados en Colombia y una cifra similar de refugiados en Afganistán, y más de un millón por la guerra de Irak. Solo en Asia suman más de seis millones.

Son personas que lo han perdido todo, que con frecuencia viven en campamentos en un país de acogida, y que dependen de la solidaridad de los demás países para sobrevivir.

Refugiado:

Persona que, a consecuencia de una guerra, una persecución política o una catástrofe natural, se ve obligada a buscar refugio fuera de su país.

Desplazado:

Persona que, por causas políticas o naturales, se ve obligada a dejar su hogar, y no tiene protección de las leyes internacionales.

Personajes Rigoberta Menchú

En 1992, Rigoberta Menchu recibió el Premio Nobel de la Paz por su defensa de las minorías indígenas de Guatemala.

DOC.

Como la mayoría de las campesinas, Rigoberta Menchú emigró a la capital de su país para trabajar como sirvienta. En 1980, el ejército guatemalteco asesinó a su padre, el líder indígena Vicente Menchú, que se había refugiado en la embajada española. Dos de sus hermanos también perecieron a manos del ejército, uno de ellos quemado vivo. Su madre fue secuestrada, violada y torturada hasta la muerte. Ha sufrido la tragedia en carne propia y ha dedicado su vida a luchar por la gente marginada y perseguida. "Las mujeres indígenas –ha escrito– sufrimos una doble marginación: por ser pobres y por ser mujeres".

Rigoberta Menchú

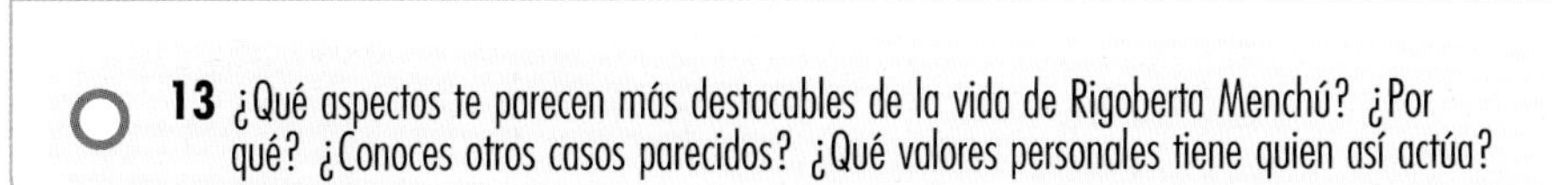

13 ¿Qué aspectos te parecen más destacables de la vida de Rigoberta Menchú? ¿Por qué? ¿Conoces otros casos parecidos? ¿Qué valores personales tiene quien así actúa?

PARA RECORDAR

La **marginación** es la condición de inferioridad política, legal, social y económica en la que se ven obligados a vivir determinadas personas o grupos de personas.

El compromiso que tenemos con un proyecto ético para el mundo requiere que las marginaciones sean eliminadas, ya que todos los seres humanos somos iguales en dignidad y en derechos.

ACTIVIDADES

14 Cita un colectivo que esté marginado por cada una de las siguientes razones: a) económicas; b) jurídicas; c) religiosas; d) culturales.

15 Busca información sobre campos de refugiados. ¿De qué países provienen los refugiados? ¿De qué situación huyen?

5. Los sentimientos contrarios a la convivencia

El odio

Hay muchos sentimientos que dificultan la convivencia. El peor es el odio. Es un sentimiento de antipatía, de aversión hacia alguien, cuya sola presencia provoca una irritación continuada. Aparece el deseo de ir contra esa persona, de hacerle daño o rechazarla, de provocar su desdicha.

Durante la Segunda Guerra Mundial (1939-1945), los nazis exterminaron a millones de judíos.

El odio niega a las personas su dignidad. Las conductas que genera rechazan los derechos humanos. Provoca que las personas sean insensibles al dolor ajeno y carezcan de todo sentimiento de solidaridad o justicia. No hay sentimiento más salvaje, más cruel que el odio. Es inhumano, porque no conoce la compasión. El odio es un sentimiento que impide el respeto y la solidaridad. Es lo contrario del **amor**. El amor quiere la felicidad de la otra persona.

El odio puede sentirse hacia una persona o hacia un grupo. El odio al diferente ha sido origen de terribles matanzas a lo largo de la historia de la humanidad. Se llama **genocidio** al deseo de exterminar a todo un grupo. La ONU lo ha definido como "una negación del derecho de existencia a grupos humanos enteros, por motivos raciales, religiosos o políticos". El odio a un grupo tiene diversos nombres:

- **Xenofobia:** es el sentimiento de miedo, rechazo u odio al extranjero, por el hecho de serlo. No se tiene en cuenta su comportamiento, sus cualidades personales, sino tan solo el hecho de ser extranjero. Se engloba a los extranjeros bajo la palabra "todos", y se les juzga negativamente: "todos los extranjeros son...".
- **Racismo:** es el odio a un grupo étnico distinto que sienten los que creen pertenecer a una "raza superior". Piensan que los demás son inferiores, peligrosos, una amenaza para su forma de vida. A continuación, se les niega la categoría de seres humanos, no se respeta su dignidad y, por lo tanto, deben ser aniquilados como si fueran un peligro. El racismo siempre acaba en la violencia.
- **Homofobia:** es el odio contra los homosexuales, por el simple hecho de serlo. Según la definición del Parlamento Europeo, es un "miedo y una aversión irracionales a la homosexualidad, basada en prejuicios y comparable al racismo, la xenofobia, el antisemitismo y el sexismo".

Esta institución europea ha prohibido en distintas ocasiones toda discriminación basada en el sexo, la nacionalidad, la etnia o la orientación sexual.

En Sudáfrica, durante gran parte del siglo XX, se impuso un régimen racista que discriminaba por razones étnicas a la mayor parte de la población.

El miedo a lo diferente

El **miedo** es otro sentimiento que impide la convivencia social. No se puede amar a quien se teme. Pero hay miedos que son irracionales. En la **xenofobia** y en el **racismo** hay un **miedo a lo diferente**. Los comportamientos xenófobos o racistas son siempre cobardes, aunque con frecuencia presuman de violentos. La violencia puede ser una forma de cobardía.

El miedo, igual que el odio, es muy fácil de provocar. Por eso hemos de tener mucho cuidado en no dejarnos convencer por los que intentan meternos miedo para conseguir que odiemos a alguien. La valentía, la justicia, la solidaridad, son contrarias a la xenofobia, al racismo y a todos los demás prejuicios.

La **desconfianza** es también una clase de miedo. Tememos que nos engañen o que nos puedan hacer daño. Cuando no es justa, es un sentimiento muy destructivo.

El racismo en España

DOC.

El racismo en España ha tenido su expresión más habitual en el odio y discriminación del **pueblo gitano**. Este pueblo llegó a la península Ibérica en el siglo XV, y ya desde entonces sufrió diversas leyes represivas. La discriminación de este colectivo se ha mantenido hasta nuestros días.

Con la llegada de **inmigrantes** norteafricanos, latinoamericanos y eslavos a nuestro país desde los años noventa del siglo XX, distintos grupos racistas y xenófobos de ideología neonazi empezaron a dirigir su odio también contra estos colectivos. Los grupos neonazis se refuerzan a sí mismos identificando a un enemigo común contra el que actuar violentamente.

Sin embargo, hay muchas ONG que trabajan a fondo sobre temas de discriminación, racismo y xenofobia. Entre ellas están las asociaciones "SOS Racismo" y el "Movimiento contra la intolerancia". Según estas organizaciones, se calcula que en España se realizan más de 4 000 agresiones al año, protagonizadas por grupos neonazis y racistas. Las víctimas son, sobre todo, inmigrantes, indigentes, homosexuales y prostitutas.

La asociación SOS Racismo hace campaña contra del racismo y la xenofobia.

16 ¿Qué sentimientos hay en común en las diferentes manifestaciones de racismo que se han dado en España?

17 Busca información sobre las ONG que luchan contra el racismo y la xenofobia, ¿qué actividades desarrollan? ¿Cómo podrías colaborar con ellas?

PARA RECORDAR

El odio es un sentimiento de aversión y antipatía hacia alguien de quien se desea su desdicha. Cuando se siente hacia grupos, puede dar lugar a actos de rechazo, agresión, e incluso genocidios.

El odio y el miedo hacia lo diferente dan lugar al racismo, la xenofobia, la homofobia, que se pueden manifestar de forma violenta.

ACTIVIDADES

18 Todas las palabras que comienzan por "miso" o terminan por "fobia" significan el rechazo, el miedo o el odio a algo o a alguien. Busca en el diccionario el significado de "misoginia", "claustrofobia" y "misantropía".

Realizar una exposición oral para resolver un conflicto

En la convivencia con nuestros vecinos y conciudadanos, pueden darse situaciones de conflicto entre intereses enfrentados. ¿Qué hacer ante estos casos? Lo mejor es intentar primero resolver el problema de un modo amistoso, en una conversación en la que se llegue a una **solución ética** entre las partes. Si esto no funciona, puede recurrirse a una **solución legal** a través de una denuncia a las autoridades competentes.

Para exponer las posibles soluciones, es necesario aprender a **hablar bien** para tratar el tema del modo más sencillo posible. Para ello hay que saber desarrollar una **exposición oral**. Esta habilidad puede ser la clave para solucionar problemas, pero además es un modo de comunicación eficaz para exponer ideas o conocimientos.

Vamos a preparar y realizar una exposición para resolver un conflicto producido por el exceso de **ruido**, aunque puede aplicarse a la resolución de cualquier otro.

A. Buscar información

Antes de empezar la exposición, tenemos que recopilar toda la información necesaria para llevarla a cabo.

Debemos definir con precisión cuál es el **objetivo** de nuestro discurso con el fin de **transmitir el mensaje** con claridad.

Para buscar la información necesaria sobre el tema, debemos pensar en el tipo de argumentos que vamos a utilizar, así como los que se pueden plantear contrarios a los nuestros.

Podemos buscar otros **casos similares** al que vamos a presentar (precedentes) y las soluciones que se les dieron.

También será útil recopilar **datos científicos** que apoyen nuestra postura.

Por último, podemos recurrir a **argumentos legales** (normas municipales o leyes) para afirmar nuestra posición.

Vamos a suponer que somos miembros de una comunidad de vecinos y que tenemos que pedir que disminuya el **ruido** causado por un local nocturno próximo a nuestra casa.

Buscamos dos tipos de información:

a. Datos acerca de los **efectos del ruido**:
   - sobre la salud.
   - sobre la comunicación y la intimidad de las personas.

   Estos datos los usaremos para apoyar una **solución ética**.

b. **Leyes y normas** que apoyan nuestra petición.

   Estos datos los podremos usar si no se llega a un acuerdo por la vía anterior, dejando claro que estamos dispuestos a recurrir a una denuncia, si es preciso.

B. Preparar la exposición ordenada de la información

a. Ordenamos los datos recopilados, según apoyen a unos u otros argumentos.

b. Escribimos un esquema de las ideas que vamos a exponer, teniendo en cuenta cuáles son las principales, cuáles de estas deben exponerse en primer lugar (por ser las soluciones más sencillas) y cuáles conviene reservar para el caso de no llegar a un acuerdo.

Podemos memorizar el esquema, practicando ante otras personas. También podemos usarlo como guión o apoyarnos en una presentación realizada con PowerPoint.

C. Realizar la exposición

Cuando hagamos la exposición en público, debemos hablar:

- pausadamente y pronunciando con claridad,
- con un tono de voz suficientemente alto para que nos oigan todas las personas de la sala,
- variando la entonación de las frases, según sean más o menos importantes para nuestro objetivo de convencer a los oyentes,

y evitando un tono monótono.

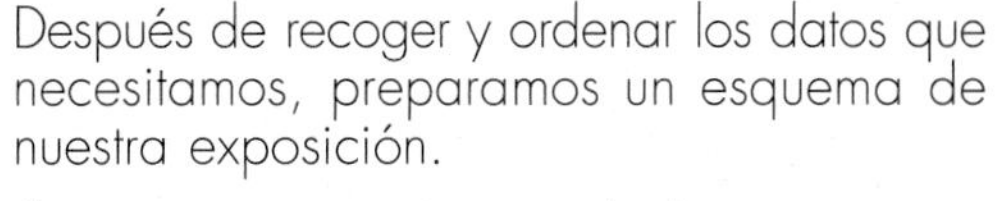

Después de recoger y ordenar los datos que necesitamos, preparamos un esquema de nuestra exposición.

1 Empezamos presentando la situación y los problemas que nos causa.

De la misma manera que el aire puede estar contaminado por sustancias químicas, también puede estar contaminado por el ruido, por ejemplo, el que produce el tráfico, las obras, etc. El problema surge porque el ruido casi nunca molesta al que lo está produciendo.

2 A continuación, presentamos los datos que apoyan una solución amistosa. Se trata de conseguir que los oyentes se pongan en nuestro lugar.

El ruido se mide por decibelios. Las legislaciones europeas establecen que 65 decibelios diurnos y 55 decibelios durante la noche son los límites aceptables para el ruido. El volumen de ruido en las zonas próximas a discotecas y locales nocturnos suele superar este límite, lo que dificulta el sueño y la comunicación.

3 Por último, nos queda el recurso al argumento legal. Podemos presentar el siguiente.

Por la Ley del Ruido es posible denunciar a quienes causan ruidos excesivos. El artículo 29 de dicha ley prevé sanciones máximas de hasta 300 000 euros para las infracciones graves (las que superen los valores límite de ruido y perjudiquen el medio ambiente, la seguridad o salud de las personas).

PROPUESTA DE TRABAJO

Imagina un problema o conflicto en tu centro (falta de disciplina en las aulas, falta de espacios necesarios para el estudio o inadecuación de estos, obras en las calle, etc.).

Te han elegido para resolver el caso y tienes que hacer una exposición oral en la que presentes posibles soluciones al problema.

1 Busca información sobre el problema y sobre sus posibles soluciones.

2 Prepara una exposición oral en la que presentes distintas soluciones.

a) Ordena la información que hayas recogido.

b) Escribe un pequeño esquema con las ideas principales y su orden de exposición.

c) Prepara la presentación en PowerPoint o usa el esquema como guión: practica la exposición oral.

3 Presenta tu exposición al resto de la clase.

La globalización

¿En qué consiste?

El mundo se ha vuelto muy pequeño. El dinero y las mercancías pasan de un país a otro. Posiblemente la ropa que llevas se ha fabricado en China o en Marruecos. Los bancos españoles prestan dinero en América, Rusia o China. Todo está conectado. La contabilidad de una empresa de Estados Unidos puede hacerse en unas oficinas de la India. Se cierran fábricas en unos países y se trasladan a otros donde los salarios son más bajos (deslocalización).

Se llama **globalización** al proceso, fundamentalmente económico, que consiste en la creciente integración de las distintas economías nacionales en un mercado mundial. Implica el intercambio de productos, dinero y tecnología que abarca al mundo entero. Es el resultado de la confluencia de la mundialización de la economía, la aparición de las nuevas tecnologías y el desarrollo de las comunicaciones, sobre todo internet, y de la creciente importancia que está adquiriendo el factor conocimiento en el mundo de la economía. La globalización genera riqueza, pero también da lugar a profundas desigualdades.

Revista de prensa

Deslocalizaciones contra derechos sociales

(Le monde diplomatique)

En su sentido usual, la deslocalización consiste en detener toda o parte de una actividad empresarial para transferirla a otro país. (...) Las deslocalizaciones alcanzan a todos los sectores industriales y de servicios, lo que inquieta a los asalariados de los países desarrollados. Pero tampoco aseguran una dinámica económica y social sostenible en los países en vías de desarrollo. Esta contradicción confirma la necesidad de una nueva regulación de las relaciones internacionales.

Algunas empresas trasladan sus fábricas a India o China, donde los salarios son más bajos.

Carta de principios

(Foro Social Mundial)

Las alternativas [a la globalización] surgidas en el seno del Foro tienen como meta consolidar una globalización solidaria que, como una nueva etapa en la historia del mundo, respete los derechos humanos universales, a todos los ciudadanos y ciudadanas de todas las naciones y al medio ambiente, apoyándose en sistemas e instituciones internacionales democráticos que estén al servicio de la justicia social, de la igualdad y de la soberanía de los pueblos.

Delphi, una empresa multinacional ubicada en Puerto Real (Cádiz), decidió cerrar su fábrica en España para trasladar la producción a Marruecos.

Víctimas de la deslocalización

(El Mundo)

Domingo, Jesús y Nicolás, de la plantilla [de la fábrica de Delphi] de Puerto Real (Cádiz), ven en la conducta sin escrúpulos de la multinacional el motivo de su huida de la bahía de Cádiz. "Estas empresas siempre hacen lo mismo", comenta Nicolás, "llegan a una zona que necesita desarrollo, como era la bahía en los ochenta, y aprovechan las ayudas oficiales, les regalan suelos, y los sueldos son más bajos que de donde vienen. Están 25 ó 30 años y luego se van de nuevo en busca de lo mismo en otros países en vías de desarrollo."

Comparación entre la situación de los empleados

Trabajador de la fábrica española (Delphi)	Trabajador de la fábrica marroquí (Delphi)
Sueldo: 1350 euros.	Sueldo: 153 euros.
Jornada: 7,55 horas (no hace horas extra).	Jornada: 8 horas + 4 horas extra obligatorias.
Días de descanso: 2 a la semana.	Días de descanso: 2 ó 3 días al mes, según producción.
Vacaciones pagadas: Sí.	Vacaciones pagadas: No.
Indemnización o paro: Sí.	Indemnización o paro: No.

Crítica de la globalización económica

Hay muchos movimientos que se **oponen a la globalización** porque la consideran injusta. Piensan que es un sistema que se rige solo por intereses económicos propios, y que convierte a las empresas multinacionales en organizaciones más poderosas que los Estados.

Si la globalización sigue tal como hasta ahora, es decir, como un **proceso económico principalmente**, son los países desarrollados los que obtienen más beneficios con la liberación de los mercados, porque estos países tienen el dinero, la tecnología y las empresas. Así, se va haciendo mayor la desigualdad económica entre los países desarrollados (Norte) y los países empobrecidos (Sur).

Además, muchas veces, las empresas multinacionales de los países desarrollados trasladan sus industrias a países con mano de obra barata y en los que hay menor protección de los derechos de los trabajadores. De esta forma, obtienen mayores beneficios a costa de las condiciones laborales de los trabajadores de estos países.

Muchas voces piensan que lo malo de la globalización es que solo es económica, y que es necesario hacer una **globalización solidaria o ética**, lo que debe implicar que en todas partes haya leyes justas, la misma protección para los trabajadores y sistemas democráticos que aseguren la libertad de los ciudadanos.

El Foro Social Mundial en Nairobi (Kenia).

Las alternativas

En el año 2001 tuvo lugar la primera reunión del Foro Social Mundial en Porto Alegre. Con el lema "Otro mundo es posible" hicieron propuestas sobre una globalización más cercana a los pueblos, más social, y que tenga como objetivos básicos el respeto a los derechos fundamentales, la erradicación de la pobreza y la defensa del medioambiente. Algunas de estas propuestas son:

- Fomentar el comercio justo.
- Perdonar la deuda externa de los países menos desarrollados.
- Invertir en los países del Tercer Mundo.
- Disminuir el gasto militar. Esto permitiría a los países más desarrollados destinar el 0,7% del PIB (la cantidad de bienes que se producen en un país) a políticas de solidaridad con los países en vías de desarrollo.

¿QUÉ PUEDO HACER YO?

INFÓRMATE

1. ¿Cuáles son las repercusiones del proceso de globalización sobre la humanidad y la naturaleza? ¿Qué efectos ha tenido en los países desarrollados y en los países en vías de desarrollo?

2. Busca información en prensa e internet sobre empresas españolas, europeas o norteamericanas que hayan deslocalizado su producción hacia países en vías de desarrollo. Investiga por qué lo han hecho.

REFLEXIONA

3. Analiza quién se beneficia y quién sale perjudicado en los procesos de deslocalización de industrias o servicios hacia países en vías de desarrollo: las empresas, los trabajadores (de los países desarrollados y de los países en vías de desarrollo), los consumidores, los gobiernos.

4. El lema "Otro mundo es posible" preside las reuniones del Foro Social Mundial. ¿Crees que es realista? Explica por qué.

ACTÚA

5. ¿Qué alternativas se presentan ante la globalización económica? Enumera las principales y explica en qué consiste cada una de ellas. ¿Qué podemos hacer cada uno de nosotros en nuestra vida para lograr que se vayan haciendo realidad esas alternativas?

EN SÍNTESIS

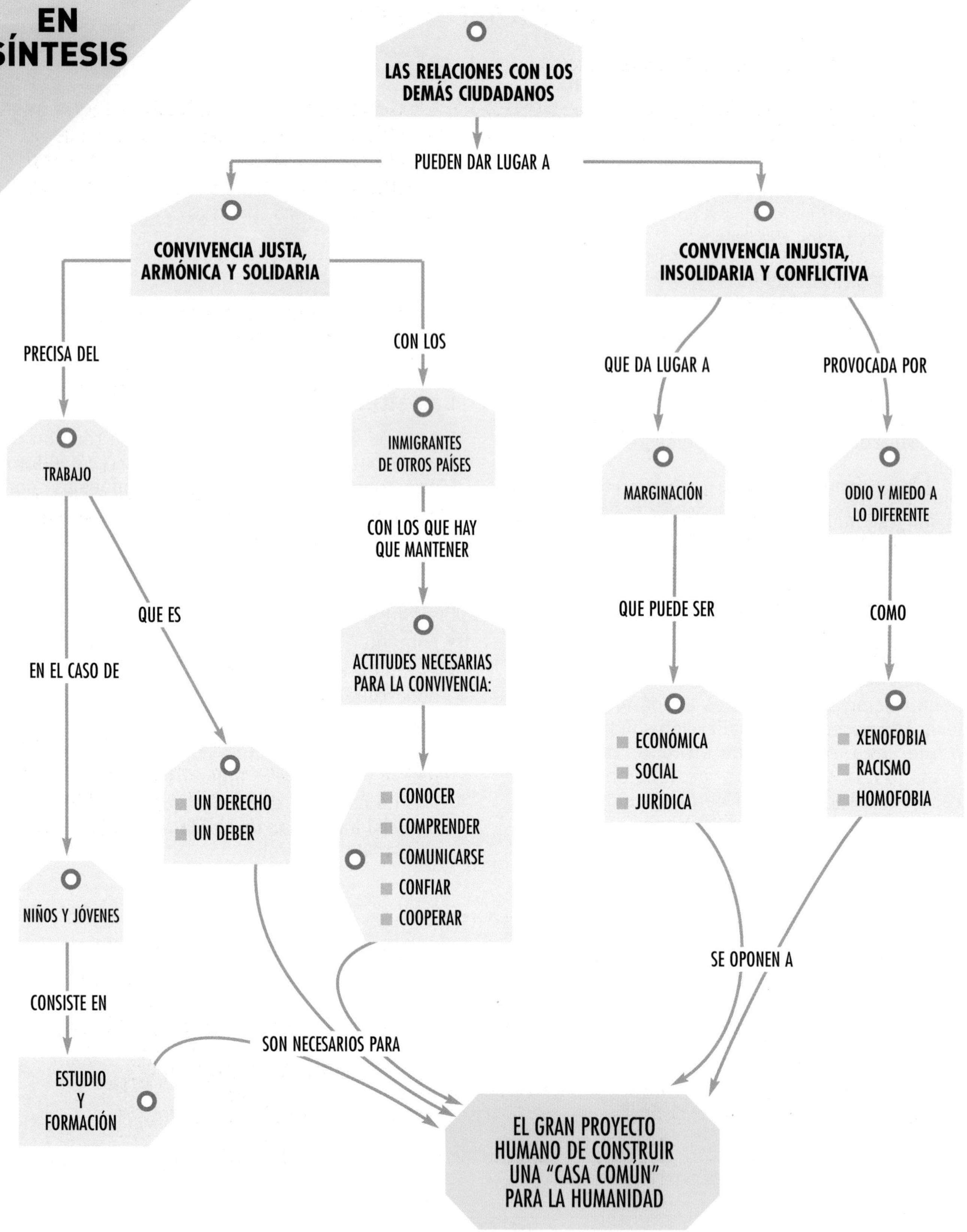

LAS RELACIONES CON LOS DEMÁS CIUDADANOS

PUEDEN DAR LUGAR A

CONVIVENCIA JUSTA, ARMÓNICA Y SOLIDARIA

PRECISA DEL

TRABAJO

EN EL CASO DE

NIÑOS Y JÓVENES

CONSISTE EN

ESTUDIO Y FORMACIÓN

QUE ES

- UN DERECHO
- UN DEBER

CON LOS

INMIGRANTES DE OTROS PAÍSES

CON LOS QUE HAY QUE MANTENER

ACTITUDES NECESARIAS PARA LA CONVIVENCIA:

- CONOCER
- COMPRENDER
- COMUNICARSE
- CONFIAR
- COOPERAR

SON NECESARIOS PARA

CONVIVENCIA INJUSTA, INSOLIDARIA Y CONFLICTIVA

QUE DA LUGAR A

MARGINACIÓN

QUE PUEDE SER

- ECONÓMICA
- SOCIAL
- JURÍDICA

PROVOCADA POR

ODIO Y MIEDO A LO DIFERENTE

COMO

- XENOFOBIA
- RACISMO
- HOMOFOBIA

SE OPONEN A

EL GRAN PROYECTO HUMANO DE CONSTRUIR UNA "CASA COMÚN" PARA LA HUMANIDAD

ACTIVIDADES SOBRE LA SÍNTESIS

1 ¿Qué condiciones son necesarias para la convivencia con los demás ciudadanos en nuestra localidad? ¿Por qué?

2 ¿Qué actitudes son indispensables para la convivencia con personas de otras culturas? ¿Por qué?

3 ¿Qué modos pueden darse de marginación? Explica cada uno de ellos.

4 ¿Por qué es necesario el trabajo en la sociedad? ¿En qué consiste? ¿Cuál es el "trabajo" que les corresponde a los niños y jóvenes?

ACTIVIDADES

LA CONVIVENCIA CON LOS DEMÁS CIUDADANOS

1 Analiza las situaciones siguientes. ¿Qué puntos de los artículos 23 y 24 de la Declaración de los Derechos Humanos no se están cumpliendo?

a) En el mundo hay 150 millones de niños que trabajan a cambio de un salario mínimo o sin salario.
b) Una mujer cobra el 30% menos que un hombre, realizando el mismo trabajo.
c) En muchos países, cuando un trabajador es despedido no recibe subsidio de paro.
d) Una persona recurre a trabajar en la economía sumergida porque no encuentra otro trabajo. No está dada de alta en la seguridad social.
e) Una persona es obligada a trabajar 12 horas diarias.

2 Busca información sobre la emigración española en otras épocas. Organiza la información históricamente, ordenada por épocas. ¿Quiénes emigraban? ¿A qué países se dirigían principalmente?

3 Podemos conocer algunos aspectos de la cultura de otros pueblos, en especial la de los inmigrantes con los que convivimos. Organizados en grupos, elegid un país del mundo del que haya inmigrantes en España y preparad un trabajo sobre los siguientes aspectos de la cultura del país elegido:

a) La alimentación: buscad información sobre recetas típicas de ese país y escribid un recetario.
b) La música: organizad una audición con algunas canciones propias de ese país.
c) Las narraciones: buscad relatos típicos del país elegido, contadlos en clase y elaborad ilustraciones para su exposición.

4 Imagina que eres un guía turístico de tu localidad. Elabora un folleto informativo, con un itinerario por los lugares más importantes de la misma. Puedes buscar información en internet o pedirla en tu ayuntamiento.

LOS SENTIMIENTOS CONTRARIOS A LA CONVIVENCIA

5 Lee este texto y reflexiona.

Primero vinieron a por los judíos
y yo no dije nada...
porque yo no era judío.
Después vinieron a por los comunistas
y yo no dije nada...
porque yo no era comunista.
Luego vinieron a por los sindicalistas
y no dije nada...
porque yo no era sindicalista.
A continuación vinieron a por mí
y... no quedaba nadie
que dijese algo por mí.

(Atribuido a M. Niemöller, pastor protestante, víctima de los nazis)

¿Qué crees que sienten las personas que persiguen a otros colectivos? ¿Y los perseguidos? ¿Qué sintió la persona que lo escribió?

Crea un texto alternativo que hable de amor, comprensión, empatía hacia los demás.

REALIZAR UNA EXPOSICIÓN ORAL PARA RESOLVER UN CONFLICTO

6 Pedro es un chico de 15 años que estudia piano y su pasión por la música le motiva a estudiar todos los días. Nunca toca el piano más tarde de las 10 de la noche, pero varios vecinos se han quejado de que el "ruido del piano no les deja ver la tele" y amenazan con denunciarle.

Formad grupos de dos personas. Elaborad cada uno de los miembros una exposición oral para defender la posición de Pedro y otra para defender la queja de los vecinos. Después de contrastar los argumentos, ¿qué conclusión os parece más acertada y justa?

ESPACIO WEB

Otro mundo es posible

En un mundo globalizado, donde los medios nos enseñan a mirar desde unos intereses económicos y políticos. ¿Cómo dialogamos con culturas diferentes para construir interculturalidad?

En la página web www.librosvivos.net (Tu libro: 113798), dentro de la sección "Investiga en la red" de esta unidad, encontrarás propuestas y actividades para trabajar el diálogo intercultural y comprender otras realidades.

UNIDAD 9

La democracia

La democracia pretende evitar todas las formas de violencia. Esta película documental, dirigida por Michael Moore, trata sobre la venta de armas y sobre la naturaleza de la violencia en Estados Unidos.

- *¿Crees que la violencia es natural en el ser humano o que, por el contrario, está promovida por la sociedad en la que vive? ¿Cómo podríamos llegar a una sociedad no violenta?*

La democracia es necesaria para la construcción de la "casa común" de la humanidad, para la realización del gran proyecto humano que nos permita crear un mundo más justo. Es un modo de vida noble, que nos convierte a todos en protagonistas de la historia.

Decidimos sobre nuestra vida y sobre la de los demás. Por eso necesitamos buenos ciudadanos: inteligentes, informados, responsables, justos, solidarios. Y también valientes, porque atreverse a actuar, a progresar, a soñar e imaginar cómo hacer realidad un modo de vida y una sociedad noble, buena y justa es una cualidad indispensable para construir una auténtica democracia.

1. Los principios básicos de la democracia

DE PARTIDA El origen de las palabras

El sufijo "cracia" es una partícula griega que en cualquier palabra significa siempre "poder". "Aristocracia" significó, en la antigua Grecia, el "poder de los mejores", porque "aristos" significa "el mejor". Más tarde, se llamó "aristócratas" a los nobles, que habían heredado un título nobiliario, aunque no fueran los mejores.

"Democracia" es también una palabra de origen griego. Está formada por "demos", que significa "pueblo", y el sufijo "cracia"; por tanto significa "poder del pueblo" o "gobierno del pueblo". Designa una forma de gobierno en la que la soberanía, o fuente del poder, reside en el conjunto de los ciudadanos.

Política y democracia

Política:
Arte y ciencia de organizar la convivencia social para lograr la justicia y el bien común.

Las sociedades tienen que organizarse para sobrevivir. Necesitan establecer normas, decidir quién va a gobernar y el modo de vida que desean llevar. La **política** se encarga de ello. Por eso todas las sociedades, incluso las primitivas, han tenido alguna forma de organización política y social. La función de la política debería ser:

- Organizar la convivencia.
- Resolver los conflictos.
- Ejercer correctamente el poder para alcanzar el bien común.
- Buscar la justicia y la solidaridad.
- Conseguir que los ciudadanos disfruten de los derechos humanos.

El trabajo de los políticos es bueno cuando siguen esos objetivos y es malo cuando se desentienden de ellos.

Durante gran parte de la historia de la humanidad, las naciones han estado gobernadas por tiranos, dictadores, monarcas absolutos, que imponían su poder sin contar con los ciudadanos, que eran solo súbditos obligados a obedecer. Esta situación producía frecuentes abusos de poder y grandes injusticias. Por ejemplo, se podía apresar o condenar a muerte a cualquier ciudadano, sin necesidad de juzgarlo.

La **democracia** se opone a estos abusos. Se llama democracia a la participación del pueblo en las tareas de gobierno, es decir, en la toma de decisiones que afectan a todos. Es la forma política más eficaz para realizar el proyecto ético común de alcanzar un mundo más justo, porque respeta la libertad, la igualdad y la seguridad de todos.

Las formas de participación democrática también están presentes en otras sociedades no occidentales.

Participación y representación

El principal modo de participación política es el voto en las elecciones. Hay dos tipos distintos de participación, según se trate de una democracia directa o indirecta:

- **Democracia directa.** Todos los ciudadanos participan directamente en el gobierno o en alguna decisión política. Eso solo puede darse en sociedades muy pequeñas, o en situaciones muy concretas. Por ejemplo, cuando un asunto se somete a referéndum y se pide a todos los ciudadanos que expresen su opinión.
- **Democracia indirecta.** Los ciudadanos eligen a unas personas para que los representen en las instituciones políticas. En España, elegimos a concejales en los municipios, y a diputados y senadores en las Comunidades Autónomas y en el Estado. Esas personas están al servicio de los ciudadanos, y tienen que representarlos eficaz y lealmente.

La Constitución

La Constitución es la **ley más importante** de un país. Señala los valores y normas fundamentales a los que tienen que someterse el resto de las leyes. Es la norma suprema que nos dice cómo se debe convivir en una sociedad.

ACTIVIDADES

1 ¿Crees que las nuevas tecnologías de la información (internet, móviles, etc.) pueden favorecer la práctica de la democracia directa en la política de un país? ¿Qué ventajas tendría esto? ¿Qué problemas se podrían presentar?

2 Supón que todo el curso va a hacer un viaje, y tenéis que decidir a dónde ir. ¿Qué es mejor, que lo decidan unos representantes o participar todos? ¿De qué modo plantearías la toma de la decisión?

Políticos ejemplares

Los políticos, a veces, no tienen buena fama. Sin embargo, son muy importantes para el bienestar de las naciones. Por eso debemos elegir grandes políticos. Personas sabias, honradas, justas y con talento.

Hay políticos ejemplares en su comportamiento y en su visión de las cosas. Por ejemplo, el francés Jean Monnet, que influyó mucho para que las naciones europeas, que habían sido enemigas en muchas ocasiones, formaran lo que ahora llamamos la Unión Europea. También lo fue Nelson Mandela, primer presidente negro de Sudáfrica, o Václav Havel, un gran escritor, que sufrió prisión por defender sus principios y luchar por la independencia de su país, Checoslovaquia, del que llegó a ser presidente.

Desgraciadamente, también ha habido políticos despreciables: todos los tiranos. Hitler declaró la II Guerra Mundial, que provocó más de cincuenta millones de muertos. Stalin, en la Unión Soviética, fue responsable de millones de asesinatos, al igual que Pol Pot, en Camboya. No merecen el nombre de "políticos"; son solamente criminales.

3 ¿Qué cualidades crees que debe tener un buen político? Razona tu respuesta.

Václav Havel.

PARA RECORDAR

La principal función de la **política** consiste en organizar la convivencia y conseguir la justicia en la sociedad para orientarla al bien común.

La **democracia** es la forma de gobierno que se caracteriza por la participación del pueblo. Puede ser directa o indirecta.

2. Los poderes políticos

El origen de la división de poderes

Montesquieu, un pensador del siglo XVIII, fue uno de los primeros en señalar la necesidad de la división de poderes.

"Cuando los poderes legislativo y ejecutivo se hallan reunidos en una misma persona o corporación, entonces no hay libertad, porque es de temer que el monarca o el senado hagan leyes tiránicas para ejecutarlas del mismo modo. Así sucede también cuando el poder judicial no está separado del poder legislativo y del ejecutivo."

MONTESQUIEU, *El espíritu de las leyes.*

4 ¿Qué sucedería, según Montesquieu, si no se separaran los poderes legislativo y ejecutivo?

La división de poderes

Las democracias son contrarias a los poderes absolutos, y por eso procuran que nadie tenga todo el poder. No es bueno que una persona dirija la policía, el ejército, haga las leyes y las aplique, sin que nadie pueda controlar lo que hace. Para evitar los males derivados de la concentración de poder, las democracias reconocen tres poderes independientes:

- **Poder legislativo.** Tiene la capacidad de hacer y aprobar leyes que afectan a todos los ciudadanos. Esta tarea corresponde a las **asambleas** y a los **parlamentos**. En España, el poder legislativo corresponde a las Cortes Generales, que están compuestas por el Congreso de los Diputados y por el Senado.
- **Poder ejecutivo.** Se encarga de poner en práctica las leyes, de crear los mecanismos para que se cumplan, y de resolver los problemas concretos de la vida política. Tiene que obedecer lo que el poder legislativo indique. El poder ejecutivo lo ejerce el **gobierno** de un país.
- **Poder judicial.** Corresponde a los **jueces** y **tribunales de justicia**. Su misión es juzgar si las leyes se han cumplido o no, y decidir quién tiene la razón en caso de conflicto. Todos los ciudadanos, incluidos los jefes de gobierno, están sometidos a este poder. El poder judicial, a su vez, está sometido a las leyes dictadas por el poder legislativo.

La elección de los poderes en España

El poder legislativo nacional se elige en las elecciones generales. En España, el **Congreso de los Diputados** está compuesto por 350 diputados. El **Senado** lo componen 259 senadores. Estas dos instituciones forman las Cortes Generales, que elaboran leyes para todo el Estado. Además, en cada comunidad autónoma, hay también **asambleas** o **parlamentos** que legislan para su propia comunidad, siempre dentro del marco de la Constitución.

El **Presidente** del gobierno es elegido por el Congreso de los Diputados. El Presidente elige a sus **ministros** y, junto con ellos, forma el Gobierno (poder ejecutivo).

Los **jueces** tienen que hacer una oposición para demostrar sus conocimientos. Ser juez es una de las profesiones más nobles y más difíciles que hay. Tiene que aplicar las leyes y buscar la justicia. Ha de ser imparcial y no dejarse llevar de sus preferencias.

El Congreso de los Diputados.

Reunión del Consejo de ministros.

Jueces del Consejo General del Poder Judicial.

El jefe de Estado y el sistema de gobierno

Las naciones democráticas tienen un **jefe de Estado**, que es la máxima autoridad que representa al Estado. En algunos países, puede ejercer de moderador cuando hay conflictos. Sus funciones están señaladas por la Constitución.

Las democracias pueden adoptar dos sistemas principales de gobierno, según quién sea el jefe del Estado:

- **En las monarquías constitucionales**, el jefe del Estado es el **rey**, que llega al cargo por herencia. El papel del rey es de representación del Estado, pues en las monarquías constitucionales, el pueblo es el soberano. España es una monarquía y el rey Juan Carlos I es el jefe del Estado.
- **En las repúblicas**, el jefe del Estado es el **presidente de la república**. Según los países, es elegido por el pueblo en unas elecciones directas (como en Francia o Estados Unidos) o por el Parlamento (como en Alemania o Italia). Ejerce su cargo durante un periodo de tiempo determinado.

El rey Juan Carlos I con el presidente de la República Portuguesa, Aníbal Cavaco Silva.

Repúblicas y monarquías en Europa

5 ¿Qué forma de gobierno predomina en Europa? Cita tres países que sean monarquías y otros tres que sean repúblicas.

PARA RECORDAR

La **división de poderes** (legislativo, ejecutivo y judicial) de los sistemas democráticos tiene el fin de impedir la concentración del poder y, por tanto, evitar los posibles abusos.

En España, el poder legislativo corresponde al Congreso de los Diputados y al Senado. El poder ejecutivo recae en el Gobierno, y el poder judicial en los jueces y tribunales.

ACTIVIDADES

6 Explica qué institución le corresponde en España a cada uno de los poderes (legislativo, ejecutivo y judicial).

7 ¿Qué función tiene el jefe del Estado? Cita los nombres de tres jefes de Estado actuales.

3. La Constitución española

Principios constitucionales

En 1978 los españoles aprobamos la Constitución por la que nos regimos. En ella se contienen los **principios y las normas más generales** que determinan nuestro sistema de convivencia. Nos proporciona un modo de resolver los conflictos que puedan surgir entre los españoles o entre distintas regiones de España. Es la ley que asegura nuestra convivencia justa y pacífica. Incluye también procedimientos para cambiarla.

El fin de la Constitución es establecer la justicia, la libertad, la seguridad y el bien de todos los ciudadanos, y también las relaciones pacíficas y de colaboración entre todos los pueblos de la tierra. No se ocupa, por lo tanto, solo de los españoles, sino del conjunto de la humanidad. ¿Cómo pretende establecer esos valores?

- Mediante una convivencia democrática, en la que se protejan los derechos humanos, las culturas, lenguas y tradiciones de los distintos pueblos de España.
- Estableciendo un **Estado de Derecho** que no permita comportamientos que vayan en contra de las leyes.
- Asegurando el bienestar de los ciudadanos mediante una economía justa.

La Constitución española ayuda a realizar el proyecto ético común, porque reconoce y favorece los derechos humanos. El **preámbulo** de la Constitución es un resumen de muchos aspectos que hemos estudiado en esta materia. Este marco constitucional pretende proteger nuestras vidas y las de nuestras familias, así como fomentar la ayuda mutua.

Estado de Derecho:
Es uno de los principios básicos del sistema democrático. Significa que todos los poderes del Estado están sometidos a las leyes, y que se garantiza la división de poderes.

Preámbulo:
Prólogo o explicación que se hace antes de una ley, en el que se explica lo que se va a tratar o decretar.

Preámbulo de la Constitución española

"La Nación española, deseando establecer la justicia, la libertad y la seguridad, y promover el bien de cuantos la integran, en uso de su soberanía, proclama su voluntad de:

Garantizar la convivencia democrática dentro de la Constitución y de las leyes conforme a un orden económico y social justo.

Consolidar un Estado de Derecho que asegure el imperio de la ley como expresión de la voluntad popular.

Proteger a todos los españoles y pueblos de España en el ejercicio de los derechos humanos, sus culturas y tradiciones, lenguas e instituciones.

Promover el progreso de la cultura y de la economía para asegurar a todos una digna calidad de vida.

Establecer una sociedad democrática avanzada, y

Colaborar en el fortalecimiento de unas relaciones pacíficas y de eficaz cooperación entre todos los pueblos de la Tierra."

Constitución española (1978).

El rey sancionando la Constitución en 1978.

8 ¿Consideras que estos aspectos están plenamente conseguidos en España o que, por el contrario, no se dan de un modo generalizado? ¿En qué casos? Razona tu respuesta.

Los valores y el pluralismo político

Ya hemos visto cuáles son los valores éticos fundamentales: el acceso a los bienes imprescindibles, la libertad, la igualdad, la seguridad y la paz. La Constitución española defiende estos valores, y además añade el **pluralismo político**, es decir, la posibilidad de que los españoles puedan participar en política a través de partidos distintos, o defendiendo ideas distintas.

Los **partidos políticos** son organizaciones que sirven para canalizar y facilitar la participación de los ciudadanos en las instituciones políticas. Cada uno tiene un programa distinto, de acuerdo con su **ideología**, pero todos ellos deben buscar el bien del conjunto de los ciudadanos, y respetar la Constitución.

Ideología:
Conjunto de valores que caracterizan una forma de pensar y de actuar en política.

A través de las elecciones, todos los españoles mayores de edad pueden escoger a sus representantes para las distintas instituciones:

- **En las elecciones municipales** se elige a los concejales de los ayuntamientos.
- **En las elecciones autonómicas** se vota a los representantes de los parlamentos de las comunidades autónomas.
- **En las elecciones generales o legislativas** se elige a los diputados (Congreso) y senadores (Senado) que forman las Cortes Generales.

Para participar en las elecciones, los partidos presentan listas de candidatos para las distintas elecciones y redactan programas en los que explican qué decisiones políticas tomarán si son elegidos.

En las elecciones se vota a los candidatos para las distintas instituciones.

PARA RECORDAR

La **Constitución española** fue aprobada en 1978. Es la ley suprema, que sirve de referencia a todas las demás leyes de nuestro país, el marco que debe regir la convivencia entre los españoles y para con la humanidad en general.

La Constitución española postula el **pluralismo político** como un modo de concretar la libertad y la participación ciudadana.

ACTIVIDADES

9 ¿Cuál es la finalidad principal de la Constitución española?

10 ¿Es España un Estado de Derecho? Explica por qué.

11 ¿Qué significa el concepto de pluralismo político? ¿Cuántos partidos políticos conoces?

12 ¿Crees que nuestro sistema político garantiza el cumplimiento de los derechos humanos? Explica tu respuesta con argumentos.

4. El Estado de las Autonomías

Las comunidades autónomas

Según la Constitución española, España es un Estado compuesto por diecisiete **comunidades autónomas** y dos **ciudades autónomas** (Ceuta y Melilla).

Cada comunidad se rige por su propio **Estatuto de Autonomía**, que debe ser aprobado por las Cortes Generales dentro del marco de la Constitución española. En los estatutos se especifican sus **competencias**, es decir, los asuntos en los que la comunidad autónoma tiene capacidad de tomar decisiones.

Hay competencias que son exclusivas del Estado, como las relacionadas con asuntos exteriores o defensa. Otras se comparten entre el Estado y las comunidades autónomas, como las de educación, sanidad, seguridad social, obras públicas o medio ambiente.

Para desarrollar sus competencias, cada comunidad autónoma tiene su propio gobierno y su parlamento, cuyos miembros son elegidos en las elecciones autonómicas, que se celebran cada cuatro años. De esta manera se pretende que la organización política se acerque más a los ciudadanos, y que estos puedan participar más en ella.

La España de las Autonomías

13 ¿Qué comunidades autónomas están compuestas por una sola provincia?

14 ¿Cuántas provincias tiene tu comunidad autónoma? ¿Cuál es su capital?

Las instituciones autonómicas de gobierno

Al igual que el Estado, cada comunidad autónoma cuenta con un **órgano de gobierno** (poder ejecutivo autonómico) y unas **cortes** o **parlamento** (poder legislativo autonómico). Además, en cada comunidad autónoma, existe un **tribunal superior de justicia**.

El Senado con las banderas de España y de las comunidades autónomas.

Comunidad autónoma	Instituciones
Andalucía	Junta de Andalucía: - Consejo de Gobierno - Parlamento de Andalucía
Aragón	Gobierno de Aragón (Diputación General) Cortes de Aragón
Canarias	Gobierno de Canarias Parlamento de Canarias
Cantabria	Gobierno de Cantabria Parlamento de Cantabria
Castilla-La Mancha	Junta de Comunidades de Castilla-La Mancha: - Consejo de Gobierno - Cortes de Castilla-La Mancha
Castilla y León	Junta de Castilla y León Cortes de Castilla y León
Cataluña / Catalunya	Generalitat de Catalunya: - Gobierno / Govern - Parlamento / Parlament
Comunidad de Madrid	Consejo de Gobierno Asamblea de Madrid
Comunidad Foral de Navarra	Gobierno de Navarra (Diputación Foral) Parlamento de Navarra (Cortes de Navarra)
Comunidad Valenciana / Comunitat Valenciana	Generalitat Valenciana: - Gobierno / Consell - Cortes Valencianas / Corts Valencianes
Extremadura	Junta de Extremadura Asamblea de Extremadura
Galicia	Xunta de Galicia Parlamento de Galicia
Illes Balears	Gobierno / Govern de les Illes Balears Parlamento
La Rioja	Consejo de Gobierno Parlamento de La Rioja
País Vasco / Euskadi	Gobierno Vasco / Eusko Jaurlaritza Parlamento Vasco / Eusko Legebiltzarra
Principado de Asturias	Consejo de Gobierno Junta General del Principado
Región de Murcia	Consejo de Gobierno Asamblea Regional

PARA RECORDAR

España es un Estado formado por diecisiete comunidades autónomas y dos ciudades autónomas.

Cada comunidad tiene su **Estatuto de Autonomía** y sus propias instituciones de gobierno.

ACTIVIDADES

15 ¿Cómo se llama la institución que gobierna en tu comunidad autónoma? ¿Qué nombre tiene el poder legislativo?

16 Busca información sobre el Estatuto de Autonomía de tu comunidad autónoma. ¿Cuándo se aprobó? ¿Ha sido reformado en algún momento?

5. El ciudadano

Ciudadanía y política

Los **protagonistas de la democracia** somos los **ciudadanos**. Los políticos son profesionales a los que contratamos para que trabajen por el bien común, a quienes cedemos temporalmente el poder para que gobiernen. Son ciudadanos al servicio del resto de los ciudadanos. Por ello, si no lo hacen bien podemos cambiarlos y elegir a otros. Esto no sucede en las tiranías ni en las dictaduras.

Si los ciudadanos se desentienden de la política, la democracia deja de tener sentido. Los ciudadanos debemos ser responsables, inteligentes y libres para participar en la construcción de un gran proyecto: la sociedad feliz, un mundo justo. Por eso es tan importante nuestra implicación en la política, pues es el bien de todos lo que está en juego.

A través de la **participación en la política** y de la actuación de los políticos que elegimos se construye nuestra "casa común", la sociedad en la que convivimos. Los ciudadanos tenemos la obligación de indicar a los políticos lo que queremos y vigilar para que hagan bien su trabajo.

Los buenos ciudadanos son los que garantizan la justicia, el respeto a los derechos, el buen funcionamiento de los políticos, de los legisladores y de los jueces. Una democracia solo puede ser justa si sus ciudadanos ejercen las virtudes de **responsabilidad**, **justicia** y **solidaridad**.

Todos los ciudadanos debemos participar en la política, porque está en juego el bien común.

La demagogia: el peligro que la democracia debe evitar

Platón fue un filósofo griego del siglo v a. C. En su obra *La República*, distinguió entre el gobierno de uno (monarquía), el gobierno de pocos (aristocracia) y el gobierno de todos (democracia).

Platón pensaba que estas formas de gobierno pueden degenerar en formas tiránicas o injustas. En concreto, advierte del peligro de que la democracia degenere en demagogia cuando el pueblo no ha adquirido la sabiduría necesaria para asumir el poder. Esta situación, afirma el pensador, pondría de nuevo al pueblo en manos del poder tiránico.

La **demagogia** es la estrategia política de ciertos líderes que, para satisfacer sus propios intereses, buscan atraerse la opinión popular mediante halagos, falsedades y exaltando los ánimos, en lugar de usar argumentos racionales. Para evitar que esto ocurra, para evitar que se pueda caer en la demagogia, es necesaria la educación de todos los ciudadanos. La manipulación que pretende la demagogia será más difícil de lograr cuanto mayor sea la formación y cultura de los ciudadanos.

17 ¿Qué sucedería si la demagogia dominase en los sistemas democráticos? ¿Crees que este peligro existe en la actualidad? Razona tu respuesta.

18 ¿Cómo se puede combatir la demagogia?

Participación ciudadana

Para que una democracia funcione los ciudadanos deben participar:

- **Votando en las elecciones.** En ellas elegimos a los gobernantes, y podemos cambiar a los anteriores si nos parece que lo han hecho mal. Quien no vota deja que otros decidan por él. El voto debe ser responsable, es decir, debe hacerse pensando en el bien general.
- **Reivindicando sus derechos, siendo críticos.** Hay que saber obedecer, pero también hay que saber protestar cuando es necesario.
- **Participando** en **actividades políticas** y en **asociaciones comunitarias**: de vecinos, de consumidores, ONG. Enviando cartas a los periódicos, o a los políticos; acudiendo a manifestaciones, interviniendo en los consejos escolares, etc.
- **Colaborando en movimientos sociales.** Las grandes conquistas –la abolición de la esclavitud, la no discriminación de las mujeres, los derechos de los trabajadores, la democracia– se van consiguiendo gracias a la movilización de muchas personas.

También podemos influir en la sociedad a través de nuestros **hábitos de consumo**. Cada vez que compramos algo, estamos diciendo a las empresas lo que queremos que fabriquen. Cada vez que vemos un programa de televisión, estamos diciendo a la cadena qué tipo de programas deben producir. También tenemos poder como consumidores.

Consumiendo productos de comercio justo, no solo beneficiamos a los productores, sino que afirmamos el tipo de sociedad que queremos construir.

Personajes Peter Benenson

Una mañana de 1961, un abogado inglés llamado Peter Benenson leyó en el periódico que dos estudiantes portugueses habían sido condenados a siete años de cárcel en Portugal por haber hecho un brindis por la libertad. En aquel momento, Portugal sufría una dictadura. Benenson pensó que tenía que hacer algo por aquellos dos muchachos, a los que no conocía, y escribió una carta al periódico pidiendo a los lectores que escribiesen cartas al gobierno portugués exigiendo la liberación de los dos presos. Miles de lectores participaron en esa acción.

Sin darse cuenta, Benenson había descubierto otra forma de participar en política. Fundó una ONG para defender a los presos políticos, llamada "Amnistía Internacional".

19 Busca información sobre las actuaciones y objetivos de la ONG que fundó Peter Benenson.

Peter Benenson, fundador de la ONG Amnistía Internacional.

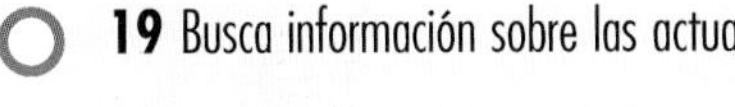

PARA RECORDAR

El protagonista de la democracia es el **ciudadano**. Su participación libre, inteligente y responsable es indispensable para realizarla y para contribuir al proyecto de crear un mundo justo.

Existen diversos modos de **participación ciudadana**: entre ellos destacan el voto responsable, la reivindicación, la colaboración en movimientos sociales justos, la participación en asociaciones comunitarias y el consumo responsable.

ACTIVIDADES

20 ¿Quienes deben tener más protagonismo en la democracia: los ciudadanos o los políticos? Razona tu respuesta.

21 Los periódicos suelen tener una sección de cartas de los lectores. Selecciona una carta que te parezca interesante e identifica qué propone su autor para mejorar la sociedad.

6. Sentimientos creadores

Las posibilidades de mejorar y de ampliar la inteligencia son enormes.

La construcción de nosotros mismos

Con todo lo expuesto hasta aquí ya hemos adquirido conciencia del protagonismo que, como ciudadanos que somos, podemos desempeñar en la sociedad. Tenemos motivos para ser optimistas y ganas de actuar. Estamos comprometidos con la realización de un gran proyecto humano, somos importantes, somos imprescindibles, podemos mejorar nuestra vida y la de mucha gente. Somos creadores del futuro. El mundo depende de lo que hagamos nosotros.

Vamos a repasar los **sentimientos creadores**, los que deben "subirnos la moral", a pesar de las dificultades y los problemas. Recuerda que para ser felices necesitamos:

– Tener salud y tener cubiertas las necesidades básicas que nos permitan buscar el estado de plenitud y satisfacción personal.

– Hacer algo bueno, sentirnos útiles, crear cosas valiosas, ser queridos y apreciados, mejorar.

Necesitamos las dos cosas: una vida cómoda y una vida noble. Disfrutar y hacer cosas importantes. Pero hemos de tener en cuenta que para crear algo, para triunfar, para sentirnos orgullosos tendremos que perder un poco de comodidad. Para jugar bien al baloncesto o al fútbol, para bailar bien, para ser un escritor o un pintor, hay que entrenarse, y eso siempre resulta costoso. Pero vale la pena.

Las posibilidades de mejorar, de ampliar la inteligencia, de conseguir vencer la timidez o la pereza o el desánimo o el miedo son enormes. Lo importante es no resignarse.

"Para resolver los problemas del mundo necesitamos hombres y mujeres capaces de imaginar lo que jamás ha existido".

John F. Kennedy

Tú eres el resultado de ti mismo

Acepta la posibilidad
de edificarte a ti mismo
y el valor de acusarte del fracaso
para volver a empezar corrigiéndote.
Aprende de los fuertes, de los audaces.
Imita a los valientes, a los enérgicos,
a los vencedores,
a quienes no aceptan situaciones,
a quienes vencerán a pesar de todo.

Piensa menos en tus problemas y más en tu trabajo,
y los problemas, sin alimentarlos, morirán.
Aprende a nacer del dolor
y a ser más grande que todos los obstáculos.
Comienza a ser sincero contigo,
reconociéndote a ti mismo
y serás libre y fuerte
y dejarás de ser un títere de las circunstancias,
porque tú mismo eres tu destino.

Pablo Neruda

22 Resume en una frase la idea principal que sugiere este poema.

Actitudes necesarias para mejorar

Estas son algunas de las actitudes y sentimientos creadores que necesitamos fomentar:

- **La necesidad de fijarnos metas.** Ponernos metas nos permite sentirnos dueños de nuestra vida. Conviene repetirnos una y otra vez que somos capaces de hacer muchas más cosas de las que creemos, porque así es en realidad.

  Lo mejor es plantearse **metas concretas** que sean lo suficientemente difíciles para que nos sintamos triunfadores si conseguimos alcanzarlas, pero no tan difíciles que la probabilidad de fracasar sea demasiado alta. Todos tenemos necesidad de sentirnos triunfadores en algo, de tener conciencia de progresar, y todos podemos conseguirlo.

- **La autoconfianza.** Es la confianza en nuestra posibilidad de lograr las metas que nos hemos propuesto. No debemos dejarnos vencer por el desánimo o la impotencia. Estos sentimientos disminuyen las fuerzas, mientras que la autoconfianza las acrecienta. El miedo, el desánimo, la timidez, la inseguridad no se corrigen dándole vueltas a las cosas excesivamente, sino actuando. No hay que rendirse.

Llegar a la meta produce satisfacción. En nuestra vida, también debemos fijarnos metas para comprobar que progresamos.

- **La conciencia de la propia dignidad.** No hay que dejarse pisotear y no podemos hundirnos a nosotros mismos. Todos somos respetables y valiosos. En ocasiones, nos cuesta mucho trabajo reconocer nuestras propias capacidades o nuestros propios méritos. Eso es un gran peligro para todos. Todos somos valiosos y debemos rebelarnos contra quien lo niegue.

- **El deseo de ampliar nuestra inteligencia.** Los científicos nos dicen que podemos aumentar nuestra inteligencia, nuestro ingenio, nuestra capacidad para enfrentarnos con los problemas. Podemos conseguir una personalidad más brillante, valiente e inteligente. Todos podemos progresar.

- **La actitud activa.** Esto es imprescindible para conseguir todo lo anterior. No estamos hechos para la pereza, ni la rutina, sino para pensar, actuar, jugar, emprender cosas. La inteligencia, como el cuerpo, necesita del ejercicio para fortalecerse.

- **El compromiso con un proyecto noble.** Y nada es más hermoso y necesario que la construcción de un mundo justo. Participar en él es importante para nosotros y para el resto de la humanidad. Con nuestra implicación podemos hacer que el mundo mejore.

PARA RECORDAR

Los **sentimientos creadores** mueven nuestra voluntad hacia un proyecto de vida feliz y noble, y contribuyen a la realización de un mundo justo.

Entre los sentimientos creadores cabe destacar: la autoconfianza, el sentido de la propia dignidad, la necesidad de fijarnos metas y la perseverancia para lograrlas, la actitud activa y el compromiso con un proyecto noble.

ACTIVIDADES

23 Lee las siguientes frases y explica su significado. ¿A qué sentimiento de los aquí tratados se refiere cada una de ellas?

a) "Son capaces porque creen que son capaces". (Virgilio).

b) "La disciplina es la parte más importante del éxito". (Truman Capote).

c) "Las personas que intentan hacer algo y fracasan están definitivamente mejor que las que tratan de no hacer nada y lo consiguen". (Lloyd James)

d) "Un hombre es lo que él hace de sí mismo". (Alexander Graham Bell).

e) "Nunca es demasiado tarde para ser lo que podrías haber sido". (George Eliot).

Analizar y contrastar noticias

En los países democráticos, los ciudadanos tienen una gran influencia. Pero, a su vez, están sujetos al constante influjo de los medios de comunicación: la televisión, la publicidad, internet y la prensa. La función de los medios es la transmisión de la información, pero en ella es necesario distinguir los datos objetivos (los hechos) del modo en que estos datos están interpretados por el medio que los publica. Si no somos conscientes de la interpretación que se da de los datos y del modo de exponerlos, podemos ser víctimas de la manipulación.

Actualmente tenemos acceso a muchísima información, pero eso no implica que seamos más sabios, porque si no sabemos utilizarla, elaborarla y criticarla, nos sirve de poco. La capacidad crítica necesaria para no ser manipulado se adquiere, sobre todo, mediante el estudio y la lectura, por eso es tan importante formar ciudadanos cultos y críticos.

Vamos a aportar algunas claves para analizar críticamente dos noticias sobre un mismo tema: la construcción en Israel de un muro de separación de la zona palestina. Las noticias proceden de un periódico israelí (*Haaretz*) y de un semanario árabe publicado en Egipto (*Al Ahram*).

HAARETZ.com

1 La mayoría de los israelíes apoya la construcción de la valla

(Haaretz, Israel)

La construcción de la valla de separación cuenta con el apoyo masivo de la población israelí judía, a pesar del debate interno y de la presión internacional en su contra. El respaldo a la valla se basa en la creencia generalizada de que con la misma se conseguirá reducir significativamente los ataques terroristas, aunque solo una pequeña minoría cree que se puedan evitar completamente.

La mayoría también piensa que el trazado de la valla debe decidirse según las consideraciones de seguridad del gobierno [...], aunque dicho trazado cause problemas a la población palestina.

Published in Cairo by AL-AHRAM established in 1875

2 Enfrentados al muro

(Al Ahram, Egipto)

"La construcción del muro es un acto ilegal de una potencia de ocupación que pretende crear una situación de hecho para cambiar la geografía de los territorios ocupados, violando la Convención de Ginebra", dice Mohamed Gom'a, un experto en derecho internacional. Según Gom'a, el muro supone la anexión ilegal de territorios mediante el uso de la fuerza militar y es una afrenta no solo a los países árabes, sino a toda la comunidad internacional. Su construcción es una muestra de desprecio hacia la legislación internacional y los derechos humanos.

A. Explicación del contexto

Para comprender una noticia hay que conocer primero la realidad política y social en que se produce dicha noticia. Si no conocemos los hechos a los que se refiere la noticia, será más fácil que nos manipulen.

Contexto

Las dos noticias hacen referencia a una barrera o muro que los israelíes empezaron a construir en 2002 para separar las zonas controladas por Israel de los territorios bajo el gobierno palestino.

B. Análisis de los titulares

Los titulares de las noticias tratan de destacar y llamar la atención sobre el aspecto que más le interesa al medio de comunicación que las publica. Al comparar un tema en dos medios distintos, podemos percibir, ya desde el propio titular, en qué cuestión se va a centrar la noticia.

Titulares

El titular 1 (*Haaretz*) señala el apoyo popular en Israel a la construcción del muro, mientras que el 2 (*Al Ahram*) expresa su clara oposición al mismo. Cada titular centra la información en el aspecto que le interesa destacar.

El muro de separación israelí.

C. Comparación del contenido de las noticias

El contenido de la noticia estará también marcado por los distintos intereses de los medios. Para analizarlos críticamente hay que valorar:

1. Las fuentes y los datos citados

Las fuentes de información que utiliza cada medio de comunicación pueden estar sesgadas, es decir, según los intereses del medio se usarán las fuentes, los datos o las informaciones que apoyen sus posiciones y se omitirán aquellas que sean contrarias a estas. Además, los datos estadísticos se pueden usar también según convenga, destacando aquellos que interesan para defender las opiniones del medio.

2. El uso de las palabras

Las palabras que se utilizan no son neutrales. Muchas veces son "eufemismos", es decir, términos que aparentan tener un significado positivo. Se trata de "no llamar a las cosas por su nombre" para impedir que el lector se haga una idea negativa de un hecho.

Por ejemplo, en lugar de la palabra "guerra" suele escribirse "conflicto bélico" o "intervención armada". En lugar de "invasión" se opta por "presencia de tropas". Conviene estudiar el lenguaje y cuestionarse el uso y significado que se da a los términos y expresiones.

D. Conclusiones

Una vez que hemos analizado todos los aspectos anteriores, podemos valorar las distintas posturas de uno y otro medio y establecer unas conclusiones generales de nuestro análisis comparativo.

Contenido

Las fuentes y los datos

La noticia 1 recoge la opinión de la población israelí, pero apenas cita la oposición al muro (solo se habla de la "presión internacional en su contra"). La noticia 2 cita las palabras de un experto en derecho internacional y sus referencias a la legislación internacional, sin mencionar las opiniones de los israelíes.

Las palabras

Cada una de las noticias usa los términos que apoyan su postura. La noticia 1 habla de "valla", mientras que la 2 lo denomina "muro". En 1 aparecen referencias a la "seguridad" y los "ataques terroristas". En 2 se habla de "ocupación", "anexión ilegal" y "uso de la fuerza militar".

Conclusión

Aunque ambas noticias tratan sobre el mismo tema, las ideas que transmiten son claramente opuestas: *Haaretz* es favorable a la construcción del muro y *Al Ahram* se opone al mismo. Para ello, como hemos visto, se usan los argumentos que más le convienen a cada uno.

PROPUESTA DE TRABAJO

Vamos a hacer la comparación de una misma noticia según la presentan dos periódicos distintos.

Formad grupos de tres o cuatro personas y escoged una noticia de actualidad política que aparezca en dos periódicos de vuestra elección.

1 Buscad información sobre el contexto del hecho narrado para comprender todos los detalles de la noticia.

2 Analizad los titulares de las dos noticias. ¿Hay diferencias? ¿Qué aspecto destaca cada uno de los periódicos?

3 Comparad el contenido de las noticias en ambos periódicos. Hay que tener en cuenta las fuentes y datos citados, y qué uso se hace de las palabras.

A continuación, realizad una comparación general de las posiciones de los dos periódicos sobre la misma noticia. ¿Qué aspectos destacan en un periódico que no aparezcan en el otro (y viceversa)? ¿Qué enfoque tiene cada una de las noticias?

4 Exponed las conclusiones de vuestro análisis crítico sobre el tratamiento informativo de las dos noticias.

¿Quién manda en el mundo?

Los amos del mundo

Unos Estados son más poderosos que otros por su fuerza militar, económica, cultural o tecnológica. En este momento, Estados Unidos es el país más poderoso del mundo, pero otras naciones intentan equilibrar ese poder: la Unión Europea, Japón, China e India. Y en un futuro próximo podrían hacerlo Brasil o las naciones de Iberoamérica. Eso sería conveniente, porque el exceso de poder no es bueno ni dentro de una nación ni en el plano internacional.

Tiene **poder** quien puede conseguir que otros hagan algo. Normalmente esto se consigue dando premios, castigando, cambiando los sentimientos y las ideas de las personas. Se considera que hay tres grandes poderes en el mundo: el político, el económico y el de los medios de comunicación. Ante ellos, ¿tenemos poder los ciudadanos? ¿Podemos cambiar las cosas?

Los grandes poderes en el mundo

El Consejo de Seguridad de la ONU. Tiene como misión mantener la paz y la seguridad en el mundo. Además tiene capacidad de veto para todas las resoluciones que se acuerden en la Asamblea General. Cinco países son miembros permanentes: China, Estados Unidos, Rusia, Francia y Reino Unido. Además, hay otros diez puestos que van siendo ocupados por turno por el resto de los Estados cada dos años. Sus decisiones son de obligado cumplimiento por el resto de los países.

La superpotencia. Actualmente es Estados Unidos, debido a su fuerza militar, económica y tecnológica. Muchas de sus decisiones repercuten en la estabilidad del mundo.

Las multinacionales. Son grandes empresas que se extienden por varios países tanto para fabricar sus productos como para venderlos. Producen y venden en todos los sectores económicos: alimentación, combustibles, farmacia, informática, automóviles, etc. Más de dos tercios del comercio mundial tienen lugar a través de empresas multinacionales. Estas empresas son tan grandes que sus ventas son comparables a la riqueza (Producto Nacional Bruto, PNB) de muchos países.

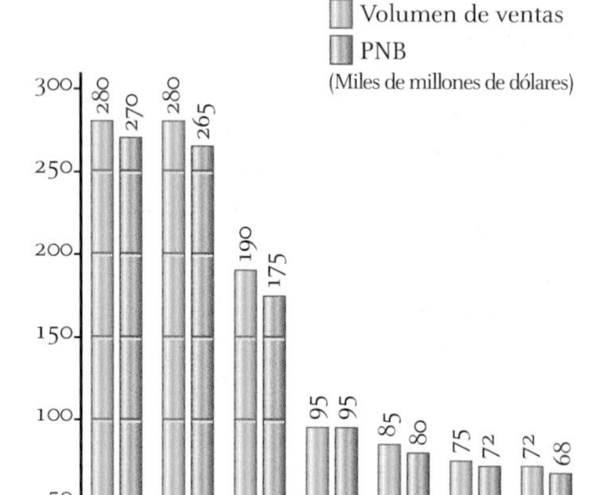

Fuente: *Atlas de Le Monde diplomatique, 2006*

Los medios de comunicación. Están viviendo un proceso de concentración en grandes grupos que les permite estar presentes en todo el mundo, sus reporteros acuden a cualquier parte donde salta la noticia. Los grandes medios de comunicación tienen una importante capacidad de influencia en todo el mundo, ya que, en gran medida, forman el estado de opinión de los ciudadanos.

El poder de los medios de comunicación se puso de manifiesto tras el caso Watergate, que supuso la caída del presidente de los EEUU, Richard Nixon.

El poder ciudadano. La democracia funciona bien si los ciudadanos mantienen y ejercen su poder. Solo nosotros podemos limitar los excesos del poder de los demás. Los ciudadanos tenemos que ejercer ese poder participando. No debemos esperar a que los demás resuelvan nuestros problemas, debemos ser activos, colaboradores, críticos y valientes.

Revista de prensa

Comenzó el Foro Económico Mundial

(BBC Mundo)

En la ciudad de Davos, Suiza, comenzó el Foro Económico Mundial, una cumbre político-empresarial en la que se discuten temas que van desde el poder de China al futuro de Irak. El foro estará dominado por temas económicos, con la presencia de más de una quinta parte de los presidentes y directivos de las 500 principales compañías del mundo.

El fundador de Microsoft, Bill Gates, el hombre más rico del mundo, se concentrará en hacer campaña a favor de las buenas causas, aunque los intereses económicos nunca estarán muy lejanos. Gates, que ha donado millones de dólares para combatir el SIDA y la malaria, pedirá a los líderes mundiales que apoyen una campaña global para vacunar a niños de países en desarrollo.

Gates también espera utilizar a Davos para defender a Microsoft contra el software gratis, como Linux, que amenaza el casi total monopolio que tiene su compañía. Se ha dicho que Gates trata de acordar una reunión con el presidente brasileño Lula da Silva. El gobierno de Brasil tiene planes para pasar todos los computadores de Microsoft a Linux. Eso muestra que, en Davos, resolver los problemas mundiales y hacer contactos de negocios no están nunca muy lejos.

Reunión del Foro Económico Mundial en Davos (Suiza).

Los Hijos de don Quijote

(20 minutos)

Los esfuerzos de "Los Hijos de don Quijote", la organización francesa que ha movilizado a once mil ciudadanos para exigir soluciones para las personas sin techo, han dado sus frutos.

El Parlamento aprobará el proyecto de ley antes de que termine esta Legislatura, y estará en vigor a partir de 2012. Esa ley, que pone el derecho a la vivienda al mismo nivel que a la educación o la sanidad, "hará de Francia uno de los países más avanzados en derechos sociales", subrayó el primer ministro.

Por estos "derechos sociales" se echaron a la calle "Los Hijos de don Quijote", que, con más de once mil afiliados, reclaman soluciones para las 934 000 personas sin casa que viven en la indigencia en el país.

¿QUÉ PUEDO HACER YO?

INFÓRMATE

1. Busca más información sobre el Foro Económico Mundial (también conocido como "Foro de Davos"). ¿En qué consisten sus reuniones? ¿Qué personas asisten? ¿Qué fines pretenden? ¿Qué foros alternativos se han creado al Foro de Davos?

2. Recopila información en internet y haz un listado de las personas más poderosas del mundo. Clasifícalas según sean políticos o empresarios. ¿Cuáles son más numerosos? ¿A qué países pertenecen? ¿Qué conclusiones puedes deducir de este listado? Busca información sobre las empresas multinacionales más poderosas y su capacidad de influir en las decisiones de los Estados.

REFLEXIONA

3. Lee los artículos de la Revista de prensa de esta página. ¿Crees que tienen la misma capacidad de influencia Bill Gates y los "Hijos de don Quijote"? ¿Qué pretenden conseguir unos y otros? ¿Cómo presionan para conseguir sus fines?

4. ¿Cuáles son los efectos del poder de las multinacionales sobre los Estados? ¿Qué presiones producen? ¿Con qué objetivo suelen actuar? ¿Qué capacidad de actuación tienen los Estados ante las multinacionales?

ACTÚA

5. Escribe un artículo en el que resumas tus reflexiones sobre el poder en el mundo. Puedes colgarlo en un foro de debate en internet o publicarlo en una revista de estudiantes. Anima a tus conocidos a leerlo y divúlgalo.

EN SÍNTESIS

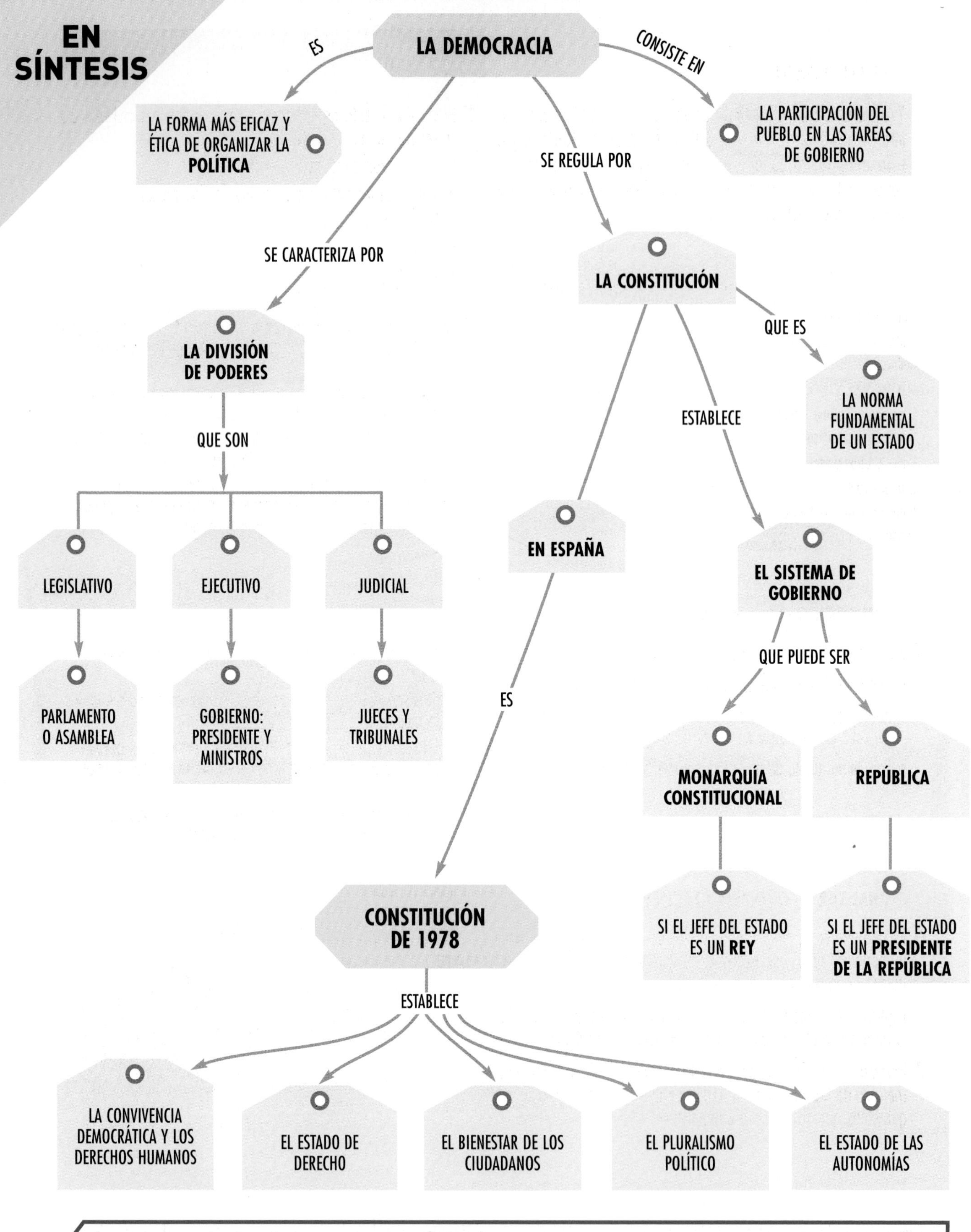

ACTIVIDADES SOBRE LA SÍNTESIS

1. ¿En qué consiste la democracia? ¿Y la división de poderes?
2. ¿Qué es una constitución?
3. ¿Cuál es la diferencia fundamental entre el Jefe del Estado de una República y el de una Monarquía constitucional?
4. ¿Qué principios fundamentales establece la Constitución española de 1978? Explica brevemente cada uno de ellos.

ACTIVIDADES

LA DEMOCRACIA

1 Yang es un chico de 16 años que vive en Corea del Norte. Busca información sobre el sistema político de Corea del Norte, copia esta tabla en tu cuaderno y marca una cruz en las celdas correspondientes para comparar qué posibilidades tenéis Yang y tú en vuestros respectivos países.

Posibilidades	Lo que yo puedo hacer en mi país	Lo que Yang puede hacer en Corea del Norte
Trabajar en lo que quiero		
Pertenecer a un partido político		
Ir a una manifestación		
Escuchar, ver y leer distintos medios de comunicación		
Viajar a otros países		
Ir a la escuela		
Votar en unas elecciones cuando sea mayor de edad		

2 Busca en el texto de la Constitución española los artículos que se refieran a estos temas:

a) Las fuerzas armadas.

b) Los procedimientos para cambiar la Constitución

c) La educación

d) La vivienda

e) La religión

3 Copia estas frases en tu cuaderno y complétalas con las palabras: "legislativo", "ejecutivo" o "judicial", según corresponda.

El poder .... aprueba una ley prohibiendo la venta de drogas. El poder.............. da órdenes a la policía para que detenga a los traficantes. La policía detiene a un sospechoso y lo lleva al juzgado para que el juez, representante del poder ...., determine si es culpable o inocente. Si es culpable, lo condena a la pena que establece la ley que ha dictado el poder ....

SENTIMIENTOS CREADORES

4 Reflexiona sobre tu proyecto vital:

- Anota los bienes que necesitas para vivir dignamente.
- Añade los medios que necesitas para mejorarte a ti mismo y ser feliz en tu vida y en la labor escogida.
- Por último, anota de qué modo puedes contribuir al bien general.

5 Identifica a qué actitud se refiere cada una de las siguientes frases:

a) "Pensar es fácil. Actuar es difícil. Actuar como se piensa es lo más difícil de todo" (Goethe).

b) "No nos falta valor para emprender ciertas cosas porque son difíciles, sino que son difíciles porque nos falta valor" (Séneca).

c) "Cada hombre es el arquitecto de su propia fortuna. Construye tu nuevo camino" (Salustio).

ANALIZAR Y CONTRASTAR NOTICIAS

6 Escribe una carta dirigida a la sección de "Cartas al Director" de un periódico en la que expliques el resultado del análisis de una noticia aparecida en el mismo diario.

Explica qué aspectos te parecen correctos en el tratamiento de la noticia y cuáles crees que no responden a la realidad.

7 Investiga qué significado tiene la expresión "flexibilidad del mercado de trabajo" que tan a menudo aparece en la prensa. ¿Por qué crees que se usa este eufemismo?

ESPACIO WEB

¿Sabemos practicar la ciudadanía?

Te proponemos dar algunos pasos más para comprender e investigar las principales cuestiones sobre la ciudadanía en un sistema democrático a través de las propuestas de la página web www.librosvivos.net (Tu libro: 113798).

En la sección "Investiga en la red" de esta unidad, se profundiza sobre el poder, los derechos y las responsabilidades a partir de cuentos, campañas publicitarias, películas y canciones, así como acciones para desarrollar en el centro -participación en las elecciones de representantes de clase y consejo escolar-.

Proyecto editorial
Equipo de Educación Secundaria de Ediciones SM

Autor
José Antonio Marina

Colaboradores
Rafael Bernabeu
Eva Marina

Coordinación editorial
Javier Rambaud

Edición
Javier Rambaud
Helena Escolano

Ilustración y cartografía
José Luis Cabañas
Mario Dequel
Félix Moreno
Rugoma

Fotografía
Javier Calbet, José Manuel Navia / Archivo SM; Gonzalo Martínez Azumendi; Javier Jaime; Rafael Calvete; José Vicente Resino; María Galán; Almudena Esteban; B. Tanaka / INDEX; Kote Rodrigo / EFE; F. Bouillot - MPP / FOTONONSTOP; Paoni - CONTRASTO / CORDON PRESS; Gervasio Sánchez, Darius Ramazan, CORBIS / COVER; Mark Downey, Ryan McVay, Glen Allison, Kevin Peterson, Geoff Manasse, Javier Pierini, Mickael David, Vicky Kasala, Rob Casey, Donna Day, Martial Colomb, Keith Brofsky, Mónica Lau, PHOTOLINK / PHOTODISC; Mattias Tunger / DIGITAL VISION; Odilon Dimier / PHOTOALTO; CORBIS / COVER; ARCHIVE REUTERS / ALBUM; CONTACTO; FIRO FOTO; IBERIMAGE; PAISAJES ESPAÑOLES; PRISMA; LATINSTOCK; GETTY IMAGES; AGE FOTOSTOCK; IMAGE 100; STOCKBYTE; ILLUSTRATED LONDON NEWA; ITSTOCK; IMAGESOURCE; FAD.

Diseño
Estudio SM

Maquetación
Isidro García Sepúlveda

Dirección editorial
Violeta Calvo Leal

ISBN: 978-84-675-1982-2 / Impreso en España - *Printed in Spain*
Depósito legal: M-14380-2008 / Gráficas Monterreina, S.A. Cabo de Gata, 1-3. 28320 Pinto (Madrid)

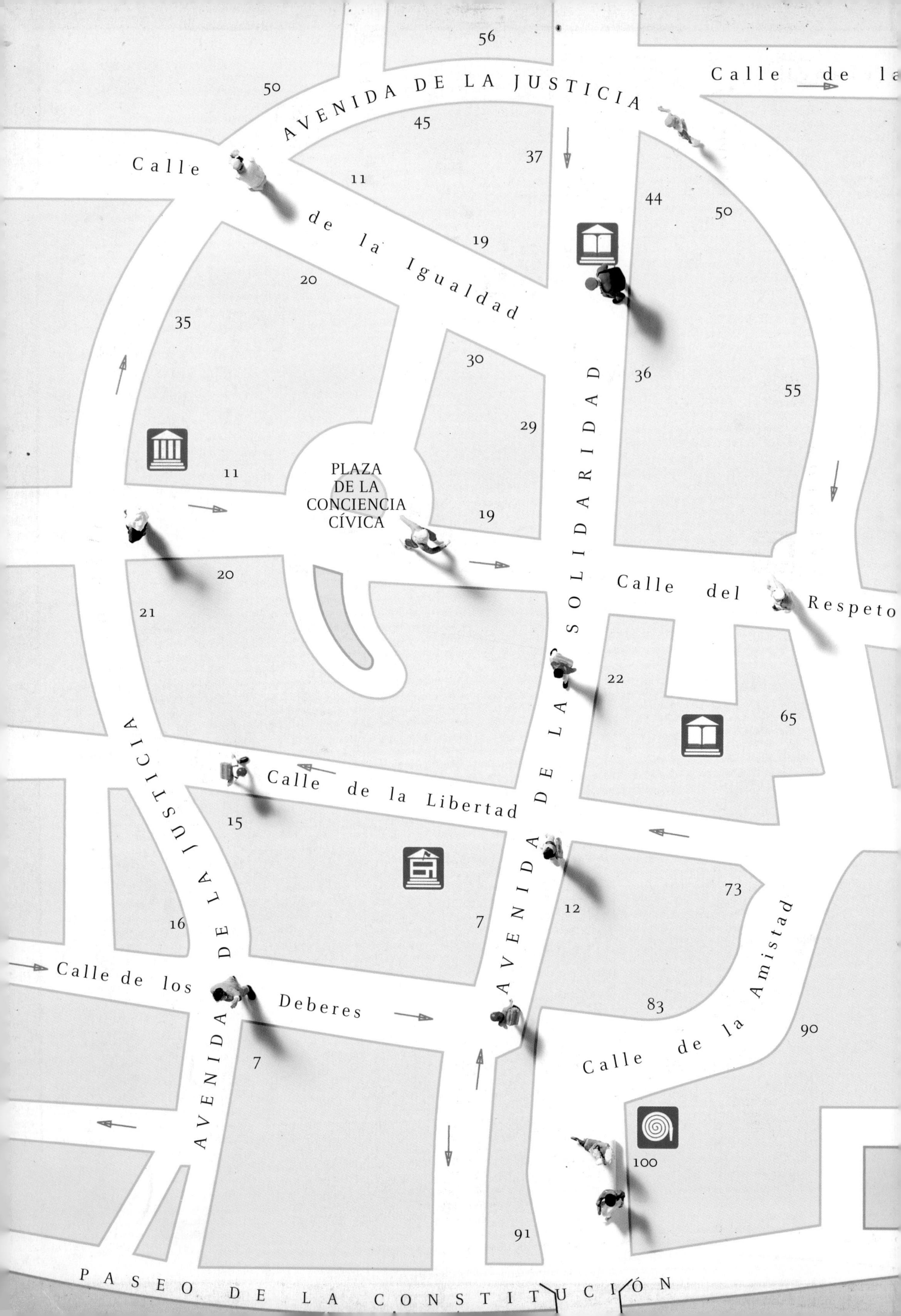
AVENIDA DE LA JUSTICIA
Calle de la
Calle de la Igualdad
PLAZA DE LA CONCIENCIA CÍVICA
AVENIDA DE LA SOLIDARIDAD
Calle del Respeto
Calle de la Libertad
AVENIDA DE LA JUSTICIA
Calle de los Deberes
Calle de la Amistad
PASEO DE LA CONSTITUCIÓN
56
50
45
37
11
44
50
19
20
35
30
36
55
29
11
19
20
21
22
65
15
73
16
7
12
83
90
7
100
91